여러분의 합격을 응원하는
해커스경찰의 특별 혜택!

FREE 경찰학 특강

해커스경찰(police.Hackers.com) 접속 후 로그인 ▶ 상단의 [무료강좌 → 경찰 무료강의] 클릭하여 이용

 해커스경찰 온라인 단과강의 20% 할인쿠폰

557E55D32C833NMJ

해커스경찰(police.Hackers.com) 접속 후 로그인 ▶ 상단의 [내강의실] 클릭 ▶
[쿠폰/포인트] 클릭 ▶ 쿠폰번호 입력 후 이용

* 등록 후 7일간 사용 가능(ID당 1회에 한해 등록 가능)

경찰 합격예측 온라인 모의고사 응시권 + 해설강의 수강권

7D975D88237CDBX2

해커스경찰(police.Hackers.com) 접속 후 로그인 ▶ 상단의 [내강의실] 클릭 ▶
[쿠폰/포인트] 클릭 ▶ 쿠폰번호 입력 후 이용

* ID당 1회에 한해 등록 가능

단기 합격을 위한
해커스경찰 커리큘럼

입문

탄탄한 기본기와 핵심 개념 완성!

누구나 이해하기 쉬운 개념 설명과 풍부한 예시로 부담없이 쌩기초 다지기

TIP 베이스가 있다면 **기본 단계**부터!

▼

기본+심화

필수 개념 학습으로 이론 완성!

반드시 알아야 할 기본 개념과 문제풀이 전략을 학습하고
심화 개념 학습으로 고득점을 위한 응용력 다지기

▼

**기출+예상
문제풀이**

문제풀이로 집중 학습하고 실력 업그레이드!

기출문제의 유형과 출제 의도를 이해하고 최신 출제 경향을 반영한
예상문제를 풀어보며 본인의 취약영역을 파악 및 보완하기

▼

동형문제풀이

동형모의고사로 실전력 강화!

실제 시험과 같은 형태의 실전모의고사를 풀어보며 실전감각 극대화

▼

최종 마무리

시험 직전 실전 시뮬레이션!

각 과목별 시험에 출제되는 내용들을 최종 점검하며 실전 완성

PASS

* 커리큘럼 및 세부 일정은 상이할 수 있으며,
자세한 사항은 해커스경찰 사이트에서 확인하세요.

단계별 교재 확인 및
수강신청은 여기서!

police.Hackers.com

해커스경찰

킹재규 경찰학

1차 시험 대비

총알 **총**정리 **모**의고사

H
해커스

경찰채용 개편 이후 단원별 출제키워드

총론

	출제비율	22년 1차	22년 2차	23년 1차	23년 2차	24년 1차	24년 2차
경찰과 경찰학	12문제 (30%)	• 형식적 실질적 의미의 경찰 • 경찰의 관할 • 위험	• 경찰개념(대륙법계) • 경찰활동의 기본이념	• 대륙법계 • 형식적 실질적 의미의 경찰 • 경찰개념의 분류 • 국가경찰과 자치경찰 • 공공질서 • 경찰의 관할	• 경찰개념(종합) • 위험	• 영미법계 • 경찰개념의 분류	• 경찰의 분류 • 형식적 실질적 의미의 경찰 • 경찰행정의 특수성 • 경찰의 관할 • 경찰의 기본이념
범죄학		• 범죄원인론 • 환경범죄이론 • 지역사회 경찰활동	• 학자 • CPTED	• 화이트칼라범죄 • CPTED • 지역사회 경찰활동 (COP) • 무관용 경찰	• 지역사회경찰활동 • 범죄예방활동(사례) • SARA	• 학자 • 억제이론 • 범죄예방이론 • 멘델존 • 지역사회경찰활동	• SARA모델 • CPTED • 사회구조원인론 • 지역사회 경찰활동
경찰과 윤리		• 경찰부패 • 경찰청 공무원 행동강령	• 전문직업화 • 청탁금지법 및 이해충돌 방지법	• 경찰부패 • 경찰청 공무원 행동강령	• 사회계약설 • 냉소주의 • 경찰부패 • 청탁금지법 • 적극행정	• 범죄와 싸우는 경찰모델 • 내부고발 • 경찰윤리강령 • 청탁금지법 • 이해충돌방지법	• 경찰부패 • 냉소주의 • 경찰청 공무원 행동강령
한국경찰의 역사	1문제(2.5%)	• 종합	• 종합	• 인물	• 경찰조직의 연혁	• 미군정시기 경찰	• 미군정시기 경찰
비교경찰	1문제(2.5%)			• 종합		• 종합	• 종합
경찰행정학	6문제(15%)	• 조직편성의 원리 • 국가재정법 • 경찰장비관리규칙 • 보안업무규정 • 행정업무의 운영 및 혁신에 관한 규정 • 언론 • 경찰통제 • 경찰청 감사 규칙 • 경찰 인권보호 규칙	• 동기부여이론	• 경찰조직편성의 원리 • 계급제와 직위분류제 • 국가재정법 • 보안업무규정 • 경찰통제 • 경찰 인권보호 규칙	• 경찰조직편성 • 동기부여이론 • 예산 • 경찰장비관리규칙 • 보안업무규정 • 경찰 감찰 규칙 • 경찰 인권보호 규칙	• 경찰조직편성 • 계급제와 직위분류제 • 국가재정법 • 경찰장비관리규칙 • 보안업무규정 • 경찰홍보	• 조직편성원리 • 직업공무원제도 • 예산제도 • 경찰장비관리규칙 • 언론중재 및 피해구제 등에 관한 법률 • 경찰통제(종합) • 정책결정모델
경찰법의 법원	14문제 (35%)			• 법원			• 법령 등 공포에 관한 법률
경찰조직법		• 시·도자치경찰위원회	• 자치경찰사무 • 국가경찰위원회와 시·도자치경찰위원회 비교 • 권한의 위임 대리	• 국가경찰위원회 심의·의결	• 국가수사본부장 • 시·도자치경찰 위원회 • 행정권한의 위임 및 위탁에 관한 규정	• 시·도자치경찰위원회	• 국자법(사례형)
경찰공무원과 법		• 승진 • 직권면직 사유	• 승진 • 징계(2) • 소청	• 임용권자 • 직위해제	• 경찰공무원 복무규정 • 징계		• 종합
경찰작용법 일반론		• 행정행위 • 행정의 일반원칙 • 행정지도 • 공공기관의 정보공개에 관한 법률 • 즉시강제 • 질서위반행위규제법 • 행정소송법	• 법치행정 • 경찰재량 • 행정행위 • 법치행정 • 행정의 일반원칙 • 경찰작용의 유형 • 강학상 경찰허가 • 행정조사 • 개인정보 보호법 • 의무이행 확보수단 • 국가배상 • 행정심판법 • 종합	• 경찰비례의 원칙 • 경찰하명 • 행정기본법 • 공공기관의 정보공개에 관한 법률 • 의무이행확보수단 • 질서위반행위규제법 • 행정절차법 • 행정심판법	• 행정행위 • 부당결부금지 • 행정기본법 • 개인정보 보호법 • 의무이행 확보수단 • 행정상 법률관계 • 행정심판법 • 행정소송법(판례)	• 법치행정의 원칙 • 행정기본법 • 행정응원 • 공공기관의 정보공개에 관한 법률 • 개인정보 보호법 • 의무이행 확보수단 • 국가배상 • 행정심판법	• 비례의 원칙 • 행정행위의 부관 • 공공기관의 정보공개에 관한 법률 • 질서위반행위규제법 • 행정행위의 무효 • 행정절차법 • 국가배상법
경찰관 직무집행법		• 위해성 경찰장비 사용기준 등에 관한 규정 • 손실보상 • 물리력 • 종합	• 즉시강제 • 정보의 수집 등 • 판례	• 보호조치 • 물리력	• 종합(2)	• 정보의 수집 등 • 경찰장비 • 손실보상 • 물리력 • 종합	• 경찰장비와 장구 • 직무범위

경찰채용 개편 이후 단원별 출제키워드

분야별 경찰활동(6문제, 15%)

	22년 1차	22년 2차	23년 1차	23년 2차	24년 1차	24년 2차
생활안전	• 지역경찰의 조직 및 운영에 관한 규칙 • 경비업법	• 경찰청과 그 소속기관 직제 • 112치안종합상황실 운영 및 신고처리 규칙 • 아동 청소년의 성보호에 관한 법률 • 실종아동등의 보호 및 지원에 관한 법률	• 경범죄 처벌법	• 지역경찰의 조직 및 운영에 관한 규칙 • 아동·청소년의 성보호에 관한 법률	• 아동·청소년의성보호에 관한 법률	• 112신고 • 경범죄 처벌법
수사경찰	• 범죄피해자 보호법 • 스토킹범죄의 처벌등에 관한 법률	• 스토킹범죄의 처벌 등에 관한 법률 • 성폭력범죄의 수사 및 피해자 보호에 관한 규칙	• 가정폭력범죄의 처벌 등에 관한 특례법 • 마약	• 아동학대범죄의 처벌 등에 관한 특례법	• 피의자 유치 및 호송 규칙 • 가정폭력범죄의 처벌 등에 관한 특례법	• 특정중대범죄 피의자등 신상공개에 관한 법률 • 마약(LSD)
경비경찰	• 국민보호와 공공안전을 위한 테러방지법	• 행사안전경비	• 재난 및 안전관리 기본법	• 국민보호와 공공안전을 위한 테러방지법		
교통경찰	• 음주운전 판례	• 종합 판례	• 음주운전 판례	• 종합 판례	• 운전면허	• 정차 및 주차의 금지
정보경찰		• 집회 및 시위에 관한 법률		• 집회 및 시위에 관한 법률	• 정보배포 원칙	• 확성기등의 소음 기준 등
안보경찰			• 보안관찰법			
외사경찰	• 범죄인 인도법			• 경찰수사규칙과 범죄수사규칙	• 범죄인 인도법	• 국제경찰공조

contents

문제편

해설편

 킹재규경찰학

총알 총정리 모의고사

초초모

문제

총알 총정리 모의고사 1회

01

경찰개념의 형성 및 변천에 관한 설명 중 가장 적절한 것은?

① 독일의 경우, 15세기부터 17세기에 이르기까지 경찰은 공동체의 질서정연한 상태 또는 공동체의 질서정연한 상태를 창설하고 유지하기 위한 활동으로 이해되었고, 이러한 공동체의 질서정연한 상태를 창설·유지하기 위하여 신민(臣民)의 거의 모든 생활영역이 포괄적으로 규제될 수 있었다.

② 1931년 제정된 「프로이센 경찰행정법」 제14조 제1항은 "경찰 행정청은 현행법의 범위 내에서 공공의 안녕 또는 공공의 질서를 위협하는 위험으로부터 공중이나 개인을 보호하기 위하여 필요한 조치를 의무에 적합한 재량에 따라 취하여야 한다."라고 규정하여 크로이츠베르크 판결 (1882)에 의해 발전된 형식적 의미의 경찰 개념을 성문화시켰다.

③ 1953년 제정된 우리나라의 「경찰관 직무집행법」은 경찰권의 범위를 법 집행과 공공서비스 제공으로 한정하여 영미법계 경찰개념만을 중심으로 구성되었다.

④ 에스코베도(Escobedo) 판결은 체포 후 법관에게 인치하지 않고 30시간 동안 구금 중에 얻은 자백의 증거능력을 부정한 판결이다.

02

경찰의 임무를 공공의 안녕과 질서에 대한 위험의 방지라고 정의할 때, 이에 대한 설명으로 가장 적절한 것은?

① '공공의 안녕'이란 개념은 '법질서의 불가침성'과 '국가의 존립 및 국가기관 기능성의 불가침성', '개인의 권리와 법익의 보호'를 포함하며 이 중 공공의 안녕의 제1요소는 '국가의 존립 및 국가기관 기능성의 불가침성'이다.

② '공공의 질서'란 원만한 공동체 생활을 영위하기 위한 불가결적 전제조건이 되는 각 개인의 행동에 대한 불문규범의 총체로, 오늘날 거의 모든 생활영역에 대한 법적 전면규범화 감소추세에 따라 공공질서 개념의 사용 가능 분야는 확대되고 있다.

③ 개인의 권리가 공공의 안녕과 관련된 경우 경찰은 인간의 존엄성, 명예, 생명 등 법익 및 사유재산적 가치 역시 보호대상이 될 수 있으나 무형의 권리는 보호의 대상이 아니다.

④ 공법규범에 대한 위반은 일반적으로 공공의 안녕에 대한 위험으로 취급하지만 사법상의 문제는 보충성의 원칙이 적용된다.

03

위험에 대한 설명으로 옳은 것은?

> 경찰관 A는 새벽에 도로에서 한 남성이 검은 가방을 들고 서성이는 모습을 보고, 그가 차량 절도를 시도하고 있다고 판단하여 긴급체포하였다. 그러나 이후 조사 결과 남성은 근처 사는 주민으로, 단순히 가방에서 차 열쇠를 찾고 있던 것으로 밝혀졌다.

① 의무에 합당한 사려 깊은 판단을 할 때 실제로 위험의 가능성은 예측되나 불확실한 경우에 해당한다.

② 경찰관 A가 긴급체포한 행위는 경찰상 위험에 해당하는 적법한 경찰개입이므로 경찰관 A에게 민·형사상 책임을 물을 수 없다.

③ 경찰관 A가 긴급체포한 행위는 위법한 경찰개입이므로 경찰관 개인에게는 민·형사상 책임이 있다.

④ 경찰관 A가 긴급체포한 행위로 인해 손해가 발생한 경우, 국가는 손실보상책임이 발생할 수 있다.

04

범죄의 개념에 대한 설명으로 가장 적절한 것은?

① 사이크스(G. M. Sykes)는 범죄를 각 시대의 사회적 상황과 환경에 따라 동일한 모습을 가지는 절대적 개념이라고 정의한다.

② 실리(J. F. Sheley)가 주장한 범죄유발의 4요소는 범행의 동기, 사회적 제재로부터의 자유, 범행의 기술, 보호자의 부재이다. 이들 4요소는 범행에 있어서 필요조건이지만 충분조건은 되지 못하기 때문에 어떤 범행이 가능하기 위해서는 이들 4요소가 동시에 상호작용해야 한다.

③ 강도, 절도, 폭행, 차량절도 등과 같이 신체적 폭력이나 직접적인 재산 침해를 수반하는 범죄는 일반적으로 화이트칼라범죄(white-collar crimes)로 분류된다.

④ 헤르만 슈벤딩어(Herman & Schwendinger)는 범죄를 단순히 법적 정의에 국한하지 않고 기본적 인권(생명권, 자유권, 평등권 등)을 침해하는 행위를 범죄로 간주해야 한다고 주장하며, 인권을 침해하는 국가의 억압, 차별, 빈곤 구조와 같은 사회적 불평등을 범죄로 포괄하여 접근하였다.

05

범죄원인론에 대한 설명으로 가장 적절하게 연결되지 않은 것은?

① 버제스&파크(Burgess&Park)의 사회 해체이론 – 시카고 지역을 5개의 동심원지대로 나누어 각 지대별 특성과 범죄의 관련성을 연구한 결과 빈곤, 인구유입, 실업 등과 관련이 있다고 규정하였다.

② 글레이저(Glaser)의 차별적 동일시 이론 – 동작경찰서는 관내 청소년 비행 문제가 증가하자 청소년들을 대상으로 폭력 영상물의 폐해에 관한 교육을 실시하고, 해당 유형의 영상물에 대한 접촉을 삼가도록 계도하였다.

③ 서덜랜드(Sutherland)의 차별적 접촉이론 – 범죄는 범죄적 전통을 가진 사회에서 많이 발생하며, 이러한 사회에서 개인은 범죄에 접촉·동조하면서 학습한다고 한다.

④ 머튼(Merton)의 긴장(아노미)이론 – 범죄는 정상적인 것이며 불가피한 사회적 행위라는 입장에서 사회 규범의 붕괴로 인해 범죄가 발생한다.

06

다음 중 합리적 선택이론(Rational Choice Theory)에 대한 설명으로 가장 옳은 것은?

① 합리적 선택이론(Rational Choice Theory)은 코헨과 펠슨이 제시한 이론이다.

② 범죄는 잠재적인 범죄자가 불법 행위에 대한 비용과 편익을 분석하는 의사결정 과정의 결과라는 입장이다.

③ 범죄자에게 있어서 범죄의 상황적 요인은 고려되지 않는다.

④ 거시적 범죄예방모델에 입각한 특별예방효과에 중점을 둔다.

07

다음은 전통적 경찰활동과 지역사회 경찰활동에 관한 비교 설명으로 적절하지 않은 것은?

① 경찰의 역할 – 전통적 경찰활동의 관점에서는 범죄를 해결하는 것이며, 지역사회 경찰활동의 관점에서는 폭넓은 지역문제를 해결하는 것이다.

② 강조점 – 전통적 경찰활동의 관점에서는 집중화된 조직구조, 법과 규범에 의해 규제이고, 지역사회 경찰활동의 관점에서는 지역사회의 요구에 부응하는 분권화된 경찰관 개개인의 능력을 강조하는 것이다.

③ 경찰의 능률측정 – 전통적 경찰활동의 관점에서는 체포율(검거율)과 적발건수이며, 지역사회 경찰활동의 관점에서는 범죄와 무질서의 감소율이다.

④ 가장 중요한 정보 – 전통적 경찰활동의 관점에서는 범죄자 정보(개인 또는 집단의 활동사항 관련 정보)이고, 지역사회 경찰활동의 관점에서는 범죄사건 정보(특정 범죄사건 또는 일련의 범죄사건 관련 정보)이다.

08

코헨과 펠드버그는 사회계약설로부터 도출되는 경찰활동의 기준을 제시하였다. 다음 각 사례와 가장 연관이 깊은 경찰 활동의 기준이 바른 것은 모두 몇 개인가?

> ㉠ 경찰 입직 전 집에 도둑을 맞은 경험이 있었던 경찰관이 경찰이 되어 절도범을 검거하자, 과거 도둑맞은 경험이 생각나 피의자에게 욕설과 가혹행위를 한 경우 ─〈공공의 신뢰〉
>
> ㉡ 음주단속을 하던 A경찰서 직원이 김경위를 적발하고도 동료경찰관이라는 이유로 눈감아 준 경우 ─〈편들기〉
>
> ㉢ 경찰관이 뇌물수수나 공짜 접대를 받은 경우 ─〈공정한 접근〉
>
> ㉣ 불법 개조한 오토바이를 단속하던 경찰관이 정지명령에 불응하는 오토바이를 향하여 과도하게 추격한 결과 운전자가 전신주를 들이받고 사망한 경우 ─〈생명과 재산의 안전〉
>
> ㉤ 목욕탕에서 물건을 도둑맞은 사람이 다른 손님이 의심스러웠지만, 직접 추궁하지 않고 경찰에 신고하여 체포하도록 한 경우 ─〈공공의 신뢰〉

① 1개   ② 2개

③ 3개   ④ 4개

09

다음은 경찰부패의 원인가설과 관련된 사례들이다. 이 중 "썩은사과 가설"에 해당하는 사례로 가장 적절한 것은?

① 경찰관은 순찰 중 주민으로부터 피로회복 음료를 무상으로 받았고, 그 다음주는 식사대접을 받았다. 순찰나갈 때마다 주민들에게 뇌물을 받는 습관이 들었고, 주민들도 경찰관이 순찰을 나가면 마음의 선물이라며 뇌물을 주는 것이 관례가 되어버렸다.

② 음주운전으로 징계처분을 받은 적이 있는 B가 다시 음주운전으로 적발되어 징계위원회에 회부되었다.

③ 주류판매로 단속된 노래연습장 업주가 담당경찰관 C에게 사건무마를 청탁하며 뇌물수수를 시도하였다.

④ P경찰관은 부서에서 많은 동료들이 단독 출장을 가면서도 공공연하게 두 사람의 출장비를 청구하고 퇴근 후 잠깐 들러서 시간외 근무를 한 것으로 퇴근시간을 허위 기록되게 하는 것을 보고, P경찰관도 동료들과 같은 행동을 하였다.

10

「경찰청 공무원 행동강령」에 대한 설명으로 가장 적절한 것은?

① 법률적으로 가상자산의 개념을 명시적으로 규정하고 있지는 않다.
② 공무원은 수사·단속의 대상이 되는 업소 중 경찰청장이 지정하는 유형의 업소 관계자와 부적절한 사적 접촉을 하여서는 아니 되며, 공적 또는 사적으로 접촉한 경우 경찰청장이 정하는 방법에 따라 신고하여야 한다.
③ 가상자산과 관련된 수사·조사·검사 등에 관련되는 직무를 수행하는 부서와 직위는 소속기관의 장이 정한다.
④ 공무원은 월 3회를 초과하여 대가를 받고 외부강의등을 하려는 경우에는 미리 소속 기관의 장에게 보고를 하여야 한다.

11

「공직자의 이해충돌 방지법」상 '사적이해관계자'로 규정하고 있는 대상이 아닌 것은?

① 공직자 자신 또는 그 가족(「민법」 제779조에 따른 가족을 말한다)
② 공직자 자신이나 그 가족이 대리하거나 고문·자문 등을 제공하는 개인이나 법인 또는 단체
③ 공직자로 채용·임용되기 전 2년 이내에 공직자자신이 재직하였던 법인 또는 단체
④ 공직자가 소속된 공공기관과 계약을 체결하거나 체결하려는 것이 명백한 개인이나 법인 또는 단체

12

「경찰청 적극행정 면책제도 운영규정」상 적극행정 면책심사위원회에 대한 설명으로 가장 적절한 것은?

① 시·도경찰청 소속 공무원 등의 적극행정 면책 신청에 대한 심사를 위하여 경찰청에 "적극행정 면책심사위원회"(이하 "위원회"라 한다)를 둔다.
② 위원회는 위원장 1명을 포함하여 5명 이상 7명 이내로 성별을 고려하여 구성하며 위원장은 감사관으로 하고 위원은 심사안건 관련 부서장(감사담당관 또는 감찰담당관)을 포함하여 회의 개최 시 마다 위원장이 경찰청 소속 과장급 공무원 중에서 지명하는 사람으로 한다. 다만, 위원 중 1인은 경감 이하 경찰공무원 또는 6급 이하 일반직공무원으로 한다.
③ 위원회의 위원장은 회의를 소집하고 위원회를 대표하며, 위원회의 사무는 감사담당관이 총괄한다.
④ 위원회의 회의는 출석위원 과반수의 찬성으로 개의(開議)하고, 출석위원 과반수의 찬성으로 의결한다.

13

'미군정시기'의 경찰에 대해 설명으로 가장 적절한 것은?

① 비경찰화 작용의 일환으로 위생사무를 위생국으로 이관하였고, 정보경찰과 고등경찰을 폐지하였다.

② 1945년에 정치범처벌법·보안법·예비검속법이 폐지되었고, 1948년에 마지막으로 치안유지법을 폐지하였다.

③ 1947년 7인으로 구성된 중앙경찰위원회가 법령 제157호로 설치되었으며, 중요한 경무정책의 수립·경찰관리의 소환·심문·임면·이동 등에 관한 사항을 심의하였다.

④ 광복 이후 미군정은 일제가 운용하던 비민주적 형사제도를 상당 부분 개선하고, 영미식 형사제도를 도입하기도 하였는데, 1945년 미군정 법무국 검사에 대한 훈령 제3호가 발령되어 수사는 경찰, 기소는 검사 체제가 도입되며 경찰의 독자적 수사권이 인정되었다.

14

영국의 4원체제에 대한 설명으로 옳지 않은 것은?

① 내무부장관은 국가적인 조직범죄를 담당하고, 지방경찰 예산의 50%이하를 지원하고 그 사용에 대해 합법성 및 합목적성을 감사한다.

② 지역치안위원장은 국립범죄청장이 임명하며, 임기는 4년으로 한 번만 연임가능하다.

③ 지역치안평의회는 지역치안위원장을 견제하고, 지역치안위원장에 대한 정보 및 출석요구권을 갖는다.

④ 지방경찰청장은 지역경찰의 실질적이고 독립적인 운용을 하며, 지역경찰에 대한 독립적인 지휘 및 통제권이 있다.

15

다음 중 실적주의에 대한 설명으로 옳은 것은?

① 실적주의는 정책 추진이 용이하며 의회와 행정부 간의 조정이 활성화된다.

② 실적주의는 미국의 민주정치 발전과정에서 도입된 인사제도이다.

③ 실적주의는 모든 사람은 누구나 일정한 자격만 갖추면 공직에 취임할 수 있다는 기회균등의 정신을 구현할 수 있다.

④ 실적주의는 엽관주의보다 우월한 제도로 우리나라는 실적주의만을 채택하고 있다.

16

직위분류제와 계급제에 관한 비교설명이다. 적절한 것은 모두 몇 개인가?

> 가. 계급제는 일반행정가 양성에 유리하며, 직무 간 이동과 승진이 상대적으로 용이하다.
> 나. 직위분류제는 업무의 전문성과 효율성을 높이는 데 기여하며, 보수체계를 합리적으로 설정할 수 있다.
> 다. 계급제는 공무원의 신분보장을 통해 행정의 안정성을 확보하는 데 유리하다.
> 라. 직위분류제는 권한과 책임의 한계를 명확히 하여 공무원의 임무와 역할을 세분화한다.
> 마. 직위분류제는 인사배치의 신축성과 융통성을 확보할 수 있다.

① 1개   ② 2개

③ 3개   ④ 4개

17

예산제도에 대한 설명으로 가장 옳지 않은 것은?

① 품목별 예산제도(Line Item Budgeting)는 예산지출에 대한 통제와 담당 공무원의 책임성을 확보하는데 유리하다.

② 성과주의 예산제도(Performance Budgeting)는 '단위원가×업무량 = 예산액'으로 표시하여 편성하는 예산제도로서 사업성과가 좋은지 나쁜지의 결과에 초점을 두며 예산을 들여 사업과 활동별로 무엇을 하는지에 대한 정보는 알기 어렵다.

③ 계획예산제도(Planning Programming Budgeting)는 국민의 입장에서 경찰활동을 이해하기 어려운 예산제도로서 의사결정이 지나치게 집권화되고 전문화되어 외부통제가 어렵다.

④ 영기준 예산제도(Zero Based Budgeting)는 사업의 존속·축소·확대 여부를 원점에서 새로 분석·검토하여 우선순위별로 실행예산을 결정하는 제도로서 예산편성 과정에서 중간관리층을 포함한 구성원의 참여 및 이들의 상향적 의사소통 통로가 확대된다.

18

甲은 인천경찰청 교통과에서 근무 중인 경찰관으로, 교통 관련 민원인 A로부터 현금 500만 원, 30만 원 가량의 식사 및 30년산 발렌타인 양주 1병을 뇌물로 제공받았다. 이 사실이 기사화되어 현재 직무상의 비위 등으로 인하여 중징계 의결 요구된 상태이다. 이 상황에서 인천경찰청장 乙이 취할 수 있는 무기·탄약 회수 및 보관에 관한 조치로 가장 적절한 것은?

① 무기를 휴대한 甲은 무기·탄약의 회수 및 보관의 대상자가 아니므로 乙은 아무런 조치를 하지 않았다.

② 乙은 무기를 휴대한 甲에게 심의위원회의 심의를 거쳐 대여한 무기·탄약을 회수할 수 있다.

③ 乙은 무기를 휴대한 甲에게 대여한 무기·탄약을 무기고에 보관하도록 해야 한다.

④ 乙은 무기를 휴대한 甲에게 즉시 대여한 무기·탄약을 회수해야 한다. 다만, 경찰관甲이 이의신청을 요청하는 경우에는 무기 소지 적격 심의위원회(이하 '심의위원회'라 한다)의 심의를 거쳐 대여한 무기·탄약의 회수여부를 결정한다.

19

경찰통제의 기본요소에 관한 설명으로 가장 적절하지 않은 것은?

① 권한의 분산 : 경찰의 중앙조직과 지방조직 간의 권한 분산, 상위계급자와 하위계급자 간의 권한 분산 등이 필요하다.

② 공개 : 경찰의 정보공개를 통해 행정기관의 투명성이 확보된다면 독선과 부패는 억제될 수 있다.

③ 책임 : 조직의 정책과오에 대하여 엄격한 책임을 묻고 있다.

④ 참여 : 경찰은 국민에게 행정참여를 보장함으로써 행정의 공정성, 투명성 및 신뢰성을 확보해야 한다.

20

「경찰 인권보호규칙」상 제37조에 규정된 진정의 기각사유가 아닌 것은?

① 진정 내용이 사실이 아니거나 사실 여부를 확인하는 것이 불가능한 경우

② 진정의 원인이 된 사실이 공소시효, 징계시효 및 민사상 시효 등이 모두 완성된 경우

③ 진정 내용이 이미 피해회복이 이루어지는 등 따로 구제조치가 필요하지 아니하다고 인정되는 경우

④ 진정 내용은 사실이나 인권침해에 해당하지 아니하는 경우

21

「국가경찰과 자치경찰의 조직 및 운영에 관한 법률」과 「국가경찰위원회 규정」상 국가경찰위원회에 대한 설명이다. 아래 ㉠부터 ㉰까지 설명 중 옳고 그름의 표시(O, X)가 바르게 된 것은?

㉠ 국가경찰위원회는 경찰의 민주주의와 정치적 중립성을 보장하기 위하여 경찰청에 설치한 독립적 심의·의결 기구이다.

㉡ 국가경찰위원회는 위원장 1명을 포함한 7명의 위원으로 구성하되, 위원장은 당연직 상임이며, 5명의 위원은 비상임으로 하고, 1명의 위원은 상임으로 한다.

㉢ 위원의 임기는 3년으로 하며, 연임할 수 있다. 이 경우 보궐위원의 임기는 전임자 임기의 남은 기간으로 한다.

㉣ 국가경찰위원회의 사무는 자체에서 수행한다.

㉤ 행정안전부장관은 국가경찰위원회에서 심의·의결된 내용이 적정하지 아니하다고 판단할 때에는 재의를 요구할 수 있으며, 재의를 요구하는 경우에는 의결한 날부터 7일 이내에 재의요구서를 위원회에 제출하여야 한다.

㉰ 위원장은 재의요구가 있는 경우에는 그 요구를 받은 날부터 10일 이내에 회의를 소집하여 다시 의결하여야 한다.

① ㉠ (X) ㉡ (O) ㉢ (X) ㉣ (O) ㉤ (X) ㉰ (O)

② ㉠ (X) ㉡ (X) ㉢ (O) ㉣ (X) ㉤ (O) ㉰ (X)

③ ㉠ (X) ㉡ (X) ㉢ (X) ㉣ (X) ㉤ (X) ㉰ (X)

④ ㉠ (O) ㉡ (X) ㉢ (X) ㉣ (X) ㉤ (X) ㉰ (X)

22

경찰관청의 '권한의 대리'와 '권한의 위임'에 관한 설명 중 가장 적절하지 않은 것은? (다툼이 있는 경우 판례에 의함)

① 권한을 위임받은 수임청은 자기의 이름 및 자기의 책임으로 권한을 행사한다.

② 위임으로 권한의 귀속이 변경되어 수임기관은 자기의 명의와 책임 하에 권한을 행사하고 위임된 권한에 관한 쟁송 시 위임관청 자신이 당사자가 된다. 단, 위임사무 처리에 소요되는 인력·예산 등은 위임자 부담이 원칙이다.

③ 법정대리의 경우 피대리관청이 사고 등으로 인해 공석이므로 대리의 법적 효과는 피대리관청에 귀속된다.

④ 「국가경찰과 자치경찰의 조직 및 운영에 관한 법률」상 "차장은 경찰청장을 보좌하며, 경찰청장이 부득이한 사유로 직무를 수행할 수 없을 때에는 그 직무를 대행한다."는 대리방식을 '협의의 법정대리'라고 한다.

23

다음 중 국가공무원법과 경찰공무원법상 공통적으로 적용되는 임용결격사유는 모두 몇 개인가?

> ㉠ 공무원으로 재직기간 중 직무와 관련하여 「형법」 제355조 및 제356조에 규정된 죄를 범한 자로서 300만원 이상의 벌금형을 선고받고 그 형이 확정된 후 2년이 지난 사람(자)
>
> ㉡ 파산선고를 받고 복권되지 아니한 사람(자)
>
> ㉢ 자격정지 이상의 형의 선고유예를 선고받고 그 유예 기간 중에 있는 사람(자)
>
> ㉣ 「성폭력범죄의 처벌 등에 관한 특례법」 제2조에 따른 성폭력범죄, 「정보통신망 이용촉진 및 정보보호 등에 관한 법률」 제74조 제1항 제2호 및 제3호에 규정된 죄, 「스토킹범죄의 처벌 등에 관한 법률」 제2조 제2호에 따른 스토킹범죄를 범한 사람으로서 100만원 이상의 벌금형을 선고받고 그 형이 확정된 후 3년이 지나지 아니한 사람(자)
>
> ㉤ 징계로 파면처분을 받은 때부터 5년이 지난 사람(자)
>
> ㉥ 대한민국 국적을 가지지 아니한 사람(자)
>
> ㉦ 미성년자에 대하여 「성폭력범죄의 처벌 등에 관한 특례법」 제2조에 따른 성폭력범죄를 범한 사람으로서 징계로 파면처분 또는 해임처분을 받은 날부터 20년이 지나지 아니한 사람

① 2개 　　　　　　② 3개

③ 4개 　　　　　　④ 5개

24

「경찰공무원 징계령」상 징계등의 집행에 대한 설명으로 가장 적절하지 않은 것은? (다툼이 있는 경우 판례에 의함)

① 징계위원회는 징계등 의결을 하였을 때에는 지체 없이 징계등 의결을 요구한 자에게 의결서 사본을 보내어 통지하여야 한다.

② 징계등 의결을 요구한 자는 경징계의 징계등 의결을 통지받았을 때에는 통지받은 날부터 15일 이내에 징계등을 집행하여야 한다.

③ 공무원인 피징계자에게 징계사유가 있어서 징계처분을 하는 경우 어떠한 처분을 할 것인가는 징계권자의 재량에 맡겨진 것이고, 다만 징계권자가 재량권의 행사로서 한 징계처분이 사회통념상 현저하게 타당성을 잃어 징계권자에게 맡겨진 재량권을 남용한 것이라고 인정되는 경우에 한하여 그 처분을 위법하다고 할 수 있다.

④ 징계등 의결을 요구한 자는 중징계의 징계등 의결을 통지받았을 때에는 지체 없이 징계등 처분 대상자의 임용권자에게 의결서 정본을 보내어 해당 징계등 처분을 제청하여야 한다. 다만, 경무관 이상의 강등 및 정직, 경정 이상의 파면 및 해임 처분의 제청, 총경 및 경정의 강등 및 정직의 집행은 경찰청장 또는 해양경찰청장이 한다.

25

경찰책임에 대한 설명으로 가장 적절하지 않은 것은?

① 경찰긴급권은 경찰책임의 원칙에 부합하는 대표적인 예로 볼 수 있다.

② 경찰상 위해의 상태를 발생시킨 행위는 작위뿐만 아니라 부작위도 포함한다.

③ 행위자의 작위나 부작위에 상관없이 위험을 야기시키면 행위책임을 진다.

④ 경찰책임자에 대한 경찰의 경찰권발동으로 경찰책임자에게 재산적 손해가 발생한 경우, 원칙적으로 그 경찰책임자에게 손실보상청구권이 인정되지 않는다.

26

다음 중 행정행위에 대한 설명으로 옳지 않은 것은? (다툼이 있는 경우 판례에 의함)

① 법률행위적 행정행위는 명령적 행정행위(하명·허가·면제)와 형성적 행정행위(특허·인가·대리)로 구분할 수 있고, 준법률행위적 행정행위는 확인, 공증, 통지, 수리로 구분할 수 있다.

② 특허란 특정 상대방을 위하여 새로이 권리를 설정하는 행정행위를 말하며, 그 예로 도로점용허가, 광업허가, 어업면허, 개인택시면허 등을 들 수 있다.

③ 공증은 특정한 사실 또는 법률관계의 존재를 공적으로 증명하는 행위로서 운전면허증 교부가 이에 해당한다.

④ 통지는 특정·불특정의 상대방에 대하여 특정한 사실을 알리는 행위로서 시험합격자 결정이 이에 해당한다.

27

「행정기본법」에 대한 설명으로 적절한 것은 모두 몇 개인가?

⊙ 행정에 관한 나이는 다른 법령등에 특별한 규정이 있는 경우에도 출생일을 산입하지 않고 만(滿) 나이로 계산하고, 연수(年數)로 표시하되, 1세에 이르지 아니한 경우에는 월수(月數)로 표시할 수 있다.

ⓛ 행정작용은 그 행정작용이 의도하는 공익이 행정작용으로 인한 국민의 이익 침해보다 크지 않아야 한다.

ⓒ 행정청은 법률로 정하는 바에 따라 완전히 자동화된 시스템(인공지능 기술을 적용한 시스템을 제외)으로 처분을 할 수 있으나, 처분에 재량이 있는 경우는 그러하지 아니하다.

ⓔ 행정청은 법령등의 위반행위가 종료된 날부터 5년이 지나면 해당 위반행위에 대하여 제재처분(인허가의 정지·취소·철회, 등록 말소, 영업소 폐쇄와 정지를 갈음하는 과징금 부과를 말한다)을 할 수 없다.

① 1개 ② 2개
③ 3개 ④ 4개

28

행정상 의무이행 확보수단에 관한 설명으로 가장 적절하지 않은 것은? (다툼이 있는 경우 판례에 의함)

① 이행강제금은 행정상 강제집행의 수단으로 과거의 위반에 대한 의무이행을 확보하기 위한 것인데 반해 형사처벌은 장래를 향한 의무이행을 확보하는 것을 주된 목적으로 한다. 따라서 양자병과 될 수 있으며, 헌법상 이중처벌 금지의 원칙에 위반되지 않는다.

② 경찰서장이 범칙행위에 대하여 통고처분을 한 이상 통고처분에서 정한 범칙금 납부기간까지는 원칙적으로 경찰서장은 즉결심판을 청구할 수 없다.

③ 경찰상 실효성 확보수단 중 간접적인 실효성 확보수단은 집행벌, 경찰벌, 공급거부, 명단공개, 관허사업의 제한등이 있다.

④ 질서위반행위에 대하여 과태료 부과의 근거 법률이 개정되어 행위 시의 법률에 의하면 과태료 부과대상이었지만 재판 시의 법률에 의하면 과태료 부과대상이 아니게 된 때에는 개정 법률의 부칙에서 종전 법률 시행 당시에 행해진 질서위반행위에 대해서는 행위 시의 법률을 적용하도록 특별한 규정을 두지 않은 이상 재판 시의 법률을 적용하여야 하므로 과태료를 부과할 수 없다.

29

「행정절차법」상 송달 및 기간·기한에 관한 설명으로 옳지 않은 것은?

① 정보통신망을 이용한 송달은 송달받을 자가 동의하는 경우에만 한다. 이 경우 행정청이 송달받을 주소 등을 지정하여야 한다.

② ①에 따라 정보통신망을 이용하여 전자문서로 송달하는 경우에는 송달받을 자가 지정한 컴퓨터 등에 입력된 때에 도달된 것으로 본다.

③ 송달은 다른 법령등에 특별한 규정이 있는 경우를 제외하고는 해당 문서가 송달받을 자에게 도달됨으로써 그 효력이 발생한다.

④ 송달이 불가능한 경우에 송달받을 자가 알기 쉽도록 관보, 공보, 게시판, 일간신문 중 하나 이상에 공고하고 인터넷에도 공고하여야 한다.

30

「행정심판법」에 관한 설명으로 가장 적절한 것은?

① 행정청의 처분 또는 부작위에 대하여는 다른 법률에 특별한 규정이 있는 경우 외에는 이 법에 따라 행정심판을 청구할 수 있다.

② 무효등확인심판은 행정청의 위법 또는 부당한 처분을 취소하거나 변경하는 행정심판이다.

③ 처분 또는 부작위에 대한 행정심판은 청구서를 제출하거나 말로써 청구할 수 있다.

④ 행정심판의 재결에 불복하는 경우 그 재결 및 같은 처분 또는 부작위에 대하여 다시 행정심판을 청구할 수 있다.

31

「경찰관 직무집행법」상 불심검문에 대한 설명으로 가장 적절한 것은?

① 경찰관은 이미 행하여진 범죄나 행하여지려고 하는 범죄행위에 관한 사실을 안다고 인정되는 사람을 정지시켜 질문하여야 한다.

② 경찰관은 ①에 따른 사람을 정지시킨 장소에서 질문을 하는 것이 그 사람에게 불리하거나 교통에 방해가 된다고 인정될 때에는 질문을 하기 위하여 가까운 경찰서·지구대·파출소 또는 출장소(지방해양경찰관서 포함하며, 이하 "경찰관서"라 함)로 동행할 것을 요구할 수 있다. 이 경우 동행을 요구받은 사람은 그 요구를 거절할 수 없다.

③ 경찰관은 ②에 따라 동행한 사람을 6시간을 초과하여 경찰관서에 머물게 할 수 없으며, 질문을 받거나 동행을 요구받은 사람은 형사소송에 관한 법률에 따르지 아니하고는 신체를 구속당하지 아니하며, 그 의사에 반하여 답변을 강요당하지 아니한다.

④ 경찰관이 불심검문 시 흉기조사뿐 아니라, 흉기 이외의 일반소지품 조사도 할 수 있다고 규정하고 있다.

32

「경찰관 직무집행법」에 규정된 경찰장비의 사용에 대한 내용으로 가장 적절한 것은?

① '경찰장구'란 경찰관이 휴대하여 범인 검거와 범죄 진압 등의 직무 수행에 사용하는 수갑, 포승, 경찰봉, 방패, 도검 등을 말한다.

② '권총'의 사용은 사형·무기 또는 장기 3년 이상의 징역이나 금고에 해당하는 죄를 범하거나 범하였다고 의심할 만한 충분한 이유가 있는 사람이 경찰관의 직무집행에 항거하거나 도주하려고 할 때에 그 행위를 방지하거나 그 행위자를 체포하기 위하여 무기를 사용하지 아니하고는 다른 수단이 없다고 인정되는 상당한 이유가 있을 경우 사용할 수 있다.

③ '분사기'는 법률에 정해진 직무 수행을 위해 부득이한 경우에 필요한 최소한의 범위에서 사용할 수 있으나, 최루탄은 사용이 금지되어 있다.

④ '경찰착용기록장치'는 사람의 생명·신체에 위해를 끼치거나 재산에 중대한 손해를 끼칠 우려가 없는 경우에도 직무 수행을 위하여 사용할 수 있다.

33

「경찰 물리력 행사의 기준과 방법에 관한 규칙(경찰청예규)」상 경찰 물리력 사용의 정도(경찰관의 대응 수준)에 관한 내용으로 옳은 것은?

① 저위험 물리력이란 '소극적 저항' 이상의 상태인 대상자에 대해 사용할 수 있는 물리력 수준으로서, 대상자 신체 접촉을 통해 경찰목적 달성을 강제하지만 신체적 부상을 야기할 가능성은 극히 낮은 물리력을 말하며, 소극적 저항이란 대상자가 경찰관의 지시, 통제를 따르지 않고 비협조적이지만 경찰관 또는 제3자에 대해 직접적인 위해를 가하지 않는 상태를 말한다.

② 협조적 통제란 '순응' 이상의 상태인 대상자에 대해 사용할 수 있는 물리력 수준으로서, 대상자의 협조를 유도하거나 협조에 따른 물리력을 말하며, 여기서 말하는 순응이란 대상자가 경찰관의 지시, 통제에 따르는 상태를 말한다.

③ 접촉 통제란 '적극적 저항' 이상의 상태인 대상자에 대해 사용할 수 있는 물리력 수준으로서, 대상자가 통증을 느낄 수 있으나 신체적 부상을 당할 가능성은 낮은 물리력을 말하며, 적극적 저항이란 대상자가 자신에 대한 경찰관의 체포·연행 등 정당한 공무집행을 방해하지만 경찰관 또는 제3자에 대해 위해 수준이 낮은 행위만을 하는 상태를 말한다.

④ 중위험 물리력이란 '폭력적 공격' 이상의 상태의 대상자에 대해 사용할 수 있는 물리력 수준으로서, 대상자에게 신체적 부상을 입힐 수 있으나 생명·신체에 대한 중대한 위해 발생 가능성은 낮은 물리력을 말하며, 폭력적 공격이란 대상자가 경찰관 또는 제3자에 대해 사망 또는 심각한 부상을 초래할 수 있는 행위를 하는 상태를 말한다.

34

「경찰관 직무집행법 및 동시행령」 및 「범인검거 등 공로자 보상에 관한 규정」상 범인검거 등 공로자 보상에 관한 설명이다. ( ) 안에 들어갈 숫자의 합은?

가. 보상금의 최고액은 ( )억원으로 하며, 구체적인 보상금 지급 기준은 경찰청장이 정하여 고시한다.

나. 보상금심사위원회는 위원장 1명을 포함한 ( ) 명 이내의 위원으로 구성한다.

다. 부정한 방법으로 보상금을 지급받은 사람이 보상금 환수 통지를 받은 경우, 보상금 환수통지일부터 ( )일 이내의 범위에서 경찰청장등이 정하는 기한까지 환수금액을 납부하지 아니한 때에는 국세강제징수의 예에 따라 징수할 수 있다.

라. 동일한 사람에게 지급결정일을 기준으로 연간 (1월 1일부터 12월 31일까지를 말한다) ( )회를 초과하여 보상금을 지급할 수 없다.

① 45
② 50
③ 55
④ 60

35

「경범죄 처벌법」에 대한 설명으로 적절하지 않은 것은 모두 몇 개인가?

가. '범칙자'란 범칙행위를 한 사람으로서 '통고처분서 받기를 거부한 사람', '주거 또는 신원이 확실하지 아니한 사람', '그 밖에 통고처분하기가 매우 어려운 사람' 중 어느 하나에 해당하지 아니하는 사람을 말한다.

나. 경찰청장, 해양경찰청장, 제주특별자치도지사 또는 철도특별사법경찰대장은 범칙자로 인정되는 사람에 대하여 그 이유를 명백히 나타낸 서면으로 범칙금을 부과하고 이를 납부할 것을 통고할 수 있다.

다. 통고처분서를 받은 사람은 통고처분서를 받은 날부터 10일 이내에 경찰청장·해양경찰청장 또는 철도특별사법경찰대장이 지정한 은행, 그 지점이나 대리점, 우체국 또는 제주특별자치도지사가 지정하는 금융기관이나 그 지점에 범칙금을 납부하여야 한다. 다만, 천재지변이나 그 밖의 부득이한 사유로 말미암아 그 기간 내에 범칙금을 납부할 수 없을 때에는 그 부득이한 사유가 없어지게 된 날부터 5일 이내에 납부하여야 한다.

라. 다.에 따른 납부기간에 범칙금을 납부하지 아니한 사람은 납부기간의 마지막 날부터 20일 이내에 통고받은 범칙금에 그 금액의 100분의 20을 더한 금액을 납부하여야 한다.

마. 파출소장 A가 소속 직원들에게 「경범죄처벌법」 상 인터넷 중고거래 사이트를 통해 비대면으로 웃돈을 받고 유명 가수의 콘서트 티켓을 되판 사람은 20만원 이하의 벌금, 구류 또는 과료의 형으로 처벌해야 한다고 교양하였다.

① 1개
② 2개
③ 3개
④ 4개

36

아래는 「아동·청소년의 성보호에 관한 법률」 제26조의 일부를 발췌한 것이다. 다음 중 옳은 것은?

> 제26조(영상물의 촬영·보존 등) ① 아동·청소년대상 성범죄 ⊙ 피해자의 진술내용과 조사과정은 비디오녹화기 등 영상물 녹화장치로 촬영·보존할 수 있다.
> ② 제1항에 따른 영상물 녹화는 ⓛ 피해자 또는 법정대리인이 © 이를 원하지 아니하는 의사를 표시하더라도 비디오녹화기 등 영상물 녹화장치로 촬영·보존할 수 있다. ② 가해자가 친권자 중 일방인 경우에도 그러하다.
> 〈이하 생략〉

① ⊙   ② ⓛ
③ ©   ④ ②

37

「스토킹범죄의 처벌 등에 관한 법률」에 대한 설명으로 가장 적절한 것은?

① 사법경찰관은 스토킹행위 신고와 관련하여 스토킹행위가 지속적 또는 반복적으로 행하여질 우려가 있고 스토킹범죄의 예방을 위하여 긴급을 요하는 경우 스토킹행위자에게 직권으로 또는 스토킹행위의 상대방이나 그 법정대리인 또는 스토킹행위를 신고한 사람의 요청에 의하여 긴급임시조치를 할 수 있다.

② 스토킹행위자와 피해자 등의 분리 및 범죄수사는 잠정조치에 해당한다.

③ 법원이 스토킹행위자에게 국가경찰관서의 유치장 또는 구치소의 유치의 잠정조치를 하는 경우 그 기간은 1개월을 초과할 수 없다. 다만, 법원은 피해자의 보호를 위하여 그 기간을 연장할 필요가 있다고 인정하는 경우에는 결정으로 두 차례에 한정하여 각 1개월의 범위에서 연장할 수 있다.

④ 경찰관서의 장(국가수사본부장, 시·도경찰청장 및 경찰서장을 의미한다)은 스토킹범죄 전담 사법경찰관을 지정하여 특별한 사정이 없으면 스토킹범죄 전담 사법경찰관이 피해자를 조사하게 하여야 한다.

38

「도로교통법」에 대한 설명이다. 아래 가.부터 마.까지 설명 중 옳고 그름의 표시(O, X)가 바르게 된 것은?

가. "보도"란 연석선, 안전표지나 그와 비슷한 인공구조물로 경계를 표시하여 보행자(유모차, 보행보조용 의자차, 노약자용 보행기 등 행정안전부령으로 정하는 기구·장치를 이용하여 통행하는 사람 및 제21호의3에 따른 실외이동로봇을 제외)가 통행할 수 있도록 한 도로의 부분을 말한다.

나. "자전거등"이란 자전거와 개인형 이동장치를 말한다.

다. "자율주행자동차"란 운전자 또는 승객의 조작 없이 주변상황과 도로 정보 등을 스스로 인지하고 판단하여 자동차를 운행할 수 있게 하는 자동화 장비, 소프트웨어 및 이와 관련한 모든 장치를 말한다.

라. "음주운전 방지장치"란 술에 취한 상태에서 자동차등을 운전하려는 경우 시동이 걸리지 아니하도록 하는 것으로서 행정안전부령으로 정하는 것을 말한다.

마. "회전교차로"란 교차로 중 차마가 원형의 교통섬(차마의 안전하고 원활한 교통처리나 보행자 도로횡단의 안전을 확보하기 위하여 교차로 또는 차도의 분기점 등에 설치하는 섬 모양의 시설을 말한다)을 중심으로 반시계방향으로 통행하도록 한 원형의 도로를 말한다.

① 가. (X) 나. (O) 다. (X) 라. (O) 마. (X)
② 가. (X) 나. (O) 다. (O) 라. (X) 마. (O)
③ 가. (O) 나. (X) 다. (X) 라. (O) 마. (X)
④ 가. (X) 나. (O) 다. (X) 라. (O) 마. (O)

39

「집회 및 시위에 관한 법률」에 관한 다음 설명 중 가장 적절하지 않은 것은? (다툼이 있는 경우 판례에 의함)

① 타인이 관리하는 건조물에서 옥내집회를 개최하는 경우에도 타인의 법익 침해나 기타 공공의 안녕질서에 대하여 직접적이고 명백한 위험을 초래하는 때에는 해산명령의 대상이 된다.

② 사전 신고를 하지 아니한 옥외집회 참가자들에게 위와 같은 해산명령 불응의 죄책을 묻기 위하여는 관할 경찰관서장 등이 직접 참가자들에 대하여 자진 해산할 것을 요청하고, 이에 따르지 아니하는 경우 세 번 이상 자진 해산할 것을 명령하는 등 「집회 및 시위에 관한 법률 시행령」제17조에서 정한 적법한 해산명령의 절차와 방식을 준수하였음이 입증되어야 한다.

③ 해산명령은 자진 해산 요청에 따르지 않는 시위 참가자들에게 자진 해산할 의무를 부과하는 것이므로 반드시 '자진 해산을 명령한다'는 용어가 사용되거나 말로 해산명령임을 표시해야 한다.

④ 사전 금지 또는 제한된 집회라 하더라도 실제 이루어진 집회가 당초 신고 내용과 달리 타인의 법익이나 공공의 안녕질서에 직접적이고 명백한 위험을 초래하지 않은 경우, 사전에 금지통고된 집회라는 이유만으로 해산을 명하고 이에 불응하였다고 처벌할 수는 없다.

40
다음 설명 중 가장 적절한 것은?

① 「경찰수사규칙」에 따르면 사법경찰관은 주한 미합중국 군대의 구성원·외국인군무원 및 그 가족이나 초청계약자의 범죄 관련 사건을 인지하거나 고소·고발 등을 수리한 때에는 7일 이내에 한미행정협정사건 통보서를 미군 당국에게 통보해야 한다.

② 「경찰수사규칙」에 따르면 사법경찰관리는 외국인 변사사건이 발생한 경우에는 영사기관 사망통보서를 작성하여 지체 없이 검사에게 통보해야 한다.

③ 「범죄수사규칙」에 따르면 경찰관은 외국군함에 관하여는 해당 군함의 함장의 청구가 있는 경우 외에는 이에 출입해서는 아니 된다.

④ 「범죄수사규칙」에 따르면 경찰관은 총영사, 영사 또는 부영사의 사택이나 명예영사의 사무소 혹은 사택에서 수사할 필요가 있다고 인정될 때에는 미리 경찰청장에게 보고하여 그 지시를 받아야 한다.

총알 총정리 모의고사 2회

01

형식적 의미의 경찰과 실질적 의미의 경찰에 관한 설명으로 가장 적절한 것은?

① 형식적 의미의 경찰은 사회목적적 작용을 의미하며 작용을 중심으로 파악된 개념이고, 실질적 의미의 경찰은 조직을 기준으로 파악된 개념이다.

② 실질적 의미의 경찰개념은 경찰작용의 성질에 따른 것으로서, 보건·산림·세무·의료·환경 등의 업무는 국가기관의 비권력적 행위로 간주되며 경찰개념에 포함되지 않는다.

③ 실질적 의미의 경찰은 특별통치권에 근거하여 국민에게 명령·강제하는 권력적 작용으로 독일의 행정법학에서 정립된 학문상 개념이다.

④ 실질적 의미의 경찰을 보안경찰과 협의의 행정경찰로 구분하는 것이 일반적 견해라고 할 때, 보안경찰은 독립적인 경찰기관이 관할하지만, 협의의 행정경찰은 위생, 건축, 공물 등 다양한 분야에서 일반행정기관이 함께 그것을 관장하는 경우가 많다.

02

「국가경찰과 자치경찰의 조직 및 운영에 관한 법률」 제3조에 따른 경찰의 임무에 대한 설명으로 가장 적절한 것은 모두 몇 개인가?

> ㉠ 제1호에서는 국민의 생명·신체 보호만을 경찰의 임무로 규정하고 있다.
> ㉡ 제3호에서 범죄피해자 보호를 경찰의 임무로 규정하고 있다.
> ㉢ 제5호에서 치안정보의 수집·작성 및 배포를 경찰의 임무로 규정하고 있다.
> ㉣ 제6호에서 교통의 단속과 질서유지를 경찰의 임무로 규정하고 있다.
> ㉤ 제7호에서 외국 정부기관 및 국제기구와의 국제협력을 경찰의 임무로 규정하고 있다.

① 1개   ② 2개
③ 3개   ④ 4개

03

경찰의 관할에 대한 설명으로 가장 적절한 것은?

① 우리나라는 대륙법계의 영향을 받아 범죄수사에 관한 임무가 경찰의 사물관할로 인정되고 있다.

② 경찰공무원이 국회 안에서 현행범인을 체포한 후에는 국회의장의 지시를 받을 필요가 없지만, 회의장 안에 있는 국회의원에 대하여는 국회의장의 명령 없이 체포할 수 없다.

③ 외교공관이나 외교관의 개인주택은 경찰의 상태책임 대상이 될 수 없다.

④ 甲은 용산 미군기지에 근무하는 미군 병사로, 휴가를 받아 서울 이태원에서 음주 중 한국인과 말다툼 끝에 주먹을 휘둘러 한국인에게 2주의 상해를 입혔다. 이 경우, SOFA(주한미군지위협정)에 따라 한국 경찰은 사건에 대한 수사를 진행할 수 있다.

04

사회적수준의 범죄원인론 중 '사회과정원인'에 해당하지 않는 것은?

① Shaw & Macay에 따르면, 범죄는 지역사회 내 사회적 통제의 약화로 인해 발생하며, 특히 도시화와 이주로 인해 사회조직이 붕괴된 지역에서 범죄율이 높아진다고 주장한다.

② Reckless는 개인 내적 요인(자아강도)과 외적 요인(사회적 통제)이 결합되어 범죄를 견제한다고 보았으며, 이러한 통제 요인이 약화될 경우 범죄가 발생한다고 주장한다.

③ Matza & Sykes에 따르면, 청소년은 비행 과정에서 '책임의 회피', '피해자의 부정', '피해 발생의 부인', '비난자에 대한 비난', '충성심에의 호소' 등 5가지 중화기술을 통해 규범, 가치관 등을 중화시킨다.

④ Hirschi에 따르면, 범죄는 사회적인 유대가 약화되어 통제되지 않기 때문에 발생하고, 사회적 결속은 애착, 참여, 전념, 신념의 4가지 요소에 영향을 받는다.

05

범죄통제이론에 대한 설명으로 옳은 것은?

① 억제이론은 범죄자의 처벌을 통해 대중의 범죄를 예방하고자 하는 것을 특별억제라 하였으나, 인간의 합리적 판단이 범죄 행동에도 적용된다고 보아서 폭력과 같은 충동적 범죄에 적용하는 데 한계가 있다는 비판이 있다.

② 치료·갱생이론은 범죄자의 치료·갱생을 통해 범죄를 예방해야 한다고 주장하여 일반예방효과에 중점을 두지만, 특정 범죄자만 대상으로 하므로 특별예방효과에 한계가 있다.

③ 사회발전이론은 사회발전 및 환경 개선을 통해 범죄의 근본적인 원인을 제거해야 범죄예방이 가능하다는 이론으로 치료 및 갱생프로그램은 대부분 범죄행위에 대한 간접적 통제 활동이기 때문에 적극적인 범죄예방에는 한계가 있다.

④ 상황적 범죄예방이론 중 일상활동이론에서는 동기가 부여된 잠재적 범죄자, 범죄에 적당한 대상, 감시의 존재라는 세 가지 조건이 충족될 때 범죄가 발생한다고 본다.

06

다음 보기의 내용은 아파트 내의 공유시설 등을 CPTED 개념과 전략을 적용한 사례이다. 다음 기본원리 중 가장 관련이 있는 것은?

> 건물 외벽을 설계할 때 범죄자가 기어오르거나 딛고 오를 수 있는 요소와 몸을 은폐할 수 있는 요소인 가스배관, 물받이, 테라스, 요철벽면 등은 제거하거나 개선해야 한다. 이를 위해 가스배관 등에 특수 설계된 덮개를 설치하거나 지상에서 일정 높이까지(2-3미터) 가스배관이 들어갈 수 있도록 배관 지름 깊이의 움푹 파인 홈(dent)을 만들어 사람이 매달리는 것이 불가능하거나 매우 곤란하게 설계해야 한다.

① 영역성의 강화
② 활동의 활성화
③ 자연적 접근통제
④ 자연적 감시

07

지역사회 경찰활동(Community Policing)에 관한 설명으로 가장 적절하지 않은 것은?

① 경찰-지역사회 관계(PCR)은 경찰과 지역주민 사이에 좋은 관계를 유지하고 경찰활동을 널리 지역주민에게 이해시키고, 범죄예방활동에 지역주민을 적극적으로 참여시켜 협력해 주도록 하는 경찰활동을 말한다.

② 증거기반 경찰활동(evidence-based policing)은 경찰정책과 의사결정에 있어서 과학적·의학적 증거에 기반하여 증거의 개발, 검토, 활용을 위해 경찰관 및 직원이 연구기관과 함께 활동하는 접근방법이다.

③ 문제지향적 경찰활동(POP)은 경찰과 지역사회가 전통적인 경찰업무로 해결할 수 없거나 그것의 해결을 위하여 특별히 관심을 필요로 하는 사안들에 있어서 그 상황에 맞는 대안을 개발하기 위해 노력하는 활동에 주력한다.

④ 전통적 경찰활동(TP) → 지역사회 경찰활동(CP) 경찰 → 지역사회 관계(PCR)의 순서는 경찰과 주민 간의 관계가 점차적으로 발전하고, 주민 참여와 협력이 강화되는 과정이다.

08

경찰 윤리강령에 따라 발생할 수 있는 문제점에 관한 설명으로 가장 적절하지 않은 것은?

① 냉소주의 : 직원의 참여에 의하여 이루어지는 것이 아니라 상부에서 제정하여 하달되기 때문에 발생할 수 있는 문제

② 실행가능성의 문제 : 전문직업인의 내부규율로서 선언적 효력을 가질 뿐 법적인 강제력이 없기 때문에 이를 위반했을 경우 제재할 방법이 미흡하며, 지나친 이상추구의 성격 때문에 발생할 수 있는 문제

③ 행위중심적 성격 : 행위중심적으로 규정되어 있어서 행위 이전의 의도나 동기를 소홀히 하기 때문에 발생할 수 있는 문제

④ 우선순위 미결정 : 경찰관이 최선을 다하여 헌신과 봉사를 하려다가도 경찰윤리강령에 포함된 정도의 수준으로만 근무를 하려 하기 때문에 발생할 수 있는 문제

09

경찰의 전문직업화에 대한 내용으로 옳지 않은 것은?

① 경찰의 전문직업화는 경찰이 시민의 입장을 고려하지 않고 전문지식을 바탕으로 일방적으로 의사결정을 하므로 치안서비스의 질이 향상된다.

② 경찰의 높은 사회적 지위를 위한 직업전문화는 미국의 오거스트 볼머(August Vollmer) 등에 의하여 추진되었다.

③ 동작경찰서 경비과 소속 경찰관 甲은 집회 현장에서 시위대가 질서유지선을 침범해 경찰관을 폭행하자 교통, 정보, 생활안전 등 다른 전체적인 분야에 대한 고려 없이 경비분야만 생각하고 검거 결정을 하였다면 이는 소외와 관련된 내용이다.

④ 심장전문의 乙은 환자의 치료법에 대하여 환자의 입장을 고려하지 않고 자신의 우월적 의학적 지식만 고려하여 일방적으로 치료방법을 결정하는 것은 부권주의의 예이다.

10

「부정청탁 및 금품등 수수의 금지에 관한 법률」에 대한 내용으로 옳은 것은?

① 누구든지 직접 또는 제3자를 통하여 직무를 수행하는 공직자등에게 모집·선발·채용·승진·전보 등 공직자등의 인사에 관하여 법령을 위반하지 않고 개입하거나 영향을 미치도록 하는 행위에 해당하는 부정청탁을 해서는 아니 된다.

② ①에도 불구하고 임명직 공직자, 정당, 시민단체 등이 공익적인 목적으로 제3자의 고충민원을 전달하거나 법령·기준의 제정·개정·폐지 또는 정책·사업·제도 및 그 운영 등의 개선에 관하여 제안·건의하는 행위에 해당하는 경우에는 이 법을 적용하지 아니한다.

③ 외부강의 시간당 상한액은 직급 구분 없이 40만 원이며, 1시간을 초과하여 강의 등을 하는 경우에도 사례금 총액은 강의시간에 관계없이 1시간 상한액의 100분의 150에 해당하는 금액을 초과하지 못한다.

④ 부정청탁을 받은 공직자등은 그에 따라 직무를 수행해서는 아니 되며, 이를 위반 시 2년 이하의 징역 또는 1천만원 이하의 벌금에 처한다.

11

「경찰청 공무원 행동강령」에 대한 설명으로 가장 옳은 것은?

① 공무원은 직무 관련 여부 및 기부·증여 등 그 명목에 관계없이 동일인으로부터 1회에 100만원 또는 매 회계연도에 300만원을 초과하는 금품 등을 받거나 요구 또는 약속해서는 아니 된다. 다만, 직무와 관련 없는 후원의 경우에는 이를 허용한다.

② 외부강의등에 관한 사례금 또는 사적 거래(증여 포함)로 인한 채무의 이행 등 정당한 권원(權原)에 의하여 제공되는 금품등은 수수(收受)를 금지하는 금품등에 해당하지 아니한다.

③ 공무원은 어떠한 경우에도 자신의 직무권한을 행사하여 직무관련자로부터 사적 노무를 제공받거나 요구해서는 안된다.

④ 경찰청 공무원 행동강령 제15조 제2항에 따른 외부강의등의 신고를 할 때 신고사항 중 상세 명세 또는 사례금 총액 등을 신고기간 내에 알 수 없는 경우에는 해당 사항을 제외한 사항을 신고한 후 해당 사항을 안 날부터 5일 이내에 보완하여야 한다.

12

「경찰청 적극행정 면책제도 운영규정」 제2조 정의에 대한 설명으로 가장 적절하지 않은 것은?

① "적극행정"이란, 경찰청 및 그 소속기관의 공무원 또는 산하단체의 임·직원(이하 "경찰청 소속 공무원 등"이라 한다)이 국가 또는 공공의 이익을 증진하기 위해 성실하고 능동적으로 업무를 처리하는 행위를 말한다.

② "면책"이란, 적극행정 과정에서 발생한 부분적인 절차상 하자 또는 비효율, 손실 등과 관련하여 그 업무를 처리한 경찰청 소속 공무원 등에 대하여 「경찰청 감사규칙」 제10조 제1호부터 제3호까지 및 제6호와 「경찰공무원 징계령」에 따른 징계 및 징계부가금의 어느 하나에 해당하는 책임을 감면하는 것이 아니라 묻지 않는 것을 말한다.

③ "감사 책임자"란, 현장에서 감사활동을 지휘하는 자를 말하여 감사단장 등 현장 지휘자가 없을 경우에는 감사담당관 또는 감찰담당관을 말한다.

④ "사전컨설팅 대상 기관 및 대상 부서의 장"이란 각 시·도경찰청장, 부속기관의 장, 산하 공직유관단체의 장 및 경찰청 관·국의 장을 말한다.

13

일제 강점기 경찰제도는 3·1운동 이후 보통경찰제도로 변화하였다. 이와 관련된 설명으로 옳은 것은?

① 총독부 직속의 경무총감부가 폐지되고, 경무국이 경찰사무와 위생사무를 감독하였다.

② 일본에서 제정된 정치범처벌법이 우리나라에 적용되었다.

③ 경찰의 사무 중 집달리 사무, 민사쟁송조정 사무 등이 제외되는 등 경찰의 활동영역에 많은 변화가 있었다.

④ 일제강점기에는 총독·경무총장에게 주어진 제령권과 경무부장에게 주어진 명령권 등을 통해 각종 전제주의적·제국주의적 경찰권 행사가 가능하였다는 특징이 있다.

14
외국의 경찰에 대한 설명으로 가장 적절한 것은?

① 미국경찰에는 기본적으로 지방경찰, 주 경찰, 연방경찰이 존재하며, 이 중 광범위한 경찰권을 행사하여 법집행의 범위가 가장 넓은 것은 주 경찰이다.

② 프랑스 군경찰은 군인의 신분으로 국방임무를 수행하면서, 행정경찰과 사법경찰의 기능을 수행한다.

③ 독일의 검찰은 공소권만 가지고 있고, 수사권은 가지고 있지 않아 소위 "팔 없는 머리"로 불리기도 한다.

④ 일본경찰은 일반적으로 수사의 개시·진행권 및 종결권을 가지고 있으며, 검찰과 상호대등한 협력관계를 이룬다.

15
다음 〈보기〉 중 옳고 그름의 표시(O,X)가 옳게 짝지어진 것은?

〈보기〉
㉠ 엽관주의란 인사행정의 기준을 당파성이나 정실, 혈연, 지연이 아니라 개인의 능력, 자격, 성적에 두는 제도를 의미한다.
㉡ 실적주의는 기회균등 및 사회적 평등을 실현하고 행정의 안정성과 전문성 확보에 유리하다.
㉢ 직위분류제는 동일직무에 대한 동일보수의 원칙을 확립함으로써 보수의 합리적 기준을 제시한다.
㉣ 우리나라의 공직분류체계는 직위분류제 위주에 계급제적 요소를 가미한 혼합적 형태이다.

① ㉠(X), ㉡(O), ㉢(O), ㉣(O)
② ㉠(X), ㉡(X), ㉢(O), ㉣(O)
③ ㉠(O), ㉡(X), ㉢(X), ㉣(O)
④ ㉠(X), ㉡(O), ㉢(O), ㉣(X)

16
동기부여이론 중 내용이론에 해당하는 것으로 가장 적절하지 않은 것은?

① 아지리스(C. Argyris)의 성숙·미성숙 이론
② 맥그리거(McGregor)의 X이론·Y이론
③ 브룸(Vroom)의 기대이론
④ 허즈버그(Herzberg)의 욕구충족요인 이원론(동기위생이론)

17
우리나라 예산과정을 순서대로 바르게 연결한 것은?

가. 예산안편성 지침 통보
나. 중기사업계획서 제출
다. 예산요구서 작성 및 제출
라. 예산안 편성(국무회의 심의 및 대통령 승인)
마. 상임위원회 예비심사
바. 예산안 국회제출
사. 예산결산특별위원회 종합심사
아. 본회의 심의·확정

① 가 → 나 → 다 → 라 → 바 → 마 → 사 → 아
② 나 → 가 → 다 → 라 → 바 → 마 → 사 → 아
③ 가 → 마 → 나 → 라 → 바 → 다 → 사 → 아
④ 나 → 가 → 다 → 바 → 라 → 사 → 마 → 아

18
「보안업무규정」에 따른 보호지역 중 보안상 매우 중요한 구역으로서 비인가자의 출입이 금지되는 구역에 해당하는 장소는?

① 정보통신실
② 정보상황실
③ 정보통신관제센터
④ 작전·경호·정보·안보업무 담당 부서 전역

19

「부패방지 및 국민권익위원회의 설치와 운영에 관한 법률」에 대한 설명으로 가장 적절한 것은?

① 누구든지 부패행위를 알게 된 때에는 이를 위원회에 신고할 수 있으며, 신고자가 신고의 내용이 허위라는 사실을 알았거나 알 수 있었음에도 불구하고 신고한 경우에도 이 법의 보호를 받을 수 있다.

② 신고를 하려는 자는 본인의 인적사항과 신고취지 및 이유를 기재한 무기명의 문서로써 하여야 하며, 신고대상과 부패행위의 증거 등을 함께 제시하여야 한다.

③ 조사기관은 신고를 이첩 또는 송부받은 날부터 60일 이내에 감사·수사 또는 조사를 종결하여야 한다. 다만, 정당한 사유가 있는 경우에는 그 기간을 연장할 수 있으며, 위원회에 그 연장사유 및 연장기간을 통보하여야 한다.

④ 위원회에 신고가 접수된 당해 부패행위의 혐의대상자가 치안감급 이상의 경찰공무원으로서 부패혐의의 내용이 형사처벌을 위한 수사 및 공소제기의 필요성이 있는 경우에는 위원회의 명의로 검찰, 수사처, 경찰 등 관할 수사기관에 고발을 하여야 한다.

20

「경찰 인권보호 규칙」 제18조의3(경찰 인권교육협의회 운영)에 대한 설명으로 가장 적절한 것은?

① 협의회는 협의회장을 포함한 7명 이상 13명 이하의 위원으로 구성한다.

② 협의회장은 경찰청 인권보호담당관으로 하고, 위원은 경찰청 각 국·관 서무업무 담당 계장, 각 시·도경찰청 인권업무 담당 계장 및 국가인권위원회 교육 관련 부서 과장과 민간 전문가에 해당하는 사람이 반드시 1명 이상 포함되어야 한다. 이 경우 시·도경찰청 인권업무 담당 계장은 특정 성별이 10분의 6을 초과하지 않아야 한다.

③ 협의회 회의는 정기회의와 임시회의로 구분하며, 정기회의는 연 3회 개최하고, 임시회의는 협의회장이 필요하다고 인정하는 경우 개최할 수 있다.

④ 인권보호담당관은 협의회 회의 결과를 경찰청 내 관련 부서에 통보하고, 해당 부서는 통보받은 내용을 정책에 반영하도록 노력해야 한다.

21

훈령과 직무명령에 관한 설명 중 옳지 않은 것은 모두 몇 개인가?

> ㉠ 직무명령은 직무와 관련 없는 사생활에는 그 효력이 미치지 않는다.
>
> ㉡ 훈령은 일반적·추상적 사항에 대하여만 발할 수 있으며, 개별적·구체적 사항에 대해서는 발할 수 없다.
>
> ㉢ 훈령을 발하기 위해서는 법령의 구체적 근거를 요하나, 직무명령은 법령의 구체적 근거가 없이도 발할 수 있다.
>
> ㉣ 훈령의 종류에는 '협의의 훈령, 지시, 예규, 일일명령' 등이 있으며, 이 중 예규는 반복적 경찰 사무의 기준을 제시하기 위하여 발하는 명령을 의미한다.
>
> ㉤ 훈령은 직무명령을 겸할 수 있으나, 직무명령은 훈령의 성질을 가질 수 없다.

① 1개   ② 2개
③ 3개   ④ 4개

22

다음 경찰과 관련한 대화 중 가장 적절하지 않은 설명을 하고 있는 사람은?

① 혜지: "우리 지역에 지구대나 파출소 하나만 생기면 치안이 좋아질 것 같은데, 경찰서장 소속으로 지구대 또는 파출소를 두고, 필요한 경우에는 출장소를 둘 수 있다고 하네."

② 서하: "「국가경찰과 자치경찰의 조직 및 운영에 관한 법률」은 해양경찰에게는 적용되지 않고 일반경찰에게만 적용되는 법률이라고 하네"

③ 은지: "요즘 노량진에 경범죄 및 기초질서 관련 범죄가 자주 발생하고 있는데, 「국가경찰과 자치경찰의 조직 및 운영에 관한 법률」을 보면 경범죄 및 기초질서 관련 범죄가 국가경찰사무로 규정되어 있네."

④ 영주: "「국가경찰과 자치경찰의 조직 및 운영에 관한 법률」에서 자치경찰사무와 국가경찰사무 그리고 형사소송법에 따른 수사사무로 구분하고 있지만, 경찰관의 신분은 모두 국가공무원이더라고. 단, 2006년에 출범한 제주특별자치도 자치경찰단 소속의 자치경찰공무원은 지방공무원이고."

23

다음 중 경과에 대한 설명으로 가장 적절한 것은?

① 「경찰공무원법」상 경찰공무원은 그 직무의 종류에 따라 경과(警科)에 의하여 구분할 수 있으며, 경과의 구분에 필요한 사항은 행정안전부령으로 정한다.

② 「경찰공무원 임용령」상 총경 이하 경찰공무원에게 부여하는 경과는 일반경과, 수사경과, 안보수사경과 특수경과이다. 다만, 수사경과와 특수경과는 경정 이하 경찰공무원에게만 부여한다.

③ 「경찰공무원 임용령 시행규칙」상 전과는 일반경과에서 수사경과·안보수사경과 또는 특수경과로의 전과만 인정한다. 다만, 정원감축 등 경찰청장이 정하는 사유가 있는 경우 수사경과·안보수사경과 또는 특수경과에서 일반경과로의 전과를 인정할 수 있다.

④ 「경찰공무원 임용령 시행규칙」상 전과의 대상자에 해당하는 경우에도 현재 경과를 부여받고 1년이 지나지 아니한 사람, 특정한 직무분야에 근무할 것을 조건으로 채용된 경찰공무원으로서 채용 후 5년이 지나지 아니한 사람은 전과를 할 수 없다.

24

다음 중 징계에 대한 설명으로 가장 적절한 것은? (다툼이 있는 경우 판례에 의함)

① 「경찰공무원법」상 경무관 이상의 경찰공무원에 대한 징계의결은 「국가공무원법」에 따라 국무총리 소속으로 설치된 징계위원회에서 하며, 경감 이하의 경찰공무원에 대한 징계의결을 하기 위하여 대통령령으로 정하는 경찰기관 및 해양경찰관서에 경찰공무원 징계위원회를 둔다.

② 「경찰공무원 징계령」상 징계위원회의 회의는 위원장과 징계위원회가 설치된 경찰기관의 장이 회의마다 지정하는 4명 이상 6명 이하의 위원으로 성별을 고려하여 구성하되, 민간위원의 수는 위원장을 제외한 위원 수의 2분의 1 이상이어야 한다.

③ 징계의결 등의 요구는 금품 및 향응수수, 공금의 횡령·유용 등의 경우에는 10년, 성폭력범죄의 처벌 등에 관한 특례법 제2조에 따른 성폭력범죄등의 경우에는 5년, 그 밖의 징계 등 사유에 해당하는 경우는 3년이 지나면 하지 못한다.

④ 경찰공무원 시험승진후보자명부에 등재된 자가 승진임용되기 전에 정직 이상의 징계처분을 받은 경우, 임용권자가 당해인을 시험승진후보자명부에서 삭제한 삭제행위는 결국 그 명부에 등재된 자에 대한 승진 여부를 결정하기 위한 행정청 내부의 준비과정에 불과하고, 그 자체가 어떠한 권리나 의무를 설정하거나 법률상 이익에 직접적인 변동을 초래하는 별도의 행정처분이 된다고 할 수 없다.

25

경찰개입청구권에 대한 설명으로 옳지 않은 것은?

① 경찰개입청구권이란 경찰권의 부작위로 인하여 권익을 침해당한 자가 당해 경찰관청 등에 대하여 제3자에게 경찰권의 발동을 청구할 수 있는 권리로 사전예방적 성격과 사후구제적 성격을 모두 가진다.

② 띠톱판결은 경찰법상의 일반수권조항의 해석에 있어 무하자재량행사청구권을 인정하고 재량권 영으로의 수축이론에 의거하여 원고의 청구를 인용한 판결로서 경찰개입청구권을 인정한 판결의 효시로 평가된다.

③ 경찰개입 여부는 원칙적으로 재량이지만, 일정한 상황하에서는 재량권이 영(0)으로 수축되고, 이때 개인은 경찰당국에 대해 해당 조치를 취할 것을 청구할 수 있는 권리를 가진다.

④ 경찰관청의 개입의무가 존재한다고 하더라도 경찰권의 행사로 인하여 국민이 받는 이익이 반사적 이익인 경우에는 경찰개입청구권이 인정되지 않지만, 최근 반사적 이익의 공권화 추세에 따라 경찰개입청구권이 인정될 여지가 축소되고 있다.

26

행정의 법 원칙에 관한 설명 중 가장 적절한 것은? (다툼이 있는 경우 판례에 의함)

① 행정작용은 법률에 근거하여야 하며, 국민의 권리를 제한하거나 의무를 부과하는 경우와 그 밖에 국민생활에 중요한 영향을 미치는 경우에는 법률에 위반되어서는 아니된다.

② 적법 및 위법을 불문하고 재량준칙에 따른 행정관행이 성립한 경우라면, 행정의 자기구속 원칙이 적용될 수 있다.

③ 「행정절차법」 제4조 제2항 "행정청은 법령등의 해석 또는 행정청의 관행이 일반적으로 국민들에게 받아들여졌을 때에는 공익 또는 제3자의 정당한 이익을 현저히 해칠 우려가 있는 경우를 제외하고는 새로운 해석 또는 관행에 따라 소급하여 불리하게 처리하여서는 아니 된다."라고 하는 것은 권한남용금지의 원칙에 대한 내용이다.

④ 제1종 대형면허의 취소에는 당연히 제1종 보통면허소지자가 운전할 수 있는 차량의 운전까지 금지하는 취지가 포함된 것이어서 이들 차량의 운전면허는 서로 관련된 것이라고 할 것이므로, 제1종 대형면허로 운전할 수 있는 차량을 운전면허정지기간 중에 운전한 경우에는 이와 관련된 제1종 보통면허까지 취소할 수 있다.

27

행정행위의 부관에 대한 설명으로 옳지 않은 것은? (다툼이 있는 경우 판례에 의함)

① 재량행위에 있어서는 법령상의 근거가 없다고 하더라도 부관을 붙일 수 있다.

② 지방국토관리청장이 일부 공유수면매립지에 대하여 한 국가 또는 광역시 귀속처분은 법률효과의 일부배제에 해당하는 것으로 행정행위의 부관의 유형으로 볼 수 있다.

③ 도로보수공사 완성을 조건으로 한 자동차운송사업의 면허는 해제조건에 해당한다.

④ 조건은 행정행위의 효력 발생 또는 소멸을 장래의 불확실한 사실의 성부에 의존시키는 부관을 말한다.

28

다음 중 「개인정보 보호법」에 대한 설명으로 가장 적절한 것은?

① "가명처리"란 개인정보의 일부를 삭제하거나 일부 또는 전부를 대체하는 등의 방법으로 추가 정보가 없이는 특정 개인을 알아볼 수 없도록 처리하는 것을 말한다.

② "고정형 영상정보처리기기"란 사람이 신체에 착용 또는 휴대하거나 이동 가능한 물체에 부착 또는 거치(据置)하여 사람 또는 사물의 영상 등을 촬영하거나 이를 유·무선망을 통하여 전송하는 장치로서 대통령령으로 정하는 장치를 말한다.

③ 개인정보 보호에 관한 사무를 독립적으로 수행하기 위하여 행정안전부 소속으로 개인정보 보호위원회를 둔다.

④ 개인정보 보호위원회는 상임위원 2명(위원장 1명, 부위원장 1명)을 포함한 11명의 위원으로 구성하고, 위원의 임기는 3년으로 하되, 한 차례만 연임할 수 있다.

29

「행정기본법」상 행정상 강제에 대한 설명으로 가장 적절한 것은?

① 행정대집행은 의무자가 행정상 의무로서 타인이 대신하여 행할 수 있는 의무를 이행하지 아니하는 경우 법률로 정하는 다른 수단으로는 그 이행을 확보하기 곤란하고 그 불이행을 방치하면 공익을 크게 해칠 것으로 인정될 때에 행정청이 의무자가 하여야 할 행위를 스스로 하거나 제3자에게 하게 하고 그 비용을 의무자로부터 징수하는 것을 말한다.

② 이행강제금의 부과는 의무자가 행정상 의무 중 금전급부의무를 이행하지 아니하는 경우 행정청이 의무자의 재산에 실력을 행사하여 그 행정상 의무가 실현된 것과 같은 상태를 실현하는 것을 말한다.

③ 직접강제는 현재의 급박한 행정상의 장해를 제거하기 위한 경우로서 행정청이 미리 행정상 의무 이행을 명할 시간적 여유가 없는 경우에 행정청이 곧바로 국민의 신체 또는 재산에 실력을 행사하여 행정목적을 달성하는 것을 말한다.

④ 강제징수는 의무자가 행정상 의무를 이행하지 아니하는 경우 행정청이 적절한 이행기간을 부여하고, 그 기한까지 행정상 의무를 이행하지 아니하면 금전급부의무를 부과하는 것을 말한다.

30

「행정절차법」상 확약에 관한 설명으로 옳은 것은?

① 확약을 한 후에 확약의 내용을 이행할 수 없을 정도로 사정이 변경된 경우, 행정청은 확약에 기속되지 아니한다.

② 행정청은 확약이 ①에 해당하여 확약을 이행할 수 없는 경우에는 당사자에게 통지할 의무가 없다.

③ 행정청은 다른 행정청과의 협의 등의 절차를 거쳐야 하는 처분에 대하여 확약을 하려는 경우에는 확약을 한 후에 그 절차를 거쳐야 한다.

④ 확약은 서면이나 말로 할 수 있으며, 확약이 말로 이루어지는 경우에는 상대방이 서면의 교부를 요구하면 직무 수행에 특별한 지장이 없는 한 이를 교부하여야 한다.

31

「행정소송법」에 대한 설명으로 가장 적절한 것은? (다툼이 있는 경우 판례에 의함)

① 명예퇴직한 법관이 미지급 명예퇴직수당액에 대하여 가지는 권리는 명예퇴직수당 지급대상자 결정 절차를 거쳐 명예퇴직수당규칙에 의하여 확정된 공법상 법률관계에 관한 권리로서, 그 지급을 구하는 소송은 행정소송법의 기관소송에 해당하며, 그 법률관계의 당사자인 국가를 상대로 제기하여야 한다.

② 국립 교육대학 학생에 대한 퇴학처분은 학장이 교육목적실현과 학교의 내부질서유지를 위해 학칙 위반자인 재학생에 대한 구체적 법집행으로서 행정처분에 해당하지 않는다.

③ 취소소송에는 사실심의 변론종결시까지 관련청구소송을 병합하거나 피고외의 자를 상대로 한 관련청구소송을 취소소송이 계속된 법원에 병합하여 제기할 수 있다.

④ 법원은 당사자의 신청이 있는 때에는 결정으로써 재결을 행한 행정청에 대하여 행정심판에 관한 기록의 제출을 명하여야 한다.

32

경찰관 직무집행법에 대한 설명으로 가장 옳은 것은? (다툼이 있는 경우 판례에 의함)

① 경찰관이 임의동행요구에 응하지 않는다 하여 강제연행하려고 대상자의 양팔을 잡아 끈 행위는 적법한 공무집행으로 볼 수 있다.

② 경찰관이 농성 진압의 과정에서 경찰장비를 위법하게 사용함으로써 그 직무수행이 적법한 범위를 벗어난 것으로 볼 수밖에 없다면, 상대방이 그로 인한 생명·신체에 대한 위해를 면하기 위하여 직접적으로 대항하는 과정에서 경찰장비를 손상시켰더라도 이는 위법한 공무집행으로 인한 신체에 대한 현재의 부당한 침해에서 벗어나기 위한 행위로서 정당방위에 해당한다.

③ 검문하는 사람이 경찰관이고 검문하는 이유가 범죄행위에 관한 것임을 피고인이 충분히 알고 있었다고 보이는 경우에도, 신분증을 제시하지 않았다면 그 불심검문이 위법한 공무집행에 해당한다.

④ 화물차운전자가 경찰의 음주단속에 불응하여 도주하려다 경찰관에게 검거되어 그와 그 처의 의사에 반하여 지구대로 데려간 행위는 적법한 보호조치이다.

33

다음은 「위해성 경찰장비의 사용기준 등에 관한 규정」에 대한 설명이다. 적절한 것만을 고른 것은 모두 몇 개인가?

> ㉠ 경찰관은 불법집회·시위 또는 소요사태로 인하여 발생할 수 있는 타인 또는 경찰관의 생명·신체의 위해와 재산·공공시설의 위험을 억제하기 위하여 부득이 한 경우에는 시·도경찰청장의 명령에 따라 필요한 최소한의 범위에서 가스차를 사용할 수 있다.
>
> ㉡ 경찰관은 소요사태로 인해 타인의 법익이나 공공의 안녕질서에 대한 간접적인 위험이 명백하게 초래되어 살수차 외에 경찰장비로는 그 위험을 제거·완화시키는 것이 현저히 곤란한 경우에는 시·도경찰청장의 명령에 따라 살수차를 배치·사용할 수 있다.
>
> ㉢ 위해성 경찰장비를 새로 도입하려는 경우에 안전성 검사에 참여한 외부 전문가는 안전성 검사를 실시한 후 3개월 이내에 안전성 검사 결과보고서를 국회 소관 상임위원회에 제출하여야 한다.
>
> ㉣ 국가경찰관서의 장(경찰청장·해양경찰청장·시·도경찰청장·지방해양경찰청장·경찰서장 또는 해양경찰서장 기타 경무관·총경·경정 또는 경감을 장으로 하는 국가경찰관서의 장을 말한다)은 폐기대상인 위해성 경찰장비 또는 성능이 저하된 위해성 경찰장비를 개조할 수 있으며, 소속경찰관으로 하여금 이를 본래의 용법에 준하여 사용하게 할 수 있다.
>
> ㉤ 「위해성 경찰장비의 사용기준 등에 관한 규정」 제2조 제2호부터 제4호까지의 위해성 경찰장비(제4호의 경우에는 가스차만 해당한다)를 사용하는 경우 그 현장책임자 또는 사용자는 사용보고서를 작성하여 직근상급 감독자에게 보고하고, 직근상급 감독자는 이를 3년간 보관하여야 한다.

① 1개   ② 2개
③ 3개   ④ 4개

34

「경찰관 직무집행법」 및 「경찰관 직무집행법 시행령」상 손실보상에 대한 설명으로 가장 적절한 것은?

① 국가는 경찰관의 적법한 직무집행으로 인하여 손실발생의 원인에 대하여 책임이 있는 자가 자신의 책임에 상응하는 정도를 초과하는 생명·신체 또는 재산상의 손실을 입은 경우 보상을 하지 않을 수 있다.

② 경찰청장, 해양경찰청장, 시·도경찰청장 또는 지방해양경찰청장은 국가경찰위원회 또는 해양경찰위원회의 심의·의결에 따라 보상금을 지급하고, 거짓 또는 부정한 방법으로 보상금을 받은 사람에 대하여는 해당 보상금을 환수하여야 한다.

③ 경찰청장, 해양경찰청장, 시·도경찰청장 또는 지방해양경찰청장은 제4항에 따라 보상금을 반환하여야 할 사람이 대통령령으로 정한 기한까지 그 금액을 납부하지 아니한 때에는 국세강제징수의 예에 따라 징수할 수 있다.

④ 위원회의 위원은 소속 경찰공무원과 판사·검사 또는 변호사로 5년 이상 근무한 사람, 고등교육법 제2조에 따른 학교에서 법학 또는 행정학을 가르치는 정교수 이상으로 5년 이상 재직한 사람, 경찰업무와 손실보상에 관하여 학식과 경험이 풍부한 사람 중에서 경찰청장 등이 위촉하거나 임명한다.

35

「112신고의 운영 및 처리에 관한 법률」과 같은 법 시행령과 시행규칙에 관한 설명으로 가장 적절한 것은?

① 경찰청장등은 112신고의 처리를 위하여 112신고자 정보를 활용하는 경우라 하더라도 112신고자 정보를 수집·이용 또는 제공하여서는 아니 된다.

② 112신고 접수 및 처리와 관련된 녹음·녹화자료는 3년간 보존한다.

③ 경찰청장은 강력범죄 현행범인 등 신고 대응을 위해 실시간 전파가 필요한 경우에는 112신고 대응 코드(code) 중 코드 1 신고로 분류한다.

④ 112근무요원은 접수한 신고의 내용이 코드 4 신고의 유형에 해당하는 경우에는 출동 경찰관에게 지령하지 않고 자체 종결하거나, 담당 부서 또는 112신고 관계 기관에 신고내용을 통보하여 처리하도록 조치해야 한다.

36

「아동학대범죄의 처벌 등에 관한 특례법」에 대한 내용으로 가장 적절하지 않은 것은?

① '아동'이란 18세 미만의 사람을 말한다.

② 아동학대범죄에 대하여는 이 법을 우선 적용한다. 다만, 「성폭력범죄의 처벌 등에 관한 특례법」, 「아동·청소년의 성보호에 관한 법률」에서 가중처벌되는 경우에는 그 법에서 정한 바에 따른다.

③ 아동학대범죄 신고를 접수한 사법경찰관리나 아동학대전담공무원은 24시간 이내에 아동학대범죄의 현장에 출동하여야 한다. 이 경우 수사기관의 장이나 시·도지사 또는 시장·군수·구청장은 서로 동행하여 줄 것을 요청할 수 있다.

④ 피해아동등을 아동학대 관련 보호시설로 인도하는 경우, 72시간을 넘을 수 없다. 다만, 공휴일이나 토요일이 포함되는 경우로서 피해아동등의 보호를 위하여 필요하다고 인정되는 경우에는 48시간의 범위에서 그 기간을 연장할 수 있다.

37

선거경비에 대한 설명으로 옳고 그름(O, X)의 표시가 바르게 연결된 것은?

> ⊙ 대통령 후보자는 갑호경호 대상으로 후보자 등록 시부터 당선 확정 시까지 후보자가 원하는 경우 유세장·숙소 등에 대해 24시간 경호임무를 수행하고, 후보자가 원하지 않는 경우 시·도경찰청에서 경호경험이 있는 자를 선발해 관내 유세기간 중 근접 배치한다.
> ⓛ 통상 비상근무체제는 선거기간 개시일부터 개표 종료 때까지이며, 경계강화기간은 선거기간 개시일부터 선거 전일까지이고, 선거일부터 개표 종료시까지 을호비상이 원칙이다.
> ⓒ 대통령 선거, 국회의원선거, 지방자치단체의 의회의원 및 장의 선거기간은 후보자등록마감일의 다음날부터 선거일까지이다.
> ⓔ 「공직선거법」상 투표관리관 또는 투표사무원은 투표소의 질서가 심히 문란하여 공정한 투표가 실시될 수 없다고 인정하는 때에는 투표소의 질서를 유지하기 위하여 사복을 한 경찰공무원 또는 경찰관서장에게 원조를 요구할 수 있다.
> ⓜ 「공직선거법」상 누구든지 개표소 안에서 무기 등을 지닐 수 없으므로 선거관리위원회 위원장의 원조요구가 있더라도 개표소 안으로 투입되는 경찰관은 무기를 휴대할 수 없다.

① ⊙ (O) ⓛ (O) ⓒ (X) ⓔ (X) ⓜ (O)

② ⊙ (X) ⓛ (X) ⓒ (X) ⓔ (X) ⓜ (X)

③ ⊙ (X) ⓛ (O) ⓒ (O) ⓔ (O) ⓜ (X)

④ ⊙ (X) ⓛ (X) ⓒ (X) ⓔ (O) ⓜ (X)

38

다음은 「도로교통법」상 정차 및 주차 금지에 관한 설명이다. 괄호 안에 들어갈 숫자의 총합은?

> ⊙ 모든 차의 운전자는 안전지대가 설치된 도로에서는 그 안전지대의 사방으로부터 각각 ( )미터 이내인 곳에서는 차를 정차하거나 주차하여서는 아니 된다.
> ⓛ 모든 차의 운전자는 「소방기본법」 제10조에 따른 소방용수시설 또는 비상소화장치가 설치된 곳으로부터 ( )미터 이내인 곳에서는 차를 정차하거나 주차하여서는 아니 된다.
> ⓒ 모든 차의 운전자는 버스여객자동차의 정류지(停留地)임을 표시하는 기둥이나 표지판 또는 선이 설치된 곳으로부터 ( )미터 이내인 곳에서는 차를 정차하거나 주차하여서는 아니 된다.
> ⓔ 모든 차의 운전자는 교차로의 가장자리나 도로의 모퉁이로부터 ( )미터 이내인 곳에서는 차를 정차하거나 주차하여서는 아니 된다.

① 25

② 30

③ 35

④ 40

39

집회 및 시위에 관한 판례의 내용 중 옳지 않은 것은? (다툼이 있으면 판례에 의함)

① 집회가 성립하기 위한 최소한의 인원에 대해 종래 학계와 실무에서는 2인설과 3인설이 대립하고 있었으나 대법원은 '2인이 모인 집회도 「집회 및 시위에 관한 법률」의 규제대상'이라고 판시하였다.

② 차도의 통행방법으로 신고하지 아니한 '삼보일배 행진'을 하여 차량의 통행을 방해한 사안에서, 그 시위 방법이 장소, 태양, 내용, 방법과 결과 등에 비추어 사회통념상 용인될 수 있는 다소의 피해를 발생시킨 경우에도, 신고제도의 목적 달성을 심히 곤란하게 하는 정도에 이르지 않더라도 사회상규에 위배되는 행위로 판단된다.

③ 서울광장이 청구인들의 생활형성의 중심지인 거주지나 체류지에 해당한다고 할 수 없고, 서울광장에 출입하고 통행하는 행위가 그 장소를 중심으로 생활을 형성해 나가는 행위에 속한다고 볼 수도 없으므로 청구인들의 거주·이전의 자유가 제한되었다고 할 수 없다.

④ 집회참가자들이 망인에 대한 추모의 목적과 그 범위 내에서 이루어지는 노제 등을 위한 이동·행진의 수준을 넘어서서 그 기회를 이용하여 다른 공동의 목적을 가지고 일반인이 자유로이 통행할 수 있는 장소를 행진하거나 위력 또는 기세를 보여, 불특정한 여러 사람의 의견에 영향을 주거나 제압을 하는 행위에까지 나아가는 경우에는, 이미 「집회 및 시위에 관한 법률」이 정한 시위에 해당하므로 「집회 및 시위에 관한 법률」 제6조에 따라 사전에 신고서를 관할 경찰서장에게 제출할 것이 요구된다.

40

다음은 「범죄인 인도법」과 범죄인 인도의 원칙에 대한 설명으로 옳지 않은 것은?

① 「범죄인 인도법」 제6조는 대한민국과 청구국의 법률에 따라 인도범죄가 사형, 무기징역, 무기금고, 장기 1년 이상의 징역 또는 금고에 해당하는 경우에만 범죄인 인도가 가능하다고 규정하여 '쌍방가벌성의 원칙'과 '최소한의 중요성 원칙'을 모두 담고 있다.

② 인도조약이 체결되어 있지 않은 경우에도 범죄인의 인도를 청구하는 국가가 동종의 범죄인 인도청구에 응한다는 보증을 하는 경우 「범죄인 인도법」을 적용한다는 원칙은 '상호주의 원칙'이다.

③ 범죄인 인도에 관하여 이 법에 인도조약과 다른 규정이 있는 경우에는 이 법의 규정을 우선 적용한다.

④ 인도범죄가 정치적 성격을 지닌 범죄이거나 그와 관련된 경우 범죄인을 인도하여서는 안된다는 '정치범 불인도의 원칙'은 「범죄인 인도법」에 규정되어 있다. 다만, 국가원수 암살, 집단 학살 등은 정치범 불인도의 예외사유로 인정한다.

총알 총정리 모의고사 3회

01

다음 중 경찰의 개념과 임무에 대한 설명으로 가장 적절하지 않은 것은?

① 대륙법계 국가의 경찰개념은 경찰권이라는 통치권적 개념을 전제로 발동범위와 성질을 중심으로 형성되었으며, 영·미법계 경찰개념은 시민으로부터 자치권한을 위임받아 시민을 위해 수행하는 기능과 역할을 중심으로 발전하였다.

② 크로이츠베르크(Kreuzberg) 판결은 경찰의 임무를 위험방지에 한정한 중요한 판결로, 경찰개념의 법적 해석을 확정하는 계기가 되었다.

③ 16세기 경찰국가시대의 경찰개념은 외교·군사·재정·사법을 제외한 사회목적적 행정을 의미한다.

④ 제2차 세계대전 이후 독일에서는 경찰사무의 축소와 전문화를 위해 비경찰화 과정이 이루어졌는데, 이는 범죄의 예방과 검거 등 보안경찰을 제외한 영업, 위생, 건축, 공물 등의 협의의 행정 경찰사무를 일반행정기관의 분장사무로 이관하는 현상을 의미하였으며, 이 과정에서 보안경찰의 범주에 속하는 풍속경찰은 비경찰화 대상에 포함되지 않는다.

02

다음 중 경찰의 분류에 대한 설명으로 가장 적절하지 않은 것은?

① 한국에서는 보통경찰기관이 행정경찰 및 사법경찰 업무를 모두 담당한다.

② 범죄수사·다중범죄진압, 교통위반자에 대한 통고처분 등 보통경찰조직의 직무범위 중에서 강제력을 수단으로 사회공공의 안녕과 질서유지를 위한 법집행을 주로 하는 경찰활동은 질서경찰에 해당한다.

③ 고등경찰과 보통경찰의 구별은 프랑스에서 유래한 것으로 경찰에 의하여 보호되는 법익을 기준으로 한 구별이다.

④ 국가경찰제도는 타 행정부문과의 긴밀한 협조·조정이 원활하지만, 자치경찰제도에 비해 지방세력과 연결되면 경찰부패가 초래할 수 있고, 정실주의에 대한 우려가 있다.

03

경찰의 관할에 대한 설명으로 가장 적절하지 않은 것은?

① 지역관할과 인적관할은 광의의 경찰권이 발동될 수 있는 지역적 범위와 인적 범위를 말하고, 광의의 경찰권은 협의의 경찰권, 수사권, 비권력적 활동 권한을 포함하는 개념이다.

② 「외교관계에 관한 비엔나협약」상 공관지역은 불가침이다. 접수국의 관헌은 공관장의 동의없이는 공관지역에 들어가지 못한다.

③ 의장은 국회의 경호를 위하여 필요할 때에는 국회소관상임위원회의 동의를 받아 일정한 기간을 정하여 정부에 경찰공무원의 파견을 요구할 수 있다.

④ 의원이 본회의 또는 위원회의 회의장에서 이 법 또는 국회규칙을 위반하여 회의장의 질서를 어지럽혔을 때에는 의장이나 위원장은 경고나 제지를 할 수 있다.

04

범죄원인에 대한 학설 중 사회적 수준의 사회과정 원인에 대한 학설은 모두 몇 개인가?

㉠ 하위문화이론	㉡ 차별적 접촉이론
㉢ 동조성전념이론	㉣ 긴장(아노미)이론
㉤ 사회해체론	㉥ 낙인이론

① 1개   ② 2개
③ 3개   ④ 4개

05

낙인이론에 대한 설명으로 가장 적절한 것은?

① 최초 일탈의 발생 원인과 가해자에 대한 관심이 적다는 비판이 있다.
② 레머트(Lemert)는 사회로부터 부정적인 반응을 받은 소년이 스스로 이를 동일시하고 부정적 역할을 수행하게 되는 악의 극화(Dramatization of Evil)에 빠지게 된다고 하였다.
③ 탄넨바움(Tannenbaum)은 일차적 일탈에 대한 부정적인 주변의 반응이 이차적 일탈을 유발한다고 하였다.
④ 베커(Becker)는 일탈자는 공식적인 일탈자라는 주지위를 얻게 되어 교육과 직업 등에 방해를 받게 되며 이로 인해 일탈을 반복하게 된다고 하였다.

06

환경설계를 통한 범죄예방(CPTED)의 기본원리에 대한 설명으로 적절하지 않은 것은?

① 환경설계를 통한 범죄예방(CPTED)은 뉴먼(O. Newman)이 제창한 방어공간이라는 이론을 제퍼리(C. R. Jeffery)가 확장시켜 체계적으로 정립하였기 때문에 CPTED라는 용어를 처음으로 사용한 사람은 뉴먼(O. Newman)이다.
② 환경설계를 통한 범죄예방(CPTED: Crime Prevention Through Environmental Design)은 물리적 환경설계 또는 재설계를 통해 범죄기회를 차단하고 시민의 범죄에 대한 불안을 감소시키는 전략이다.
③ 오스카 뉴먼(Oscar Newman)의 저서 "방어공간"에서 공동주택의 설계와 범죄와의 상관성을 증명하면서 환경설계를 통한 범죄예방(CPTED)의 중요성이 증대되었다.
④ 방범용 CCTV는 상황적 범죄예방이론 및 CPTED 이론 등을 근거로 하고 있다.

07

지역사회 경찰활동(Community Policing)에 대한 설명으로 가장 적절한 것은?

① 지역중심적 경찰활동(윌리엄스가 주장) - 경찰이 지역사회 구성원과 함께 마약·범죄와 범죄에 대한 두려움, 사회적·물리적 무질서 그리고 전반적인 지역의 타락과 같은 당면의 문제들을 확인하고 우선순위를 정하여 해결하고자 함께 노력한다.

② 지역사회 경찰활동의 4가지 기본요소(J. Skolnick)는 지역사회 범죄예방활동, 주민에 대한 일반서비스 제공을 위한 도보순찰 위주로 전환으로의 방향전환, 주민에 대한 책임성 중시, 정책결정과정에서의 주민참여를 포함한 권한의 집중화이다.

③ 전략지향적 경찰활동 - 경찰자원들을 재분배하고 전통적인 경찰활동 및 절차들을 전략적으로 이용하는데, 특히 지역사회 참여가 경찰임무의 중요한 측면이라 인식한다.

④ 증거기반 경찰활동 경찰활동(골드슈타인이 주장) - 단순한 통계적 분석이나 경험적 분석을 넘어 임상 실험에서 얻어진 결과를 더 중시하며, 경찰의 정책결정에 있어서 각종 과학적 증거 또는 의학적 증거에 기반한 경찰활동이다.

08

순찰의 효과 연구 중 실험기간동안에 공식적인 범죄가 증가하였음에도 불구하고 도보순찰의 결과 시민들은 오히려 더 안전하다고 느낀다는 연구결과를 나타낸 실험은?

① 캔자스시의 예방순찰실험
② 뉴왁시의 도보순찰실험
③ 플린트 도보순찰실험
④ 뉴욕경찰의 25구역 순찰실험

09

다음 사례에서 나타나는 전문직업인으로서 경찰의 윤리적 문제점으로 가장 적절한 것은?

> 동작경찰서 수사과 소속 경찰관 甲은 자신의 지인 A가 운영하는 가게가 경쟁업체 B의 허위 신고로 피해를 입었다는 제보를 받고 수사를 진행하였다. 그러나 甲은 공정성을 유지하지 않고 지인 A의 요청에 따라 경쟁업체 B에게 불리한 방향으로 수사를 진행하고, 이를 통해 지인 A의 가게를 돕는 데 집중하였다.

① 부권주의
② 소외
③ 차별
④ 사적 이익을 위한 이용

10

「부정청탁 및 금품등 수수의 금지에 관한 법률」 제2조 정의에 대한 설명으로 가장 적절한 것은?

① 공공기관에는 국회, 법원, 헌법재판소, 감사원, 국가인권위원회, 고위공직자범죄수사처, 중앙행정기관(대통령 소속 기관과 국무총리 소속 기관을 포함한다)과 그 소속 기관 및 지방자치단체를 포함한다. 단, 선거관리위원회는 공공기관에 해당하지 않는다.

② 공직자등에는 변호사법 제4조에 따른 변호사 자격이 있는 자는 포함된다고 명시되어 있다.

③ 공공기관에는 「초·중등교육법」, 「고등교육법」, 「유아교육법」 및 그 밖의 다른 법령에 따라 설치된 각급 학교가 포함된다. 단, 「사립학교법」에 따른 학교법인은 '공공기관'에 해당하지 않는다.

④ 음식물·주류·골프 등의 접대·향응 또는 교통·숙박 등의 편의 제공은 '금품등'에 해당한다.

11

「경찰청 공무원 행동강령」에 대한 설명으로 가장 적절한 것은?

① 공무원은 정치인이나 정당 등으로부터 부당한 직무수행을 강요받거나 청탁을 받은 경우에는 별지 제9호 서식 또는 전자우편 등의 방법으로 소속기관장에게 보고하거나 행동강령책임관과 상담할 수 있다.

② 공무원은 「범죄수사규칙」 제30조에 따른 경찰관서 내 수사 지휘에 대한 이의제기와 관련하여 행동강령책임관에게 상담을 요청하여야 한다.

③ 공무원은 현재 근무하고 있거나 과거에 근무하였던 기관의 소속 직원에게 경조사를 알려서는 아니 된다. 다만, 친족에게 알리는 경우, 신문, 방송 또는 직원에게만 열람이 허용되는 내부통신망 등을 통하여 알리는 경우, 공무원 자신이 소속된 종교단체·친목단체 등의 회원에게 알리는 경우에는 경조사를 알릴 수 있다.

④ 공무원은 사례금을 받는 외부강의등을 할 때에는 외부강의등의 요청 명세 등을 별지 제12호서식의 외부강의등 신고서에 따라 소속 기관의 장에게 그 외부강의등을 마친 날부터 10일 이내에 신고하여야 한다. 다만, 외부강의등을 요청한 자가 국가나 지방자치단체인 경우에는 그러하지 아니하다.

12

「공직자의 이해충돌 방지법」에 관한 설명으로 가장 적절한 것은?

① 「공직자의 이해충돌 방지법」은 국회, 법원, 중앙행정기관, 지방자치단체 등 공공기관에 소속된 공무원과 공직유관단체·공공기관 임직원, 사립학교 교직원과 언론인에게 적용된다.

② "고위공직자"란 경무관 이상의 경찰공무원 및 특별시·광역시·특별자치시·도·특별자치도의 시·도경찰청장을 말한다.

③ 고위공직자는 그 직위에 임용되거나 임기를 개시하기 전 3년 이내에 민간 부문에서 업무활동을 한 경우, 그 활동 내역을 그 직위에 임용되거나 임기를 개시한 날부터 30일 이내에 소속기관장에게 제출하여야 한다.

④ 감사원은 이 법에 따른 공직자의 이해충돌 방지에 관한 제도개선 및 교육·홍보 계획의 수립 및 시행 등 공직자의 이해충돌 방지에 관한 업무를 총괄한다.

13

갑오개혁 당시 한국경찰이 창설되는 과정에 대한 설명으로 가장 적절하지 않은 것은?

① 한국에서 근대경찰이 창설된 것은 1894년 일본의 각의에서 조선에 대한 내정개혁 요구의 하나로 이루어졌다.

② 일본각의의 결정에 따라, 조선의 김홍집 내각은 '각아문관제'에서 처음으로 경찰이라는 용어를 사용하고, 경찰을 내무아문 아래에 창설하였으나, 곧 법무아문으로 소속을 변경하였다.

③ 1894년 7월 14일(음력)에는 최초의 경찰조직법인 경무청관제직장과 최초의 작용법인 행정경찰장정이 제정되었다.

④ 갑오개혁 당시 경찰조직법·경찰작용법적 근거가 마련됨으로써 외형상 근대국가적 경찰체제가 갖추어졌다고 볼 수 있다.

14

런던수도경찰청을 창시(1829년)한 로버트 필 경(Sir. Robert Peel)이 경찰조직을 운영하기 위하여 제시한 기본적인 원칙(경찰개혁안 포함)에 대한 설명으로 가장 적절하지 않은 것은?

> ㉠ 경찰은 안정되고 능률적이며, 군대식으로 조직되어야 한다.
> ㉡ 경찰의 기본적인 임무는 범죄와 무질서를 적게하는 범죄 예방에 있다.
> ㉢ 모방범죄 예방을 위해 범죄정보는 유출되어서는 안 된다.
> ㉣ 경찰의 효율성은 항상 범죄나 무질서를 진압하는 가시적인 모습으로 판단하는 것이다.
> ㉤ 적절한 경찰관들을 확보하기 위한 교육훈련은 필수적인 것이다.
> ㉥ 경찰은 경찰목적을 달성하는 데 필요하다면 적극적으로 물리력을 행사해야 한다.

① 2개
② 3개
③ 4개
④ 5개

15

다음 보기에서 설명하는 조직편성의 원리에 대한 설명으로 옳은 것은?

> 대규모 집회가 열리는 지역에서 경비경찰, 교통경찰, 정보경찰이 협력하여 현장을 관리하였다. 교통 체증을 줄이고 시민 불편을 최소화하는 동시에 집회의 안전을 보장하기 위해 각 단위의 역할이 사전에 협의되고 조정되었다. 예를 들어, 경비경찰은 집회 현장 질서를 유지하고, 교통경찰은 우회로를 확보하며, 정보경찰은 위험 요소를 사전에 분석하여 전달하였다. 현장 지휘관은 명확한 지침을 전달하는 동시에 각 부서 간 소통을 조율하여 불필요한 혼란과 중복을 방지하였다.

① 경찰업무는 대부분 여러 명의 협동을 요구하는 경우가 많은데, 각자의 임무를 명확히 나누어 부과하고 협력하도록 하는 것은 인간능력의 한계를 극복함은 물론 전문화를 추구하여 업무의 효율성을 높이기 위한 원칙에 대한 설명이다.
② 조직의 구성원간에 지시나 보고를 주고받는 과정에서 지시는 한 사람만이 할 수 있고, 보고도 한 사람에게만 하여야 한다는 원칙에 대한 설명이다.
③ 조직편성의 각각의 원리는 장단점을 가지고 있는 바, 이러한 장단점을 조화롭게 승화시키는 원리에 대한 설명이다.
④ 조직목적 수행을 위한 구성원의 임무를 책임과 난이도에 따라 상위로 갈수록 권한과 책임이 무거운 임무를 수행하도록 편성하는 원리에 대한 설명이다.

16

계급제와 직위분류제에 관한 설명으로 옳지 않은 것은?

① 계급제는 사람중심의 분류방법으로 널리 일반적 교양·능력을 가진 사람을 채용하여 신분보장과 함께 장기간에 걸쳐 능력이 키워지므로 공무원이 보다 종합적·신축적인 업무능력을 가질 수 있다.

② 계급제는 인사배치가 신축적이나 직위분류제는 비신축적이다.

③ 직위분류제는 계급제에 비해서 보수결정의 합리적인 기준을 제시할 수 있으며, 권한과 책임의 한계를 명확히 하는 장점이 있다.

④ 직위분류제는 공무원의 신분안정과 직업공무원제 확립에 기여한다.

17

「국가재정법」상 예산 편성 및 집행에 대한 설명으로 가장 적절한 것은?

① 경찰청장은 제29조의 규정에 따른 예산안편성지침에 따라 그 소관에 속하는 다음 연도의 세입세출예산·계속비·명시이월비 및 국고채무부담행위 요구서를 작성하여 매년 5월 31일까지 행정안전부장관에게 제출하여야 한다.

② 기획재정부장관은 예산안을 편성하여 국회의 심의를 거쳐 대통령의 승인을 얻어야 하며, 정부는 이 예산안을 회계연도 개시 120일 전까지 국회에 제출하여야 한다.

③ 경찰청장은 예산이 확정된 후 사업운영계획 및 이에 따른 세입세출예산 계속비와 국고채무부담행위를 포함한 예산배정요구서를 기획재정부장관에게 제출하여야 한다.

④ 경찰청장은 세출예산이 정한 목적 외에도 경비를 사용할 수 있다.

18

「보안업무규정」 및 동 시행규칙에 대한 설명으로 가장 적절하지 않은 것은 모두 몇 개인가?

> ㉠ 누설되는 경우 국가안전보장에 해를 끼칠 우려가 있는 비밀은 이를 III급 비밀로 하며, II급 비밀은 누설되는 경우 국가안전보장에 막대한 지장을 초래할 우려가 있는 비밀을 말한다.
>
> ㉡ 비밀취급 인가권자는 업무상 조정·감독을 받는 기업체나 단체에 소속된 사람에 대하여 소관 비밀을 계속적으로 취급하게 하여야 할 필요가 있을 때에는 미리 경찰청장과의 협의를 거쳐 해당하는 사람에게 II급 이하의 비밀취급을 인가할 수 있다.
>
> ㉢ 보관용기에 넣을 수 없는 비밀은 제한지역 또는 통제구역에 보관하는 등 그 내용이 노출되지 아니하도록 특별한 보호대책을 마련하여야 한다.
>
> ㉣ 암호자재를 사용하는 기관의 장은 사용기간이 끝난 암호자재를 지체 없이 국가정보원장에게 반납하여야 한다.

① 1개 ② 2개
③ 3개 ④ 4개

19

경찰통제의 유형 중 가장 적절하게 연결된 것은?

① 민주적 통제 – 국가경찰위원회, 국민감사청구, 국가배상제도

② 사전통제 – 입법예고제, 국회의 예산심의권, 사법부의 사법심사

③ 외부통제 – 소청심사위원회, 행정소송, 훈령권

④ 사후통제 – 행정심판, 국정 감사·조사권, 국회의 예산결산권

20

「경찰 감찰 규칙」에 대한 설명으로 가장 적절한 것은?

① 경찰기관의 장은 의무위반행위가 자주 발생하거나 그 발생 가능성이 높다고 인정되는 시기, 업무분야 및 경찰관서 등에 대하여는 사전에 감찰부서의 승인을 받아야 집중 점검을 실시할 수 있다.

② 감찰부서장은 감찰정보의 구분 및 감찰활동 착수와 관련된 사항을 결정하기 위하여 감찰정보심의회를 설치·운영해야 한다. 감찰정보심의회는 위원장을 포함한 5명 이상 7명 이하의 위원으로 구성하며, 위원장은 감찰부서장이 되고 위원은 감찰부서장이 소속 공무원 중에서 지명한다.

③ 감찰관은 조사대상자가 영상녹화를 요청하는 경우에 감찰관이 재량적으로 판단할 수 있도록 하고 있다.

④ 감찰부서장은 성폭력·성희롱 피해 여성에 대하여는 피해자의 의사에 반하지 않는 한 여성 경찰공무원이 조사하도록 하여야 하고, 조사 과정에서 피해자의 인격이나 명예가 손상되거나 사적인 비밀이 침해되지 않도록 하여야 한다.

21

「국가경찰과 자치경찰의 조직 및 운영에 관한 법률」상 경찰의 사무에 관한 내용 중 가장 적절한 것은?

① 자치경찰사무 중 지역 내 주민의 생활안전 활동에 관한 사무는 생활안전을 위한 순찰 및 시설의 운영, 주민참여 방범활동의 지원 및 지도, 교통안전에 대한 교육 및 홍보 등이 있다.

② 지역 내 다중운집 행사 관련 혼잡 교통 및 안전 관리는 자치경찰사무에 포함된다.

③ 학교폭력 등 소년범죄, 가정폭력, 아동학대 범죄, 「형법」 제245조에 따른 공연음란 및 「성폭력범죄의 처벌 등에 관한 특례법」 제11조에 따른 공중밀집 장소에서의 추행행위에 관한 범죄는 자치경찰사무에 포함된다.

④ ③의 자치경찰사무에 관한 구체적인 사항 및 범위 등은 시·도조례로 정한다.

22

「국가경찰과 자치경찰의 조직 및 운영에 관한 법률」상 '시·도자치경찰위원회'에 대한 설명으로 올바른 것은 모두 몇 개인가?

> ㉠ 시·도자치경찰위원회는 위원장 1명을 포함한 7명의 위원으로 구성하되, 위원장과 1명의 위원은 상임으로 하고, 5명의 위원은 비상임으로 한다.
>
> ㉡ 위원은 특정 성(性)이 10분의 6을 초과하지 아니해야 한다.
>
> ㉢ 시·도자치경찰위원회 위원장은 위원 중에서 호선하고, 상임위원은 시·도자치경찰위원회의 의결을 거쳐 위원 중에서 위원장의 제청으로 시·도지사가 임명한다.
>
> ㉣ 시·도자치경찰위원회 위원장과 위원의 임기는 3년으로 하며, 연임할 수 없다. 위원 중 2명은 법관의 자격이 있는 사람이어야 한다.
>
> ㉤ 자치경찰사무를 관장하게 하기 위하여 시·도경찰청장 소속으로 시·도자치경찰위원회를 둔다.

① 1개   ② 2개

③ 3개   ④ 4개

23

「경찰공무원 임용령」에 관한 설명 중 가장 적절한 것은?

① 경찰청장은 시·도지사에게 시·도의 자치경찰사무를 담당하는 경찰공무원 중 경정의 전보·파견·휴직·직위해제 및 복직에 관한 권한과 경감 이하의 임용권(신규채용 및 면직에 관한 권한은 제외)을 위임할 수 있다.

② 자치경찰사무를 담당하는 동작경찰서 소속 경사 乙의 경위으로의 승진임용은 시·도지사가 하고, 경감 乙에 대한 휴직은 시·도자치경찰위원회가 한다.

③ 국가경찰사무를 담당하는 동작경찰서 소속 경사 丙의 감봉처분은 시·도경찰청장이 행하고, 징계처분에 대한 행정소송 피고도 시·도경찰청장이다.

④ 임용권을 위임받은 시·도경찰청장은 소속 경감 이하 경찰공무원에 대한 해당 경찰서 안에서의 임용권을 경찰서장에게 다시 위임할 수 있다.

24

경찰공무원 관련 법령에 따를 때, 경찰공무원의 신분변동에 관한 설명 중 가장 적절하지 않은 것은?

① 직무수행 능력이 부족하거나 근무성적이 극히 나쁜 경찰공무원 甲에 대해 직위해제처분을 할 경우, 임용권자는 3개월의 범위 내에서 대기를 명하고 능력 회복이나 근무성적의 향상을 위한 교육훈련 또는 특별한 연구과제의 부여 등 필요한 조치를 하여야 한다.

② 위원장 포함 4명이 출석하여 구성된 징계위원회에서 정직 3월 1명, 정직 1월 1명, 감봉 3월 1명, 감봉 2월 1명으로 의견이 나뉜 경우, 감봉 2월로 의결해야 한다.

③ 경찰공무원법 제8조 제2항 제6호는 「형법」 제129조부터 제132조까지, 「성폭력범죄의 처벌 등에 관한 특례법」 제2조, 「정보통신망 이용촉진 및 정보보호 등에 관한 법률」 제74조 제1항 제2호·제3호, 「스토킹범죄의 처벌 등에 관한 법률」 제2조 제2호, 「아동·청소년의 성보호에 관한 법률」 제2조 제2호 및 직무와 관련하여 「형법」 제355조 또는 제356조에 규정된 죄를 범한 사람으로서 자격정지 이상의 형의 선고유예를 받은 경우만 당연퇴직 사유에 해당한다.

④ 순경 채용후보자 명부에 등재된 채용후보자 丙이 학업을 계속하고자 이를 증명할 수 있는 자료를 첨부하여 임용권자가 정하는 기간 내에 원하는 유예기간을 적어 신청할 경우, 임용권자는 채용후보자 명부의 유효기간 범위에서 기간을 정하여 임용을 유예할 수 있다.

25

다음 중 경찰비례의 원칙에 관한 설명으로 옳지 않은 것은 모두 몇 개인가?

> ㉠ 경찰비례의 원칙은 조건과 정도를 명시한 원칙이다.
> ㉡ 경찰비례원칙의 내용으로서 적합성의 원칙, 최소침해의 원칙 그리고 협의의 비례원칙이 인정된다.
> ㉢ "경찰은 대포로 참새를 쏘아서는 안 된다."는 법언은 필요성의 원칙을 잘 표현한 것이다.
> ㉣ 경찰권은 사회공공의 안녕·질서에 대한 위해가 오직 발생할 가능성이 있는 정도에 그치는 경우에도 발동될 수 있다.

① 1개   ② 2개
③ 3개   ④ 4개

26

다음 행정행위 중 강학상 특허에 해당하는 않는 것은? (다툼이 있는 경우 판례에 의함)

① 개인택시면허
② 토지거래구역내 토지거래허가
③ 어업면허
④ 국유재산 등의 관리청이 행정재산의 사용·수익에 대하여 하는 허가

27

「행정기본법」상 기간의 계산에 관한 설명으로 옳은 것은?

① 행정청은 이 법에서 정한 예외사항을 제외하고는 법령등의 위반행위가 종료된 날부터 3년이 지나면 해당 위반행위에 대하여 제재처분을 할 수 없다.
② 행정에 관한 기간의 계산에 관하여는 「행정기본법」 또는 다른 법령등에 특별한 규정이 있는 경우를 제외하고는 「민법」을 준용한다.
③ 법령등 또는 처분에서 국민의 권익을 제한하거나 의무를 부과하는 경우 권익이 제한되거나 의무가 지속되는 기간의 말일이 토요일 또는 공휴일인 경우에는 국민에게 불리한 경우가 아니라면 기간은 그 익일로 만료한다.
④ 법령등을 공포한 날부터 일정 기간이 경과한 날부터 시행하는 경우 법령등을 공포한 날을 첫날에 산입한다.

28

「행정조사기본법」에 관한 설명으로 가장 적절한 것은? (다툼이 있는 경우 판례에 의함)

① 행정기관은 유사하거나 동일한 사안에 대하여 서로 다른 기관이 공동으로 조사하는 것은 원칙적으로 허용되지 않는다.

② 경찰공무원이 도로교통법 규정에 따라 호흡측정 또는 혈액 검사 등의 방법으로 운전자가 술에 취한 상태에서 운전하였는지를 조사하는 것은, 수사기관과 경찰행정조사자의 지위를 겸하는 주체가 형사소송에서 사용될 증거를 수집하기 위한 수사로서의 성격을 가짐과 아울러 교통상 위험의 방지를 목적으로 하는 운전면허 정지·취소의 행정처분을 위한 자료를 수집하는 행정조사의 성격을 동시에 가지고 있다고 볼 수 있다.

③ 조사대상자의 자발적 협조로 조사가 이루어지는 경우일지라도 행정의 적법성 및 공공성 등을 높이기 위해서 조사목적 등을 반드시 서면으로 통보하여야 한다.

④ 행정기관의 장은 법령 등에 특별한 규정이 있는 경우를 제외하고는 행정조사의 결과를 확정한 날부터 10일 이내에 그 결과를 조사대상자에게 통지하여야 한다.

29

「질서위반행위규제법」에 관한 다음 설명 중 옳은 것은?

① 이 법은 대한민국 영역 안에서 질서위반행위를 한 자에게 적용하지만, 대한민국 영역 밖에 있는 대한민국의 선박 또는 항공기 안에서 질서위반행위를 한 외국인에게는 적용하지 아니한다.

② 심신(心神)장애로 인하여 행위의 옳고 그름을 판단할 능력이 없거나 그 판단에 따른 행위를 할 능력이 미약한 자의 질서위반행위는 과태료를 감경한다. 다만, 스스로 심신장애 상태를 일으켜 질서위반행위를 한 자에 대하여는 적용하지 아니한다.

③ 신분에 의하여 성립하는 질서위반행위에 신분이 없는 자가 가담한 때에는 신분이 없는 자에 대하여는 질서위반행위가 성립하지 아니한다.

④ 행정청의 과태료 부과에 불복하는 당사자는 과태료 부과 통지를 받은 날부터 60일 이내에 상급행정청에 서면으로 이의제기를 할 수 있다.

30

다음 〈보기〉 중 「행정절차법」상 기간과 관련된 규정을 정리한 것이다. ㉠~㉣에 들어갈 기간을 바르게 나열한 것은?

〈보기〉
• 행정예고기간은 예고 내용의 성격 등을 고려하여 정하되, 특별한 사정이 없으면 (㉠)일 이상으로 한다.
• 입법예고기간은 예고할 때 정하되, 특별한 사정이 없으면 (㉡)일 [자치법규는 (㉢)일] 이상으로 한다.
• 행정청은 공청회를 개최하려는 경우에는 공청회 개최 (㉣)일 전까지 제목, 일시 및 장소 등을 당사자 등에게 통지하고 관보, 공보, 인터넷 홈페이지 또는 일간신문 등에 공고하는 등의 방법으로 널리 알려야 한다.

① ㉠ (14) ㉡ (40) ㉢ (20) ㉣ (14)
② ㉠ (14) ㉡ (20) ㉢ (10) ㉣ (14)
③ ㉠ (20) ㉡ (40) ㉢ (20) ㉣ (20)
④ ㉠ (20) ㉡ (40) ㉢ (20) ㉣ (14)

31

「행정소송법」에 대한 설명으로 적절하지 않은 것은? (다툼이 있는 경우 판례에 의함)

① 취소소송의 제1심관할법원은 피고의 소재지를 관할하는 행정법원으로 한다.
② ①에도 불구하고 중앙행정기관에 해당하는 피고에 대하여 취소소송을 제기하는 경우에는 대법원소재지를 관할하는 행정법원에 제기할 수 있다.
③ 처분등을 취소하는 확정판결은 당사자에 대하여도 효력이 있다.
④ 집행정지는 행정처분의 집행부정지원칙의 예외로서 인정되는 것이고 또 본안에서 원고가 승소할 수 있는 가능성을 전제로 한 권리보호수단이라는 점에 비추어 보면 집행정지사건 자체에 의하여도 신청인의 본안청구가 적법한 것이어야 한다는 것을 집행정지의 요건에 포함시켜야 할 것이다.

32

「경찰관 직무집행법」에 따른 경찰권발동에 대한 설명으로 옳지 않은 것은? (다툼이 있는 경우 판례에 의함)

① 「경찰관 직무집행법」 제2조 제7호는 경찰권발동 권한을 포괄적으로 수권하는 규정이지만, 개별적 수권규정이 없는 때에 한하여 제2차적·보충적으로 적용된다는 것이 판례의 견해다.

② 「경찰관 직무집행법」상 제복을 착용한 지구대 소속 경찰공무원이 불심검문을 하려면 대상자에게 증표를 제시하면서 구두로 소속과 성명 등을 밝혀 신분증명을 하여야 할 필요가 있다.

③ 불심검문을 하는 경찰관이 신분증을 제시하지 않았다 하더라도 검문하는 사람이 경찰관이고 검문하는 이유가 범죄행위에 관한 것임을 상대방이 충분히 알고 있었다면 그 불심검문은 위법한 공무집행이라고 할 수 없다.

④ 경찰관의 보호조치의 발동에 관하여는 재량이 인정되므로 술에 취하여 응급구호가 필요한 자를 가족에게 인계할 수 있음에도 특별한 사정없이 경찰관서에 보호조치하는 것은 위법이라 할 수 없다.

33

「경찰관 직무집행법」상 '경찰장비'에 대한 설명이다. 아래 ㉠부터 ㉤까지의 설명으로 옳고 그름의 표시(O, X)가 바르게 된 것은? (다툼이 있는 경우 판례에 따름)

㉠ 경찰관은 직무수행 중 경찰장비를 사용할 수 있다. 다만, 재산의 침해 또는 생명이나 신체에 위해를 끼칠 수 있는 경찰장비를 긴급하게 사용할 때에는 안전검사 없이 안전교육을 받은 후 사용할 수 있다.

㉡ "경찰장구"란 무기, 경찰착용기록장치, 최루제와 그 발사장치, 살수차, 감식기구, 해안감시기구, 통신기기, 차량·선박·항공기 등 경찰이 직무를 수행할 때 필요한 장치와 기구를 말한다.

㉢ 인명 또는 신체에 위해를 가할 가능성이 더욱 커지는 직사살수는 타인의 법익이나 공공의 안녕질서에 직접적이고 명백한 위험이 현존하는 경우에 한해서만 사용이 가능하다. 단순히 위험이 존재하는 경우가 아니라 명백하고 현존하는 위험을 요구한다.

㉣ 모든 장비는 필요한 최소한도에서 사용하여야 한다.

㉤ 경찰청장은 위해성 경찰장비를 새로 도입하려는 경우에는 대통령령으로 정하는 바에 따라 안전교육을 실시하여 그 안전교육의 결과보고서를 국회 소관 상임위원회에 제출하여야 한다. 이 경우 안전교육에는 외부 전문가를 참여시켜야 한다.

① ㉠ (X) ㉡ (X) ㉢ (O) ㉣ (X) ㉤ (X)

② ㉠ (O) ㉡ (X) ㉢ (X) ㉣ (O) ㉤ (O)

③ ㉠ (X) ㉡ (O) ㉢ (O) ㉣ (X) ㉤ (X)

④ ㉠ (O) ㉡ (X) ㉢ (O) ㉣ (O) ㉤ (X)

34

「경찰관 직무집행법」에 대한 설명으로 가장 적절한 것은?

① 경찰청장은 경찰관이 제2조 각 호에 따른 직무의 수행으로 인하여 민·형사상 책임과 관련된 소송을 수행할 경우 변호인 선임 등 소송 수행에 필요한 지원을 하여야 한다.

② 직무수행으로 인한 형의 감면은 형의 감면 대상인 범죄가 행하여지려고 하거나 행하여지고 있어 타인의 생명·신체에 대한 위해 발생의 우려가 명백하고 긴급한 상황이어야 한다.

③ 경찰관이 그 위해를 예방하거나 진압하기 위한 행위 또는 범인의 검거 과정에서 경찰관을 향한 직접적인 유형력 행사에 대응하는 행위를 하여 그로 인하여 경찰관 자신에게 피해가 발생한 경우이어야 하며 그 경찰관의 직무수행이 불가피한 것이고 필요한 최소한의 범위에서 이루어졌으며 해당 경찰관에게 고의 또는 중대한 과실이 없는 때에는 그 정상을 참작하여 형을 감경하거나 면제할 수 있다.

④ 이 법에 규정된 경찰관의 의무를 위반하거나 직권을 남용하여 다른 사람에게 해를 끼친 사람은 장기 3년 이상의 징역이나 금고 또는 300만원 이하의 벌금에 처한다.

35

「성매매알선 등 행위의 처벌에 관한 법률」에 대한 설명으로 가장 적절한 것은? (다툼이 있으면 판례에 의함)

① "성매매피해자"란 위계, 위력에 의하여 성매매를 강요당한 사람, 성매매 목적의 인신매매를 당한 사람 등을 말한다. 다만, 고용관계로 인하여 보호 또는 감독하는 사람에 의하여 마약등에 중독되어 성매매를 한 사람은 성매매피해자에 포함되지 않는다.

② 성매매피해자의 성매매는 형을 감경하거나 면제할 수 있다.

③ 성매매의 상대방에 대해 '불특정인을 상대로'라는 것은 행위 당시에 상대방이 특정되지 않았다는 의미로 본다.

④ 영업으로 성매매알선 등 행위를 한 사람에 대한 벌칙은 7년 이하의 징역 또는 7천만원 이하의 벌금에 처한다.

36

「가정폭력범죄의 처벌 등에 관한 특례법」에 대한 설명으로 가장 적절한 것은?

① 사법경찰관은 응급조치에도 불구하고 가정폭력범죄가 재발될 우려가 있고, 긴급을 요하여 법원의 임시조치 결정을 받을 수 없을 때에는 피해자나 그 법정대리인의 신청에 의해서만 긴급임시조치를 할 수 있다.

② 법원은 가정폭력행위자에 대하여 유죄판결(선고유예는 제외한다)을 선고하거나 약식명령을 고지하는 경우에는 200시간의 범위에서 재범예방에 필요한 수강명령(「보호관찰 등에 관한 법률」에 따른 수강명령을 말한다)을 병과할 수 있다. 이 경우 수강명령은 형의 집행을 유예할 경우에는 그 집행유예기간이 종료된 다음날부터 6개월 이내에 집행한다.

③ 피해자에게 고소할 법정대리인이나 친족이 없는 경우에 이해관계인이 신청하면 수사기관은 10일 이내에 고소할 수 있는 사람을 지정하여야 한다.

④ 사법경찰관이 긴급임시조치를 한 때에는 지체 없이 검사에게 임시조치를 신청하고, 신청받은 검사는 법원에 임시조치를 청구하여야 한다. 이 경우 임시조치의 청구는 긴급임시조치를 한 때부터 48시간 이내에 청구하여야 하며, 긴급임시조치결정서를 첨부하여야 한다.

37

「경찰 비상업무 규칙」에 대한 설명 중 옳은 것은 모두 몇 개인가?

㉠ "지휘선상 위치 근무"란 비상연락체계를 유지하며 유사시 2시간 이내에 현장지휘 및 현장근무가 가능한 장소에 위치하는 것을 말한다.

㉡ "일반요원"이란 필수요원을 제외한 경찰관 등으로 비상소집시 3시간 이내에 응소하여야 할 자를 말한다.

㉢ 비상근무는 비상상황의 유형에 따라 경비 소관의 경비, 작전비상, 수사 소관의 수사비상, 안보 소관의 안보비상, 치안상황 소관의 교통, 재난비상으로 구분하여 발령한다.

㉣ 부서별 상황의 긴급성 및 중요도에 따라 비상등급은 갑호 비상, 을호 비상, 병호 비상, 작전준비태세, 경계 강화 순으로 구분하여 실시한다.

㉤ 비상근무 을호가 발령된 때에는 연가를 중지하고 가용경력 50%까지 동원할 수 있으며, 지휘관과 참모는 정위치 근무를 원칙으로 한다.

① 1개   ② 2개
③ 3개   ④ 4개

38

「도로교통법」상 긴급자동차에 대한 설명으로 가장 적절하지 않은 것은?

① 긴급자동차는 긴급하고 부득이한 경우에는 도로의 중앙이나 좌측 부분을 통행할 수 있다.

② 긴급자동차[제2조 제22호 가목부터 다목까지의 자동차(소방차, 구급차, 혈액 공급차량)와 대통령령으로 정하는 경찰용 자동차만 해당함]의 운전자가 긴급한 용도를 마친 후 복귀하는 과정에서 운행 중 교통사고를 일으킨 경우 제151조(대물사고) 또는 「교통사고처리 특례법」 제3조 제1항(대인사고)에 따른 형을 감경하거나 면제할 수 있다.

③ "국내외 요인에 대한 경호업무 수행에 공무로 사용되는 자동차"의 경우 자동차등의 속도 제한, 앞지르기의 금지, 끼어들기의 금지에 따를 의무가 적용되지 않는다(특례가 인정).

④ 교차로나 그 부근에서 긴급자동차가 접근하는 경우에는 차마와 노면전차의 운전자는 교차로를 피하여 일시정지하여야 한다.

39

다음은 정보가치에 대한 평가기준을 설명한 것이다. ㉠ ～ ㉣에 해당하는 정보의 질적 요건을 순서대로 옳게 나열한 것은?

㉠ 정보가 당면한 현안 문제와 얼마나 관련되는가의 문제이다.

㉡ 정보는 사실과 일치되는 것이어야 한다. 즉, 정보는 정확해야만 그 가치가 높아지는 것이다. 정확한 정보를 얻기 위해서는 정보활동을 위한 사전준비가 철저해야 하며, 정보의 객관성에 대한 평가도 있어야 한다.

㉢ 정보는 시간이 허용하는 한 최대한 완전한 지식이어야만 그 가치가 높아진다.

㉣ 정보는 사용자가 필요한 때에 사용할 수 있도록 제공되어야 한다.

① 적실성 – 완전성 – 객관성 – 적시성
② 완전성 – 적시성 – 정확성 – 적합성
③ 관련성 – 완전성 – 객관성 – 적시성
④ 적실성 – 정확성 – 완전성 – 적시성

40

「출입국관리법 시행령」상 외국인의 체류자격에 대한 설명이다. ㉠～㉣의 괄호 안에 들어갈 내용이 가장 적절한 것은?

• (㉠)-2, 공무: 대한민국정부가 승인한 외국정부 또는 국제기구의 공무를 수행하는 사람과 그 가족

• E-(㉡), 회화지도: 법무부장관이 정하는 자격요건을 갖춘 외국인으로서 외국어 전문학원, 초등학교 이상의 교육기관 및 부설어학연구소, 방송사 및 기업체 부설 어학연수원, 그 밖에 이에 준하는 기관 또는 단체에서 외국어 회화지도에 종사하려는 사람

• (㉢)-6, 예술흥행: 수익이 따르는 음악, 미술, 문학 등의 예술활동과 수익을 목적으로 하는 연예, 연주, 연극, 운동경기, 광고·패션모델, 그 밖에 이에 준하는 활동을 하려는 사람

• F-(㉣), 결혼이민: 국민과 혼인관계(사실상의 혼인관계를 포함)에서 출생한 자녀를 양육하고 있는 부 또는 모로서 법무부장관이 인정하는 사람

	㉠	㉡	㉢	㉣
①	A	2	F	4
②	A	2	E	6
③	E	1	F	4
④	D	1	E	6

총알 총정리 모의고사 4회

01

다음 중 실질적 의미의 경찰에 대한 설명으로 가장 적절하지 않은 것은?

① 실질적 의미의 경찰은 국민의 자유와 권리를 보호하기 위한 비권력적 작용을 포함하며, 사회공공의 안녕과 질서를 유지하기 위한 목적에 한정된다.

② 실질적 의미의 경찰은 보건, 산림, 환경 등의 행정작용을 포함하여 국가기관뿐 아니라 지방자치단체의 권력작용도 포괄한다.

③ 실질적 의미의 경찰은 일반통치권에 근거하여 장래의 위험을 예방하고 질서를 유지하기 위한 소극적 성격의 행위를 중심으로 한다.

④ 실질적 의미의 경찰은 독일 행정법학에서 학문적으로 정립된 개념으로, 특정 행정영역에서의 권력적 작용을 포함한다.

02

국가경찰과 자치경찰에 대한 설명으로 적절하지 않은 것은 모두 몇 개인가?

> 가. 국가경찰의 조직은 중앙집권적, 관료적인 제도로서 단일화된 명령체계를 갖추고 있다.
> 나. 국가경찰의 권력의 기초는 일반통치권에 근거하지만 자치경찰은 특별권력관계에 근거한다.
> 다. 자치경찰은 비권력적 수단보다는 권력적 수단을 통해 국민의 생명과 신체·재산을 보호하고자 한다.
> 라. 자치경찰은 지역실정을 반영한 경찰조직의 운영·관리가 용이하다.
> 마. 국가경찰은 자치경찰과 비교하여 조직의 통일적 운영과 경찰활동의 능률성·기동성을 발휘한다.

① 1개　　　　　　② 2개
③ 3개　　　　　　④ 4개

03

경찰의 임무를 공공의 안녕과 질서에 대한 위험의 방지라고 정의할 때, 위험에 대한 설명 중 가장 옳은 것은?

① '위험'이란 가까운 장래에 공공의 안녕에 손해가 나타날 가능성이 충분히 존재하는 상태로, 위험은 보호받게 되는 법익에 대해 구체적으로 존재해야 한다.

② '손해'란 보호법익에 대한 현저한 침해행위를 의미하고 정상적 상태의 객관적 감소이어야 하므로, 단순한 성가심이나 불편함도 경찰개입의 대상이 될 수 있다.

③ '외관적 위험'에 대한 경찰권 발동은 경찰상 위험에 해당하는 적법한 경찰개입이므로 경찰관에게 민·형사상의 책임을 물을 수 없고, 국가의 손실보상 책임도 발생하지 않는다.

④ '위험혐의'는 경찰이 의무에 합당한 사려 깊은 판단을 할 때 실제로 위험의 가능성은 예측되나 불확실한 경우를 말하며, 위험의 존재여부가 명백해질 때까지 예비적으로 행하는 위험조사 차원의 개입은 정당화된다.

04

다음은 고전주의와 실증주의 범죄학파의 견해를 기술한 것이다. 고전주의의 학파의 내용만으로 바르게 짝지어진 것은?

> ㉠ 의사비(非)결정론적 인간관이다.
> ㉡ 인간은 환경(사회)의 영향을 받는 존재이다.
> ㉢ 범죄자의 특성보다 범죄행위 자체의 동기와 결과에 중점을 둔다.
> ㉣ 형벌의 본질은 응보이며, 형벌의 목적은 일반예방이다.
> ㉤ 형벌은 개인의 특성에 따라 차별적으로 결정되어야 한다.
> ㉥ 인간의 범죄는 자유의지가 아닌 외적 요소에 의해 강요되는 것이라고 보았다.

① ㉠㉡㉢　　　　　　② ㉠㉢㉣
③ ㉡㉢㉤　　　　　　④ ㉢㉣㉤

05

브랜팅햄(Brantingham)과 파우스트(Faust)가 제시한 범죄예방 모델 중 3차적 범죄예방에 해당하는 것으로 가장 옳은 것은?

① 이웃상호감시활동
② CCTV 설치
③ 지역사회 교정프로그램
④ 상황적 범죄예방

06

다음은 환경설계를 통한 범죄예방(CPTED)에 대한 설명이다. 〈보기 1〉과 〈보기 2〉의 내용이 가장 적절하게 연결된 것은?

> 〈보기 1〉
> (가) 어떤 시설물이나 공공장소를 처음 설계된 대로 지속적으로 이용될 수 있도록 관리함으로써 범죄예방을 위한 환경설계의 장기적이고 지속적인 효과를 유지하는 원리
> (나) 건축물이나 시설물 설계 시 가시권을 최대한 확보, 외부침입에 대한 감시기능을 확대함으로써 범죄행위의 발견 가능성을 증가시키고 범죄기회를 감소시킬 수 있다는 원리
> (다) 일정한 지역에 접근하는 사람들을 정해진 공간으로 유도하거나 외부인의 출입을 통제하도록 설계함으로써 접근에 대한 심리적 부담을 증대시켜 범죄를 예방하는 원리
> (라) 지역사회 설계 시 주민들이 모여서 상호의견을 교환하고 유대감을 증대할 수 있는 공공장소를 설치하고 이용하도록 함으로써 '거리의 눈'을 활용한 자연적 감시와 접근통제의 기능을 확대하는 원리

> 〈보기 2〉
> ㉠ 조명, 조경, 가시권 확대를 위한 건물의 배치
> ㉡ 놀이터·공원의 설치, 벤치·정자의 위치 및 활용성에 대한 설계
> ㉢ 파손의 즉시보수, 청결유지, 조명·조경의 관리
> ㉣ 방범창, 통행로의 설계, 출입구의 최소화

	(가)	(나)	(다)	(라)
①	㉢	㉠	㉡	㉣
②	㉣	㉠	㉢	㉡
③	㉢	㉠	㉣	㉡
④	㉣	㉡	㉢	㉠

07

에크와 스펠만(Eck & Spelman)은 경찰관서에서 문제지향경찰활동을 지역문제의 해결에 보다 쉽게 적용할 수 있도록 4단계의 문제해결과정(이른바 SARA 모델)을 제시하였다. 개별 단계에 관한 설명으로 가장 적절한 것은?

① 조사단계(scanning)는 일반적으로 지역사회에서 일회적으로 발생하지만 대중의 이목을 집중시키는 심각한 중대범죄 사건을 우선적으로 조사대상화하는 데에서 출발한다.

② 대응단계(response)에서는 분석된 문제의 원인을 제거하는 등 문제를 해결하기 위하여 행동하는 단계로서 특히 경찰과 지역 사회와의 협력이 필요한 단계이다.

③ 분석(analysis)에서는 발견된 문제의 원인과 범위 그리고 효과들을 파악하는 단계로서 경찰 내부 조직을 통해 수집된 자료를 활용하여 심층적인 분석을 실시한다.

④ 평가단계(assessment)는 효과평가와 결과평가의 두 단계로 구성되며, 이전 문제해결과정에의 환류를 통해 각 단계가 지속적인 순환과정으로 작동할 수 있도록 한다는 점에서 중요한 의미를 가진다.

08

코헨과 펠드버그가 제시한 윤리표준의 구체적 내용의 위반 사례가 옳게 연결된 것은?

① 경찰관 A는 순찰근무 중 정지신호를 무시하고 달아나는 10대 오토바이 운전자를 향해 권총을 발사하여 사망하게 하였다. - 객관적 자세

② 광역수사대 형사 B는 수배자 C가 자기 관내에 있다는 첩보를 입수하고도 이를 팀장과 광역수사대장에게 보고하지 않고 단독으로 검거하려다 실패하였다. - 공중의 신뢰

③ 인질이 된 사람의 목숨을 구하는 것이 교통법규의 준수보다 우선한다. - 시민의 생명과 재산의 안전

④ 경찰관 D는 혼자 순찰 중 강도가 칼을 들고 편의점 직원을 위협하는 것을 보고 신변의 위협을 느껴 모른 척하고 지나갔다. - 역할한계의 오류

09

클라이니히의 내부고발과 용어에 대한 설명으로 옳은 것은?

① 동료나 상사의 부정에 대하여 감찰이나 외부의 언론매체를 통하여 공표하는 행위를 내부고발행위라고 말하며, Deep Throat라고도 한다.

② 내부고발자는 특별한 경우를 제외하고 공표를 한 후에 자신의 이견(異見)을 표시하기 위한 모든 내부적 채널을 다 사용해야 한다.

③ 경찰시험을 준비하는 甲은 언론에서 경찰공무원의 부정부패 기사를 보고 '나는 경찰이 되면 저런 행위를 하지 않겠다'는 생각을 가졌다. 이런 현상을 Moral hazard라 한다.

④ 내부고발자는 완벽하게 성공가능성이 있어야 하며, 적절한 도덕적 동기에 의해 이루어져야 한다.

10

'냉소주의'와 '회의주의'에 대한 설명 중 옳고 그름의 표시(O, X)가 바르게 된 것은?

> 가. 냉소주의는 충성의 도덕적 규범으로부터 해방시켜 조직에 대한 반발과 일탈현상을 초래하고, 조직 내 팽배한 냉소주의는 경찰의 전문직업화를 저해하는 기제로 작동할 수 있다.
>
> 나. 니더호퍼(Niederhoffer)는 기존의 신념체제가 붕괴된 후 대체신념의 부재로 아노미 현상이 발생하고 냉소주의가 나타날 수 있다고 하였다.
>
> 다. 인간관 중 Y이론은 인간이 책임감 있고 정직하여 권위적인 관리를 해야 한다는 이론이고, X이론은 인간을 게으르고 부정직한 것으로 보아 민주적으로 관리해야 한다는 이론이다.
>
> 라. 냉소주의는 대상이 특정되어 있지 않고, 아무런 근거없이 신뢰하지 않는 것과 관련이 있고, 조직 내 특정한 대상을 합리적 의심을 통해 신뢰하지 않는 것과 관련이 있는 것은 회의주의이다.

① 가.(O) 나.(O) 다.(X) 라.(X)
② 가.(X) 나.(O) 다.(O) 라.(O)
③ 가.(O) 나.(O) 다.(X) 라.(O)
④ 가.(X) 나.(X) 다.(X) 라.(X)

11

「경찰청 공무원 행동강령」 제16조의3(직무관련자와 골프 및 사적 여행 제한)에 따르면 공무원은 직무관련자와는 비용 부담 여부와 관계없이 골프를 같이 하여서는 아니 된다. 다음 중 그 예외로 규정하지 않은 것은?

① 정책의 수립·시행을 위한 의견교환 또는 업무협의 등 사적인 목적을 위하여 필요한 경우
② 직무관련자인 친족과 골프를 하는 경우
③ 동창회 등 친목단체에 직무관련자가 있어 부득이 골프를 하는 경우
④ 그 밖에 위 ①~③과 유사한 사유로 부득이하다고 인정되는 경우

12

「공직자의 이해충돌 방지법」과 「부정청탁 및 금품 등 수수의 금지에 관한 법률」에 관한 설명 중 가장 적절한 것은?

① 「공직자의 이해충돌 방지법」상 부동산을 직접 또는 간접적으로 취급하는 대통령령으로 정하는 공공기관의 공직자는 공직자 자신이 소속 공공기관의 업무와 관련된 부동산을 보유하고 있거나 매수하는 경우 소속기관장에게 그 사실을 서면으로 신고하여야 한다.
② 「공직자의 이해충돌 방지법」상 사건의 수사·재판·심판·결정·조정·중재·화해 또는 이에 준하는 직무를 수행하는 공직자는 직무관련자(직무관련자의 대리인을 포함한다)가 사적이해관계자임을 안 경우 안 날부터 14일 이내에 소속기관장에게 그 사실을 서면(전자문서를 포함한다) 또는 구두로 신고하고 회피를 신청하여야 한다.
③ 「부정청탁 및 금품등 수수의 금지에 관한 법률」상 '공직자등'이 부정청탁을 받았을 때에는 부정청탁을 한 자에게 부정청탁임을 알리고 이를 거절하는 의사를 명확히 표시하여야 하며, 이러한 조치를 하였음에도 불구하고 동일한 부정청탁을 다시 받은 경우에는 이를 소속기관장에게 구두 또는 서면(전자서면을 포함)으로 신고하여야 한다.
④ 「부정청탁 및 금품등 수수의 금지에 관한 법률」에 따르면 OO경찰서 소속 경찰관 甲이 모교에서 자신의 직무와 관련된 강의를 요청받아 1시간 동안 강의를 하고 50만 원의 사례금을 받았다면 대통령령이 정하는 바에 따라 소속기관장에게 신고하고, 제공자에게 그 초과금액을 지체없이 반환하여야 한다

13

한국 경찰의 역사와 제도에 대한 아래 사건들을 시대순으로 바르게 나열한 것은?

> ⊙ 경찰법 제정
> ⓒ 경찰병원을 추가로 책임운영기관화 함
> ⓒ 경찰공무원법 제정
> ⓔ 경찰청 수사국 내에 "인권보호센터" 신설
> ⓜ 국가수사본부 신설
> ⓗ 사이버테러대응센터 신설

① ⓒ − ⊙ − ⓗ − ⓒ − ⓔ − ⓜ
② ⓜ − ⓒ − ⊙ − ⓗ − ⓒ − ⓔ
③ ⓒ − ⓗ − ⊙ − ⓒ − ⓔ − ⓜ
④ ⓜ − ⓒ − ⓒ − ⓗ − ⊙ − ⓔ

14

일본경찰에 대한 설명으로 가장 적절한 것은?

① 일본경찰은 국가경찰인 경찰청과 관구경찰국, 도도부현경찰인 동경도 경시청과 도부현경찰본부 등 2중체제로 구성되어 있다.

② 동경도 경시청의 경시총감은 국가공안위원회가 동경도공안위원회의 동의를 얻어 내각총리대신의 승인을 받아 임명한다.

③ 1954년 신경찰법은 경찰의 민주화의 요청으로 경찰운영의 단위를 도도부현으로 하고, 경찰조직을 도도부현경찰로 일원화하였다.

④ 국가경찰기관에 소속된 경찰관은 국가공무원이고, 도도부현에 소속된 경찰관은 지방공무원이다. 다만, 경시 이상으로서 도도부현에 근무하는 경찰관은 국가공무원이다.

15

다음 중 관료제에 관한 설명으로 옳은 것은?

① 막스베버(M.Weber)는 관료제의 특성으로 직무 조직은 계층적 구조로 구성된다고 보며, 가장 강조한 특성이다.

② 관료제는 소극적 일처리 및 상급자 권위에 지나치게 의존하는 목표의 전환 현상이 나타난다.

③ 변화에 대한 저항이란 소속기관·부서에만 충성함으로써 타 조직·부서와의 조정·협조가 곤란한 현상을 말한다.

④ 막스베버의 이상적인 관료제의 모형에서 몰인정성이란 구성원 간 또는 직무 수행상 감정을 배제할 수 없다는 것을 말한다.

16

계급제와 직위분류제에 대한 설명으로 옳은 것은?

① 계급제는 충원방식에서 폐쇄형을 채택하여 인사배치가 융통적이나 직위분류제는 개방형을 채택하고 있어 인사배치의 비신축성이 있다.

② 계급제는 직무중심의 분류방법으로 관료제의 전통이 강한 나라에서 채택하고 있다.

③ 직위분류제는 프랑스에서 처음 실시된 후 독일 등으로 전파되었다.

④ 계급제는 장기간에 걸쳐 능력을 키울 수 있어 공무원이 보다 종합적 능력을 가지게 되므로 기관 간의 종적 협조가 용이하다.

17

경찰예산에 대한 내용으로 옳은 것은?

① 국회에 제출된 경찰예산안은 행정안전위원회에서 종합심사를 통해 구체적이고 실질적인 금액 조정이 이루어지며 종합심사가 끝난 예산안은 본회의에 상정되어 회계연도 개시 30일 전까지 본회의 의결을 거침으로써 확정된다.

② 경찰청장은 예산이 확정된 후 명시이월비를 기획재정부장관에게 제출하고 기획재정부장관은 예산배정요구서에 따라 분기별 예산배정계획을 작성하여 국무회의 심의와 대통령 승인을 얻은 후 분기별 예산배정계획에 따라 경찰청장에게 예산을 배정한다.

③ 경찰청장은 예산의 목적범위 안에서 재원의 효율적 활용을 위하여 대통령령이 정하는 바에 따라 기획재정부장관의 승인을 얻어 각 세항 또는 목의 금액을 전용할 수 있다. 이 경우 사업 간의 유사성이 있는지, 재해대책 재원 등으로 사용할 시급한 필요가 있는지, 기관운영을 위한 필수적 경비의 충당을 위한 것인지 여부 등을 종합적으로 고려하여야 한다.

④ 「국가재정법」에 따라 경찰은 예산을 편성할 때 예산이 인권에 미친 영향을 평가하는 보고서를 작성하여야 한다.

18

「경찰장비관리규칙」상 차량관리에 관한 설명으로 옳은 것은?

① 각 경찰기관의 업무용차량은 운전요원의 부족 등 불가피한 사유가 없는 한 분산관리를 원칙으로 한다.

② 차량교체를 위한 불용 대상차량은 부속기관 및 시·도경찰청에 배정되는 수량의 범위 내에서 내용연수 경과 여부 등 차량사용기간을 최우선적으로 고려하여 선정한다.

③ 부속기관 및 시·도경찰청은 소속기관 차량 중 다음 년도 교체대상 차량을 매년 3월 말까지 경찰청장에게 보고하여야 한다.

④ 차량운행시 책임자는 1차 선임탑승자, 2차 운전자(사용자), 3차 경찰기관의 장으로 한다.

19

경찰홍보와 관련하여 다음 (   ) 안에 들어갈 말을 나열한 것으로 가장 적절한 것은?

> • (ㄱ)는 주민을 소비자로 보는 관점으로 유료 광고·캐릭터 활용 등의 방법이 있고, (ㄴ)는 신문·잡지·TV 등의 보도기능에 대응하는 활동으로 대개 사건·사고에 대한 질의에 답하는 대응적이고 소극적인 홍보활동을 말ㄴ다.
> • (ㄷ)는 인쇄매체, 유인물 등 각종 대중매체를 통하여 개인이나 단체의 긍정적인 점을 일방적으로 알리는 활동을 의미하고, (ㄹ)는 단순히 기자들의 질문에 응답만 하는 것이 아니라 신문·방송 등 대중매체와 긴밀한 협조관계를 구축하여 대중매체가 원하는 바를 충족시켜주는 것과 동시에 경찰의 긍정적인 측면을 널리 알리는 활동을 말한다.

① ㄱ 지역공동체관계　　ㄴ 언론관계
　　ㄷ 협의의 홍보　　　　ㄹ 기업식 경찰홍보
② ㄱ 지역공동체관계　　ㄴ 공공관계
　　ㄷ 대중매체관계　　　ㄹ 협의의 홍보
③ ㄱ 기업식 경찰홍보　　ㄴ 언론관계
　　ㄷ 협의의 홍보　　　　ㄹ 대중매체관계
④ ㄱ 기업식 경찰홍보　　ㄴ 공공관계
　　ㄷ 대중매체관계　　　ㄹ 언론관계

20

「경찰 감찰 규칙」에 관한 설명으로 가장 적절하지 않은 것은?

① "감찰"이란 복무기강 확립과 경찰행정의 적정성을 확보하기 위해 경찰기관 또는 소속공무원의 제반업무와 활동 등을 조사·점검·확인하고 그 결과를 처리하는 감찰관의 직무활동을 말한다.
② 경찰기관의 장은 승진 등 인사관리상 필요한 경우에도 본인의 의사에 반하여 감찰관을 전보하여서는 아니 된다.
③ 감찰관은 다른 경찰기관 또는 검찰, 감사원 등 다른 행정기관으로부터 통보받은 소속공무원의 의무위반행위에 대해서는 통보받은 날로부터 1개월 이내에 신속히 처리하여야 한다.
④ 감찰관은 검찰·경찰, 그 밖의 수사기관으로부터 수사개시 통보를 받은 경우에는 해당 기관으로부터 수사결과의 통보를 받을 때까지 감찰조사, 징계의결요구 등의 절차를 진행하지 아니할 수 있다.

21

경찰법의 법원(法源)에 관한 설명으로 가장 적절하지 않은 것은?

① 헌법에 의하여 체결·공포된 조약과 일반적으로 승인된 국제법규는 국내법과 같은 효력을 가진다.

② 행정입법이란 행정부가 제정하는 법을 의미하며, 행정규칙과 법규명령으로 구분된다.

③ 최후의 보충적 법원으로서 조리는 일반적·보편적 정의를 의미하는 바, 경찰관청의 행위가 형식상 적법하더라도 조리에 위반할 경우 위법이 될 수 있다.

④ 판례에 의할 때 운전면허 취소사유에 해당하는 음주운전을 적발한 경찰관의 소속 경찰서장이 사무착오로 위반자에게 운전면허정지처분을 한 상태에서 위반자의 주소지 관할 시·도경찰청장이 위반자에게 운전면허취소처분을 한 경우 이는 법의 일반원칙인 조리에 반하여 허용될 수 없다.

22

「국가경찰과 자치경찰의 조직 및 운영에 관한 법률」상 경찰청장에 대한 설명으로 옳은 것은?

① 경찰청장은 국가경찰위원회의 동의를 받아 행정안전부장관의 제청으로 국무총리를 거쳐 대통령이 임명한다. 이 경우 국회의 인사청문을 거칠 수 있다.

② 경찰청장의 임기는 2년이 보장되나(중임할 수 없음), 직무 수행 중 헌법이나 법률을 위배하였을 때에는 법원은 탄핵 소추를 의결할 수 있다.

③ 경찰청장은 국민의 생명·신체·재산 또는 공공의 안전 등에 중대한 위험을 초래하는 긴급하고 중요한 사건의 수사에 있어서 경찰의 자원을 대규모로 동원하는 등 통합적으로 현장 대응할 필요가 있다고 판단할 만한 상당한 이유가 있는 때에는 직접 개별 사건의 수사에 대하여 구체적으로 지휘·감독할 수 있다.

④ 경찰청장은 전시·사변, 천재지변, 그 밖에 이에 준하는 국가 비상사태, 대규모의 테러 또는 소요사태가 발생하였거나 발생할 우려가 있어 전국적인 치안유지를 위하여 긴급한 조치가 필요하다고 인정할 만한 충분한 사유가 있는 경우 자치경찰사무를 수행하는 경찰공무원(제주특별자치도의 자치경찰공무원을 포함한다)을 직접 지휘·명령할 수 있다.

23

「경찰공무원 임용령」상 밑줄 친 내용으로 옳지 않은 것은 모두 몇 개인가?

> 제4조(임용권의 위임 등) ① 경찰청장은 시·도지사에게 시·도의 자치경찰사무를 담당하는 경찰공무원 중 <u>가. 경정의 전보·파견·휴직·직위해제 및 면직에 관한 권한</u>과 경감 이하의 임용권(<u>나. 신규채용 및 면직에 관한 권한은 포함한다</u>)을 위임한다.
> ② 경찰청장은 법 제7조 제3항 전단에 따라 국가수사본부장에게 국가수사본부 안에서의 <u>다. 경정 이하에 대한 전보권을 위임</u>할 수 있다.
> ③ 경찰청장은 법 제7조 제3항 전단에 따라 경찰대학·경찰인재개발원·중앙경찰학교·경찰수사연수원·경찰병원 및 시·도경찰청(이하 "소속기관등"이라 한다)의 장에게 그 소속 경찰공무원 중 경정의 전보·파견·휴직·직위해제 및 복직에 관한 권한과 경감 이하의 임용권을 <u>라. 위임할 수 있다.</u>
> ④ 제1항에 따라 임용권을 위임받은 시·도지사는 법 제7조 제3항 후단에 따라 <u>마. 경감 또는 경위로의 승진임용에 관한 권한을 포함</u>한 임용권을 시·도자치경찰위원회에 다시 위임한다.
> ⑤ 제4항에 따라 임용권을 위임받은 시·도자치경찰위원회는 시·도지사와 시·도경찰청장의 의견을 들어 그 권한의 일부를 시·도경찰청장에게 다시 <u>바. 위임한다.</u>

① 3개 ② 4개
③ 5개 ④ 6개

24

서울경찰청 소속 甲 경정은 음주운전을 하여 징계를 받게 되었다. 甲 경정에 대한 징계절차로 가장 타당하지 않은 것은?

① 甲 경정은 서울경찰청 소속 경찰공무원 보통징계위원회에서 심의·의결한다.
② 甲 경정에 대한 출석통지는 징계위원회 개최일 5일 전까지 하고, 징계등 의결 요구를 받은 징계위원회는 그 요구서를 받은 날부터 30일 이내에 징계등에 관한 의결을 하여야 한다.
③ 甲 경정의 강등 집행은 경찰청장이 한다.
④ 강등처분을 받은 甲 경정은 1계급 아래로 직급을 내리고 3개월간 보수가 전액 감액되고, 강등처분의 집행이 끝난 날부터 24개월간 승진임용의 제한을 받는다.

25

행정행위의 무효와 취소에 관한 다음 설명 중 가장 적절한 것은? (다툼이 있으면 판례에 의함)

① 음주운전을 단속한 경찰관 명의로 행한 운전면허정지처분은 취소사유에 해당한다.
② 무효인 행정행위도 상당한 시간이 경과하게 되는 경우 불가쟁력이 인정된다.
③ 행정행위의 일부가 무효이면 나머지 부분은 유효한 행위이다.
④ 무효인 행정행위는 취소소송의 제소요건을 갖추는 경우에도 취소소송의 형식으로 소제기가 불가능하다.

26

허가의 효과를 제한 또는 보충하기 위하여 주된 의사표시에 부가된 종된 의사표시를 부관이라고 한다. 부관에 대한 설명으로 옳지 않은 것은? (다툼이 있으면 판례의 의함)

① 법정부관의 경우 처분의 효과제한이 직접 법규에 의해서 부여되는 부관으로서 이는 행정행위의 부관과는 구별되는 개념으로 원칙적으로 부관의 개념에 속하지 않는다.

② 부담은 그 자체가 하나의 행정행위이다. 즉, 하명으로서의 성격을 지니기 때문에 분리가 가능하지만, 그 자체가 독립적으로 행정쟁송 및 경찰강제의 대상이 될 수 있다.

③ 부담과 정지조건의 구별이 불분명한 경우에는 최소침해의 원칙에 따라 부담으로 보아야 한다.

④ 행정청이 수익적 행정처분을 하면서 부가한 부담의 위법 여부는 처분 당시 법령을 기준으로 판단하여야 하고, 부담이 처분 당시 법령을 기준으로 적법하다면 처분 후 부담의 전제가 된 주된 행정처분의 근거 법령이 개정됨으로써 행정청이 더 이상 부관을 붙일 수 없게된 경우에는 곧바로 위법하게 되거나 그 효력이 소멸하게 된다.

27

「행정기본법」상 "처분"에 대한 설명으로 가장 적절한 것은? (다툼이 있는 경우 판례에 의함)

① 행정청은 위법 또는 부당한 처분의 전부나 일부를 소급하여 철회할 수 있다. 다만, 당사자의 신뢰를 보호할 가치가 있는 등 정당한 사유가 있는 경우에는 장래를 향하여 철회할 수 있다.

② 행정청은 적법한 처분이라도 법률에서 정한 철회 사유에 해당하게 된 경우에는 그 처분의 전부 또는 일부를 장래를 향하여 철회할 수 있다.

③ 처분은 권한이 있는 기관이 취소 또는 철회하거나 기간의 경과 등으로 소멸되기 전까지는 유효한 것으로 통용된다. 다만, 취소된 처분은 처음부터 그 효력이 발생하지 아니한다.

④ 도로교통법 제10조 제1항, 제24조 제1항 규정 취지에 비추어 볼 때, 시·도경찰청장이 횡단보도를 설치하여 보행자의 통행방법 등을 규제하는 것은 행정청이 특정 사항에 대하여 의무의 부담을 명하는 행위이고, 이는 국민의 권리·의무에 직접 관계가 있는 행위로서 행정처분이 아니다.

28

경찰상 의무이행확보수단에 대한 설명으로 적절하지 않은 것은 모두 몇 개인가?

> ㉠ 경찰상 강제집행은 경찰하명에 따른 경찰의무의 불이행이 있는 경우에 상대방의 신체 또는 재산이나 주거 등에 실력을 행사하여 경찰상 필요한 상태를 실현하는 작용으로 직접적 또는 간접적 의무이행확보 수단이다.
>
> ㉡ 강제징수란 국민이 국가 또는 공공단체에 대해 부담하고 있는 공법상의 금전급부의무를 이행하지 않는 경우에 행정청이 강제적으로 의무가 이행된 것과 동일한 상태를 실현하는 작용으로 새로운 의무이행확보 수단이다.
>
> ㉢ 이행강제금 부과는 의무이행을 위한 강제집행이라는 점에서 의무위반에 대한 제재인 경찰벌과 구별되며, 경찰벌과 병과해서 행할 수 있고, 의무이행될 때까지 반복적으로 부과하는 것도 가능하다.
>
> ㉣ 해산명령 불이행에 따른 해산조치, 불법영업소의 폐쇄조치, 감염병 환자의 즉각적인 강제격리는 모두 즉시강제에 해당한다.

① 1개　　　　　② 2개
③ 3개　　　　　④ 4개

29

「행정절차법」상 행정지도에 관한 내용으로 옳은 것은?

① "행정지도"란 행정기관이 그 소관 사무의 범위에서 일정한 행정목적을 실현하기 위하여 특정인에게 일정한 행위를 하거나 하지 아니하도록 지도, 명령, 권고 등을 하는 행정작용을 말한다.
② 행정기관은 행정지도의 상대방이 행정지도에 따르지 아니하였다는 것을 이유로 불이익한 조치를 할 수 있다.
③ 행정지도의 상대방은 해당 행정지도의 방식·내용 등에 관하여 행정기관에 의견제출을 할 수 없다.
④ 행정기관이 같은 행정목적을 실현하기 위하여 많은 상대방에게 행정지도를 하려는 경우에는 특별한 사정이 없으면 행정지도에 공통적인 내용이 되는 사항을 공표하여야 한다.

30

「행정심판법」상 재결에 관한 설명으로 옳은 것은?

① 서면으로 하지 않은 행정심판의 재결은 취소할 수 있다.
② 행정심판위원회는 심판청구가 이유가 있다고 인정하는 경우에도 이를 인용(認容)하는 것이 공공복리에 크게 위배된다고 인정하면 그 심판청구를 기각하는 재결을 하여야 한다.
③ 행정심판위원회는 지체 없이 당사자에게 재결서의 등본을 송달하여야 하며, 재결서가 청구인에게 발송되었을 때에 그 효력이 생긴다.
④ 행정심판위원회는 심판청구가 적법하지 아니하면 그 심판청구를 각하한다.

31

「경찰관 직무집행법」상 불심검문에 대한 설명으로 가장 적절한 것은? (다툼이 있는 경우 판례에 따름)

① 경찰관은 질문을 하거나 임의동행을 요구할 경우 자신의 신분을 표시하는 증표를 제시하면서 소속과 성명을 밝혀야 한다. 이때 증표는 경찰공무원의 공무증뿐만 아니라 흉장도 포함된다.

② 「주민등록법」상 사법경찰관리가 불심검문시 정복을 입은 경우에는 신분증명을 면제하는 규정을 두고 있다.

③ 경찰관이 불심검문 대상자 해당 여부를 판단할 때에는 불심검문 당시의 구체적 상황은 물론 사전에 얻은 정보나 전문적 지식 등에 기초하여 불심검문 대상자인지를 객관적·합리적인 기준에 따라 판단하여야 하며, 반드시 불심검문 대상자에게 형사소송법상 체포나 구속에 이를 정도의 혐의가 있을 것을 요한다.

④ 경찰관은 동행한 사람의 가족이나 친지 등에게 동행한 경찰관의 신분, 동행 장소, 동행 목적과 이유를 알리거나 다른 사람으로 하여금 즉시 연락할 수 있는 기회를 주어야 하며, 변호인의 도움을 받을 권리가 있음을 알려야 한다.

32

「경찰관 직무집행법」제4조 '보호조치등'에 대한 설명이다. 아래 ㉠부터 ㉤까지의 설명으로 옳고 그름의 표시(O, X)가 바르게 된 것은?

> ㉠ 경찰관은 보호조치를 하였을 때에는 지체없이 구호대상자의 가족, 친지 또는 그 밖의 연고자에게 그 사실을 알려야 하며, 구호대상자를 경찰관서에서 보호하는 기간은 6시간을 초과할 수 없다.
>
> ㉡ 미아, 병자, 부상자 등으로서 적당한 보호자가 없으며 응급구호가 필요한 경우 본인이 구호를 거절하더라도 보호조치를 할 수 있다.
>
> ㉢ 경찰관은 보호조치 등을 하는 경우에 구호대상자가 휴대하고 있는 무기·흉기 등 위험을 일으킬 수 있는 것으로 인정되는 물건을 경찰관서에 임시로 영치(領置)하여 놓을 수 있고, 그 기간은 10일을 초과할 수 없으며 법적 성질은 대물적 즉시강제이다.
>
> ㉣ 긴급구호요청을 받은 응급의료종사자가 정당한 이유 없이 긴급구호요청을 거절할 경우, 「경찰관 직무집행법」에 따라 3년 이하의 징역 또는 3천만원 이하의 벌금에 처한다.
>
> ㉤ 보호조치는 경찰관서에서 일시 보호하여 구호의 방법을 강구하는 것으로 경찰관의 재량행위에 해당하기 때문에 국가배상책임이 인정되는 경우는 없다.

① ㉠ (O) ㉡ (X) ㉢ (O) ㉣ (X) ㉤ (X)

② ㉠ (X) ㉡ (X) ㉢ (X) ㉣ (O) ㉤ (X)

③ ㉠ (X) ㉡ (O) ㉢ (X) ㉣ (X) ㉤ (O)

④ ㉠ (X) ㉡ (X) ㉢ (O) ㉣ (X) ㉤ (X)

33

「경찰관 직무집행법」과 「경찰착용기록장치 운영 등에 관한 규정」상 경찰착용기록장치의 사용 고지 등에 관한 설명으로 가장 적절한 것은?

① 경찰관이 경찰착용기록장치를 사용하여 이동형 영상정보처리기기로 사람 또는 그 사람과 관련된 사물의 영상을 촬영하는 때는, 촬영 사실을 별도로 고지하지 않아도 된다.

② 경찰착용기록장치로 기록을 마친 영상음성기록은 영상음성기록정보 관리체계를 이용하여 데이터베이스에 전송·저장하지 않아도 되지만, 임의로 편집·복사하거나 삭제해서는 안 된다.

③ 경찰착용기록장치로 기록한 영상음성기록의 보관기간은 해당 기록을 ②에 따라 영상음성기록정보 데이터베이스에 전송·저장한 날부터 90일(해당 영상음성기록이 수사 중인 범죄와 관련된 경우 등 경찰청장 또는 해양경찰청장이 정하는 사항에 해당하는 경우에는 180일)로 한다.

④ ③에도 불구하고 경찰청장, 시·도경찰청장, 경찰서장은 범죄수사를 위한 증거 보전이 필요한 경우 등 영상음성기록을 계속하여 보관할 필요가 있다고 인정하는 경우에는 90일의 범위에서 한 차례만 보관기간을 연장할 수 있다.

34

「경찰 물리력 행사의 기준과 방법에 관한 규칙」상 보기의 대상자 행위에 대한 경찰관의 대응 수준으로 적절한 것은?

> 대상자가 경찰관 또는 제3자에 대해 신체적 위해를 가하는 상태를 말하며, 대상자가 경찰관에게 폭력을 행사하려는 자세를 취하여 그 행사가 임박한 상태, 주먹·발 등을 사용해서 경찰관에 대해 신체적 위해를 초래하고 있거나 임박한 상태, 강한 힘으로 경찰관을 밀거나 잡아당기는 등 완력을 사용해 체포에서 벗어나려고 하는 상태 등이 이에 해당한다.

① 신체 일부 잡기·밀기·잡아끌기, 쥐기·누르기·비틀기

② 경찰봉, 방패, 신체적 물리력으로 대상자의 신체 중요 부위 또는 급소 부위 가격, 대상자의 목을 강하게 조르거나 신체를 강한 힘으로 압박하는 행위

③ 경찰봉으로 중요부위가 아닌 신체 부위를 찌르거나 가격

④ 목을 압박하여 제압하거나 관절을 꺾는 방법, 팔·다리를 이용해 움직이지 못하도록 조르는 방법

35

「경비업법」 제2조 정의에 관한 설명 중 가장 적절한 것은?

① '혼잡·교통유도경비업무'란 도로에 접속한 공사현장 및 사람과 차량의 통행에 위험이 있는 장소 또는 도로를 점유하는 행사장 등에서 교통사고나 그 밖의 혼잡 등으로 인한 위험발생을 방지하는 업무를 말한다.

② '특수경비업무'란 운반중에 있는 현금·유가증권·귀금속·상품 그 밖의 물건에 대하여 도난·화재 등 위험발생을 방지하는 업무를 말한다.

③ '신변보호업무'란 사람의 생명·신체·재산에 대한 위해의 발생을 방지하고 그 신변을 보호하는 업무를 말한다.

④ '기계경비업무'란 경비대상시설에 설치한 기기에 의하여 감지·송신된 정보를 그 경비대상시설내의 장소에 설치한 관제시설의 기기로 수신하여 도난·화재 등 위험발생을 방지하는 업무를 말한다.

36

「가정폭력범죄의 처벌 등에 관한 특례법」상 가정폭력범죄에 해당하지 않은 것은 모두 몇 개인가?

㉠ 살인	㉡ 폭행
㉢ 배임	㉣ 영아유기
㉤ 특수공갈	㉥ 약취·유인
㉦ 중상해	

① 1개   ② 2개
③ 3개   ④ 4개

37

다음 중 다중범죄에 대한 설명으로 옳은 것은?

① 다중범죄란 일정지방을 해할 수 있는 미조직된 집단을 말하는 것으로 반드시 지도자를 요하지 않는다.

② 다중범죄의 특징은 확신적 행동성, 조직적 연계성, 부화뇌동적 파급성, 비이성적 단순성이 있다.

③ 경이적인 사건을 폭로하거나 규모가 큰 행사를 개최하여 원래의 이슈가 상대적으로 약화되도록 하는 방법은 경쟁행위법이다.

④ 진압의 기본원칙은 차단·배제, 주동자 체포, 봉쇄·방어, 세력분산이다.

38

「교통사고처리 특례법」 제3조 제2항 단서의 처벌특례 예외사항에 해당하지 않는 것은?

① 「도로교통법」 제5조에 따른 신호기가 표시하는 신호 또는 교통정리를 하는 경찰공무원등의 신호를 위반하여 운전한 경우

② 「도로교통법」 제21조 제1항, 제22조, 제23조에 따른 앞지르기의 방법·금지시기·금지장소 또는 끼어들기의 금지를 위반하거나 같은 법 제60조 제2항에 따른 고속도로에서의 앞지르기 방법을 위반하여 운전한 경우

③ 「도로교통법」 제24조에 따른 철길건널목 통과방법을 위반하여 운전한 경우

④ 도로의 파손, 도로공사나 그 밖의 장애 등으로 도로의 우측 부분을 통행할 수 없는 경우로서 「도로교통법」 제13조 제3항을 위반하여 도로의 중앙이나 좌측 부분을 통행하여 운전한 경우

39

다음 〈보기〉 중 상황에 따른 정보요구방법을 가장 옳은 순서로 나열한 것은?

〈보기〉

㉠ 정세의 변화에 따라 불가피하게 정책상 수정이 요구되거나 이를 위한 자료가 절실히 요구되는 경우

㉡ 각 정보부서에서 맡고 있는 정책을 수행함에 있어서 필요한 일반적·포괄적 정보로 계속적이고 반복적으로 수집해야 할 필요가 있는 경우

㉢ 어떤 수시적 돌발상황의 해결에 필요한 한도 내에서 임시적·단편적·지역적인 특수사건을 단기에 해결하기 위하여 필요한 경우

㉣ 국가안전보장이나 정책에 관련되는 국가정보 목표의 우선순위로서, 정부에서 기획된 연간 기본정책에서 필요로 하는 자료들을 목표로 하여 선정하는 경우

① ㉠ PNIO ㉡ EEI ㉢ OIR ㉣ SRI
② ㉠ OIR ㉡ EEI ㉢ PNIO ㉣ SRI
③ ㉠ PNIO ㉡ OIR ㉢ EEI ㉣ SRI
④ ㉠ OIR ㉡ EEI ㉢ SRI ㉣ PNIO

40

「출입국관리법」상 외국인의 강제퇴거에 관한 설명으로 가장 적절하지 않은 것은?

① 강제퇴거명령서는 출입국관리공무원이 집행한다. 지방출입국·외국인관서의 장은 사법경찰관리에게 강제퇴거명령서의 집행을 의뢰할 수 있다.

② 대통령령으로 정하는 금액 이상의 국세·관세 또는 지방세를 정당한 사유 없이 그 납부기한까지 내지 아니한 사람은 강제퇴거 대상자에 해당한다.

③ 영주자격을 가진 사람으로 5년 이상의 징역 또는 금고의 형을 선고받고 석방된 사람 중 법무부령으로 정하는 사람은 강제퇴거의 대상이 된다.

④ 체류국 정부가 체류 중인 외국인에게 체류국 영역 밖으로 퇴거를 명하는 행정행위로서 강제퇴거 사유가 동시에 형사처분 사유가 되는 경우에는 병행 처벌할 수 있다.

총알 총정리 모의고사 5회

01

실질적 의미의 경찰과 형식적 의미의 경찰에 대한 설명으로 적절한 것은 모두 몇 개인가?

> 가. 실질적 의미의 경찰은 사회공공의 안녕과 질서유지와 같은 적극적 목적을 위한 작용이다.
> 나. 형식적 의미의 경찰은 사회목적적 작용을 의미하며 작용을 중심으로 파악된 개념이고, 실질적 의미의 경찰은 조직을 기준으로 파악된 개념이다.
> 다. 형식적 의미의 경찰은 실질적 의미의 경찰개념보다 넓은 의미로 실질적 의미의 경찰을 모두 포괄하는 상위 개념이다.
> 라. 위생경찰은 실질적 의미의 경찰에 해당한다.
> 마. 정보경찰은 실질적 의미의 경찰에 해당한다.

① 1개
② 2개
③ 3개
④ 4개

02

경찰의 분류에 대한 설명으로 가장 적절하지 않은 것은?

① 행정경찰은 경찰행정법규에 의거하여 발동하지만, 사법경찰은 「형사소송법」에 의하므로 행정경찰의 업무는 해당 주무부서의 장의 지휘 아래 수행되고 사법경찰업무는 수사부서의 장의 지휘 아래 수행됨이 원칙이다.

② 진압경찰은 이미 발생한 위해의 제거나 범죄의 수사를 위한 경찰작용으로 범죄의 수사, 범죄의 제지, 총포·화약류의 취급 제한, 광견의 사살 등이 있다.

③ 보안경찰과 협의의 행정경찰은 업무의 독자성에 따라 구분한 것으로, 교통경찰, 경비경찰, 해양경찰, 풍속경찰, 생활안전경찰 등은 보안경찰에 해당한다.

④ 봉사경찰은 서비스·계몽·지도 등 비권력적인 수단을 통하여 경찰의 직무를 수행하는 경찰활동으로 방범지도, 청소년선도, 교통정보제공 등이 있다.

03

위험에 대한 인식에 따른 위험의 분류에 대한 설명으로 옳은 것은?

① 경찰관이 상황을 합리적으로 사려 깊게 판단하여 위험이 존재한다고 인식하여 개입하였으나 실제로는 위험이 없던 경우에는 경찰관 개개인에게 민·형사상 책임을 부담하지 아니하나, 국가의 손해배상책임은 발생할 수 있다.

② 경찰관이 의무에 합당한 사려 깊은 판단을 할 때 실제로 위험의 발생 가능성은 예측되나 위험의 실제 발생 여부가 불확실한 경우의 경찰개입은 위법하다.

③ 객관적으로 판단할 때 위험의 외관 또는 혐의가 정당화되지 않음에도 경찰이 위험의 존재를 잘못 추정한 경우를 오상위험 또는 추상적 위험, 상상위험이라 하며, 이 경우의 경찰개입은 위법한 경찰개입이다.

④ 경찰관 A는 야간 도보 순찰 중 집안에서 아이들이 서로 괴성을 지르며 장난치는 것을 밖에서 듣고 강도사건이 발생한 것으로 오인한 경찰관 A는 문을 부수고 들어간 행위는 외관적 위험에 해당한다.

04

사회학적 범죄학 이론 중에서 사회과정원인론으로 분류하기에 옳지 않은 이론을 설명한 것은?

① 범죄자는 자신의 행위를 정당화하거나 합리화하기 위해 스스로를 설득하는 일련의 기술과 방법을 사용하며, 이는 비행의 원인을 사회적 상호작용에서 찾는다고 주장한다.

② 사람들은 목표와 규범을 내면화하고 사회적 규범에 전념함으로써 범죄를 예방할 수 있다고 주장한다.

③ 사람들을 '잠재적 범죄자'로 간주하고 사회적 결속과 유대의 약화로 인해 비행이 발생한다고 주장한다.

④ 하류계층 청소년들은 '지위좌절'이라는 갈등의 형태를 경험하면서 중류계층의 가치관에 대한 적대적 반응을 갖게 되고, 목표달성의 어려움을 극복하기 위해 자신들만의 하위문화를 만들게 된다고 주장한다.

05

'범죄통제이론'에 대한 설명으로 가장 적절한 것은?

① 억제이론의 기본 전제는 인간이 자유의지를 가지고 합리적인 판단에 따라 행동한다는 것으로, 범죄를 억제하기 위해 강력하고 확실한 처벌이 필요하다고 주장하였다. 이 이론에서 처벌의 핵심 요소는 처벌의 확실성, 엄격성, 신중성이다.

② 방어공간이론은 주거에 대한 영역성 약화를 통해 주민들이 살고있는 지역이나 장소를 자신들의 영역이라 생각하고 감시를 게을리 하지 않으면 어떤 지역이든 범죄로부터 안전할 수 있다고 주장한다.

③ 일상활동이론은 지역사회 구성원들이 범죄문제를 해결하기 위해 적극적으로 참여하는 것이 중요한 범죄예방의 열쇠라고 한다.

④ 범죄패턴이론은 범죄에는 여가활동장소, 이동경로, 이동수단 등 일정한 장소적 패턴이 있다고 주장하며 지리적 프로파일링을 통한 범행지역의 예측활성화에 기여해야 한다는 입장이다.

06

환경설계를 통한 범죄예방(CPTED)의 기본원리에 관한 설명으로 가장 적절한 것은?

① '활동의 활성화'는 일정한 지역에 접근하는 사람들을 정해진 공간으로 유도하거나 외부인의 출입을 통제하도록 설계함으로써, 접근에 대한 심리적 부담을 증대시켜 범죄를 예방하는 것이다. 출입구의 최소화, 통행로의 설계, 울타리 및 표지판의 설치를 예로 들 수 있다.

② '영역성의 강화'는 주민들이 모여서 상호의견을 교환하고 유대감을 증대할 수 있는 공공장소를 설치하여 이를 이용하도록 함으로써, '거리의 눈'에 의한 자연적인 감시와 접근통제의 기능을 확대하는 것이다. 놀이터와 공원의 설치, 벤치·정자의 위치 및 활용성에 대한 설계를 예로 들 수 있다.

③ '유지관리'는 시설물이나 공공장소의 기능을 처음 설계되거나 개선한 의도대로 지속적으로 이용될 수 있도록 관리함으로써, 범죄예방을 위한 환경설계의 장기적이고 지속적 효과를 유지하는 것이다. 청결유지, 파손의 즉시 보수, 조경의 관리를 예로 들 수 있다.

④ '자연적 접근통제'는 건축물이나 시설물의 설계 시 가시권을 최대한 확보하고 외부 침입에 대한 감시기능을 확대함으로써, 범죄 발각 위험을 증가시키고 범행 기회를 감소시키는 것이다. 가시권 확대를 위한 건물의 배치, 조명 및 조경 설치를 예로 들 수 있다.

07

다음 중 미국의 지역사회 범죄예방활동 프로그램을 설명한 것으로 옳지 않은 것은?

① 회복적 정의(restorative justice) – 잘못된 행동이 초래한 개인과 공동체의 피해와 어려움을 확인하고, 당사자들이 참여하여 피해회복 관계회복 방안 등을 모색함으로써 공동체의 평온을 유지하는 것을 목표로 한다.

② 응보적 정의(retributive justice) – 잘못된 행동에 대해 법이나 규범에 따라 가해자에게 적절한 처벌을 부여함으로써 개인과 사회를 통제하는 것을 목표로 한다.

③ Diversion program – 비행을 저지른 소년이 주변의 낙인의 영향으로 심각한 범죄자로 발전하는 것을 방지하기 위해 형사법적 제재를 가하지 않고 지역사회의 보호 및 관찰로 대치하여 범죄를 예방하는 프로그램이다.

④ PATHE Program(Positive Action Through Education) – 미국의 빈곤계층 아동들이 적절한 사회화 과정을 거치게 함으로써 장차 범죄를 저지를 수 있는 잠재성을 감소시키려는 교육프로그램이다.

08

바람직한 경찰의 역할모델 중 '범죄와 싸우는 경찰 모델'에 관한 설명으로 가장 적절하지 않은 것은?

① 범죄와 싸우는 경찰모델은 경찰활동의 전 부분을 포괄하는 것이 불가능하지만, 치안서비스 제공자로서의 경찰 모델은 경찰활동의 전 부분을 포괄하는 용어로 가장 바람직한 모델이다.

② 범죄와의 싸움도 치안서비스의 한 부분에 불과하다.

③ 수사, 형사 등 법 집행을 통한 범법자 제압 측면을 강조한 모델로서 시민들은 범인을 제압하는 것이 경찰의 주된 임무라고 인식한다.

④ 범법자는 적이고, 경찰은 정의의 사자라는 흑백논리에 따른 이분법적 오류에 빠질 경우 인권침해 등의 우려가 있다.

09

경찰의 전문직업화에 대한 설명으로 옳지 않은 것은?

① 클라이니히의 고전적 전문직의 특징은 공공서비스의 제공, 윤리강령의 제정, 전문지식과 전문기술, 고등교육의 이수, 자율적 자기통제이다.

② 경찰의 전문직업화는 전문직이 되는데 장기간의 교육과 비용이 들어 가난한 사람은 전문가가 되는 기회를 차단하는 차별의 문제점이 있다.

③ 전문직업화는 경찰위상·사기의 제고와 긍지 함양, 경찰에 대한 공중의 존경 증대, 효율성 증대, 부정부패 척결, 훌륭한 인적자원이 확보되어 서비스 질이 향상되는 등의 이점이 있다.

④ 경찰의 전문직업화로 경찰들이 사회적인 힘을 소유하였는데, 이들은 때때로 사익보다는 공적인 이익을 위해서만 이용하기도 한다.

10

다음은 하이덴하이머(A. J. Heidenheimer)의 부정부패 개념 정의 및 분류와 유형에 관한 것이다. 부패에 대한 설명으로 적절하지 않은 것은?

① 관직(공직)중심적 정의(public-office-centered) – 부패는 뇌물수수행위와 특히 결부되어 있지만, 반드시 금전적인 형태일 필요가 없는 사적 이익을 고려한 결과로 권위를 남용하는 경우를 포괄하는 용어이다.

② 시장중심적 정의(market-centered) – 고객들은 잘 알려진 위험을 감수하고라도 원하는 이익을 받는 것을 확실히 하기 위하여 높은 가격(뇌물)을 지불하는 결과로 부패가 발생한다.

③ 흑색부패 – 사회구성원 가운데 특히 엘리트를 중심으로 일부집단은 처벌을 원하지만, 다른 일부집단은 처벌을 원하지 않는 경우의 부패를 말한다.

④ 백색부패 – 이론상 일탈행위로 규정될 수 있으나, 구성원의 다수가 어느 정도 용인하는 선의의 부패 또는 관례화된 부패를 말한다.

11

「부정청탁 및 금품 등 수수의 금지에 관한 법률」에 대한 설명으로 옳은 것은 모두 몇 개인가?

> ㉠ 기관장이 소속 직원에게 업무추진비로 화환(10 만원)을 보내고 별도로 사비로 경조사비(10만 원)를 주면 청탁금지법 위반이다.
>
> ㉡ 물품상품권·용역상품권·온누리상품권·지역사랑상품권·문화상품권 등 일정한 금액이 기재되어 소지자가 해당 금액에 상응하는 물품 또는 용역을 제공받을 수 있는 증표인 금액상품권은 가액에 상관 없이 선물할 수 없다.
>
> ㉢ 공직자 등은 직무 관련 및 기부·후원·증여 등 그 명목에 관계 없이 동일인으로부터 1회에 100 만원 또는 매 회계연도에 300만원을 초과하는 금품 등을 받거나 요구 또는 약속해서는 아니 된다.
>
> ㉣ 선물은 3만원까지 허용되지만 예외적으로 선물 중 농수산물 및 농수산가공품(농수산물을 원료 또는 재료의 50퍼센트를 넘게 사용하여 가공한 제품만 해당)과 농수산물·농수산가공품 상품권은 10만원까지 가능하다. (대통령령으로 정하는 설날·추석을 포함한 기간에 한정하여 그 가액 범위를 두배로 한다.)
>
> ㉤ ㉣의 "대통령령으로 정하는 설날·추석을 포함한 기간"이란 설날·추석 전 12일부터 설날·추석 후 5일까지(그 기간 중에 우편 등을 통해 발송하여 그 기간 후에 수수한 경우에는 그 수수한 날까지)를 말한다.

① 1개　　　　　　② 2개
③ 3개　　　　　　④ 4개

12

「공직자의 이해충돌 방지법」에 대한 설명으로 옳지 않은 것은?

① 우리나라는 2021년 5월 공직자의 이해충돌 방지법을 제정하였다.

② 이해충돌 회피에 있어서는 '어느 누구도 자신이 연루된 사건의 재판관이 되어서는 안 된다'라는 원칙이 적용된다.

③ 공직자는 공공기관이 소유하거나 임차한 물품·차량·선박·항공기·건물·토지·시설 등을 사적인 용도로 사용·수익하거나 제3자로 하여금 사용·수익하게 하여서는 아니된다. 다만, 다른 법령·기준 또는 사회상규에 따라 허용되는 경우에는 그러하지 아니하다.

④ 공직자의 이해충돌 방지법의 위반행위는 감사원, 수사기관, 국민권익위원회 등에 신고할 수 있으나 위반행위가 발생한 기관은 제외된다.

13

갑오개혁 이후 일본의 헌병의 경찰활동에 대한 설명으로 가장 적절하지 않은 것은?

① 1896년 한성과 부산 간의 군용전신선 보호를 명목으로 일본의 헌병대가 처음 주둔하게 되었다.

② 1910년 조선주차헌병조령에 의해 헌병이 일반치안을 담당할 법적 근거를 마련하였으며, 헌병은 의병활동지나 군사요충지, 일반경찰은 주로 도시나 개항장 등에 배치되었다.

③ 헌병은 군사경찰업무와 행정경찰업무를 수행하고, 사법경찰업무는 제외하였다.

④ 헌병은 사회단체의 단속, 항일인사의 체포, 일본 관민의 보호 등 고등경찰업무도 수행했다.

14

일본의 범죄수사구조에 관한 내용 중 수사를 적정하게 하고 그 외에 공소수행을 완성하기 위하여 필요한 사항에 관하여 일반적인 준칙을 제정하는 것을 말한다. 이런 권한은 무엇인가?

① 사법경찰직원에 대한 일반적 지시권
② 사법경찰직원에 대한 일반적 지휘권
③ 사법경찰직원에 대한 구체적 지시권
④ 사법경찰직원에 대한 구체적 지휘권

15

조직 편성의 원리 중 명령통일의 원리에 관한 설명으로 옳은 것은 모두 몇 개 인가?

> ㉠ 조직의 경직화를 초래하고 동태적인 인간관계의 형성을 저해한다.
> ㉡ 구조조정과 관련있는 경찰조직의 편성원리이다.
> ㉢ 지시는 한 사람만이 할 수 있고 보고도 한 사람에게만 하여야 한다.
> ㉣ 관리자의 공백 등을 대비하여 대리, 위임, 유고 관리자 사전지정 등이 필요하다.
> ㉤ 직무를 책임과 난이도에 따라 상하로 나누어 배치하고 상하계층간에 명령복종관계를 적용하는 조직편성원리로 상위로 갈수록 권한과 책임이 무거운 임무를 수행한다는 원리이다.
> ㉥ J.Mooney는 조직의 제1원리라고 명명하며 그 중요성을 강조했다.

① 1개   ② 2개
③ 3개   ④ 4개

16

직업공무원제도에 대한 설명으로 가장 옳지 않은 것은?

① 직업공무원제도는 유능하고 젊은 인재를 공직에 유인·확보하고 나아가 이들이 공직을 보람 있는 평생의 직업으로 여기고 성실히 근무할 수 있도록 운영하는 인사제도이다.
② 직업공무원제도는 장기적인 발전가능성을 선발기준으로 삼고 있으며 계급제가 직위분류제보다 직업공무원제도의 정착에 더 유리하다.
③ 직업공무원제도는 강력한 신분보장으로 공무원에 대한 민주적 통제가 약화될 수 있으며, 공무원의 무책임성이 발생하여 행정통제·행정책임 확보가 곤란해 질 수 있다.
④ 직업공무원제도는 행정의 안정성과 독립성 확보에 용이하며 외부환경 변화에 신속하게 대응한다는 장점이 있다.

17

다음은 신문의 인용기사이다. (㉠)에 들어갈 예산의 설명으로 옳은 것은?

> "코로나19로 어려움을 겪는 국민들에게 맞춤형 긴급재난지원 패키지"를 의결하여 국회에 제출했다. (㉠)예산에 대해서는 여야 간 이견이 크게 없기 때문에 설날 전으로 해서 신속하게 국회의 문턱을 넘을 것으로 전망된다.

① 당초에 국회의결을 얻어 확정·성립된 예산을 말한다.

② 회계연도 개시 전까지 예산의 불성립시 전년도 예산에 준하여 지출하는 제도로 예산 확정 전에는 경찰공무원의 보수와 경찰관서의 유지·운영 등 기본경비에는 사용할 수 있다.

③ 예산이 확정된 이후에 생긴 사유로 인하여 필요한 경비의 부족이 생길 때 추가 또는 변경을 가한 예산을 말한다.

④ 정부가 예산안을 편성하여 국회에 제출한 이후 성립·확정되기 전에 국내외 사회경제적 여건의 변동으로 예산안의 일부 내용을 변경하여 국회에 제출하는 예산을 말한다.

18

「보안업무규정」에 관한 내용으로 가장 적절한 것은?

① 공무원 또는 공무원이었던 사람은 어떠한 경우에도 소속 기관의 장이나 소속되었던 기관의 장의 승인 없이 비밀을 공개해서는 아니 된다.

② 지방자치단체의 장, 광역시·도의 교육감, 경찰청장은 Ⅱ급 및 Ⅲ급비밀 취급 인가권자와 Ⅲ급비밀 소통용 암호자재 취급 인가권자이다.

③ 경찰청장은 암호자재를 제작하여 필요한 기관에 공급한다. 다만, 국가정보원장이 필요하다고 인정하는 암호자재의 경우 그 암호자재를 사용하는 기관은 국가정보원장이 인가하는 암호체계의 범위에서 암호자재를 제작할 수 있다.

④ 각급기관의 장은 비밀 분류를 통일성 있고 적절하게 하기 위하여 세부 분류지침을 작성하여 시행하여야 하며 이 경우 세부 분류지침은 공개하는 것을 원칙으로 한다.

19

「언론중재 및 피해구제 등에 관한 법률」상 언론중재위원회에 대한 설명 중 가장 적절한 것은?

① 중재위원회는 40명 이상 90명 이내의 중재위원으로 구성하며, 중재위원은 언론중재위원장이 위촉한다.

② 언론중재위원회의 회의는 재적위원 1/4의 출석과 출석위원 과반수의 찬성으로 의결한다.

③ 중재위원회에 위원장 1명과 2명 이내의 부위원장 및 2명 이내의 감사를 두며, 각각 중재위원 중에서 호선한다.

④ 위원장·부위원장·감사 및 중재위원의 임기는 각각 2년으로 하며, 한 차례만 연임할 수 있다.

20

「경찰 인권보호 규칙」상 인권침해사건 조사절차에 관한 설명으로 가장 적절하지 않은 것은?

① 조사담당자는 사건 조사 과정에서 진정인·피진 정인 또는 참고인 등이 임의로 제출한 물건 중 사건 조사에 필요한 물건은 보관할 수 있다.

② 조사담당자는 제출받은 물건에 사건번호와 표 제, 제출자 성명, 물건 번호, 보관자 성명 등을 적은 표지를 붙인 후 봉투에 넣거나 포장하여 안 전하게 보관하여야 한다.

③ 진정인이 진정을 취소한 사건에서 진정인이 제출 한 물건이 있는 경우에는 진정인이 요구하는 경 우에 한하여 반환할 수 있다.

④ 조사담당자는 사건을 조사하는 과정에서 동일 한 사건에 대하여 경찰·검찰 등의 수사가 시작 된 경우에는 사건 조사를 중지할 수 있다. 다만, 확인된 인권침해 사실에 대한 구제 절차는 계속 하여 이행할 수 있다.

21

다음은 법률과 법규명령의 효력발생시기에 대한 설명이다. ( )안에 들어갈 숫자의 연결이 바르지 않은 것은?

ⓐ 「헌법」상 국회에서 의결된 법률안은 정부에 이송되어 (㉠)일 이내에 대통령이 공포한다.

ⓑ 「헌법」상 법률은 특별한 규정이 없는 한 공포한 날로부터 (㉡)일을 경과함으로써 효력을 발 생한다.

ⓒ 「법령 등 공포에 관한 법률」상 대통령령은 특별 한 규정이 없는 한 공포일로부터 (㉢)일이 경 과해야 효력이 발생한다.

ⓓ 「법령 등 공포에 관한 법률」상 국민의 권리 제한 또는 의무 부과와 직접 관련되는 법률, 대통령 령, 총리령 및 부령은 긴급히 시행하여야 할 특 별한 사유가 있는 경우를 제외하고는 공포일로 부터 적어도 (㉣)일이 경과한 날부터 시행되 도록 하여야 한다.

① ㉠ – 15
② ㉡ – 20
③ ㉢ – 20
④ ㉣ – 20

22

「국가경찰과 자치경찰의 조직 및 운영에 관한 법률」에서 국가수사본부장에 대한 설명으로 가장 적절한 것은?

① 경찰청에 국가수사본부를 두며, 국가수사본부 장은 치안감으로 보하며, 임기가 끝나면 당연히 퇴직한다.

② 국가수사본부장의 임기는 2년으로 하며, 중임 할 수 있다.

③ 국가수사본부장은 형사소송법에 따른 경찰의 수 사에 관하여 각 시·도경찰청장과 경찰서장 및 수사부서 소속 공무원을 지휘·감독한다.

④ 경찰청장 또는 국가수사본부장이 직무를 집행하 면서 헌법이나 법률을 위배하였을 때에도 국회 는 탄핵 소추를 의결할 수 없다.

23

다음 중 「경찰공무원법」 및 「경찰공무원 임용령」상 '시보임용'에 대한 설명으로 적절하지 않은 것은?

① 경정 이하의 경찰공무원을 신규채용할 때에는 1년간 시보로 임용하고, 그 기간이 만료되는 다음날에 정규 경찰공무원으로 임용하고, 휴직 기간, 직위해제기간 및 징계에 의한 정직처분 또는 감봉처분을 받은 기간은 시보임용기간에 산입하지 아니한다.

② 임용권자 또는 임용제청권자는 시보임용경찰공무원 또는 시보임용예정자에게 일정 기간 교육훈련(실무수습을 포함)을 시킬 수 있다. 이 경우 시보임용예정자에게 훈련을 받는 기간 동안 예산의 범위에서 임용예정계급의 1호봉에 해당하는 봉급에 상당하는 금액(교육훈련기간은 그 금액의 80퍼센트) 등을 지급할 수 있다.

③ 임용권자 또는 임용제청권자는 시보임용 기간 중에 있는 경찰공무원의 근무사항을 항상 지도·감독하여야 하고, 시보임용경찰공무원을 정규 경찰공무원으로 임용하는 경우 그 적부를 심사하게 하기 위하여 임용권자 또는 임용제청권자 소속으로 임용심사위원회를 둔다.

④ 임용권자 또는 임용제청권자는 시보임용경찰공무원이 징계사유에 해당하는 경우뿐만 아니라 교육훈련 중 질병, 병역 복무 또는 그 밖에 교육훈련을 계속할 수 없는 불가피한 사정 외의 사유로 퇴교처분을 받은 경우, 교육훈련성적이 만점의 60퍼센트 미만이거나 생활기록이 극히 불량한 경우, 제2평정 요소의 평정점이 만점의 50퍼센트 미만인 경우에 정규 경찰공무원으로 임용하는 것이 부적당하다고 인정되므로 임용심사위원회의 의결을 거쳐 해당 시보임용경찰공무원을 면직시키거나 면직을 제청하여야 한다.

24

다음 중 「국가공무원법」상 휴직에 대한 설명으로 옳지 않은 것은 모두 몇 개인가?

⊙ 휴직은 제제적 성격을 가지며, 휴직 중인 공무원은 신분은 보유하나 직무에 종사하지 못한다. 휴직 기간 중 그 사유가 없어지면 30일 이내에 임용권자 또는 임용제청권자에게 신고하여야 하며, 임용권자는 지체 없이 복직을 명하여야 한다.

ⓛ 「경찰공무원법」상 경찰공무원이 「공무원 재해보상법」 제5조 제1호 각 목에 해당하는 직무를 수행하다가 「국가공무원법」 제72조 제1호 각 목의 어느 하나에 해당하는 공무상 질병 또는 부상을 입어 휴직하는 경우 그 휴직기간은 같은 조 제1호 단서에도 불구하고 3년 이내로 하되, 의학적 소견 등을 고려하여 대통령령으로 정하는 바에 따라 2년의 범위에서 연장할 수 있다.

ⓒ 「공무원 임용령」상 휴직(자기개발휴직) 후 복직한 공무원은 복직 후 5년 이상 근무하여야 다시 자기개발휴직을 할 수 있다.

ⓔ 공무원이 천재지변이나 전시·사변, 그 밖의 사유로 생사(生死) 또는 소재(所在)가 불명확하게 된 때의 휴직 기간은 3개월 이내로 한다.

ⓜ 8세 이하 또는 초등학교 2학년 이하의 자녀를 양육하기 위하여 필요하거나 여성공무원이 임신 또는 출산하게 된 때 휴직 기간은 자녀 1명에 대하여 3년 이내로 한다.

① 1개   ② 2개
③ 3개   ④ 4개

25

다음 중 행정행위의 무효로 볼 수 있는 경우가 아닌 것은? (다툼이 있는 경우 판례에 의함)

① 법률에 근거하여 행정처분이 발하여진 후에 헌법재판소가 그 행정처분의 근거가 된 법률을 위헌으로 결정하였다면 헌법재판소의 위헌결정 전에 행정처분의 근거되는 당해 법률이 헌법에 위반된다는 사유는 특별한 사정이 없는 한 그 행정처분은 당연무효사유로 보아야 한다.

② 임용당시 공무원임용결격사유가 있었다면 비록 국가의 과실에 의하여 임용결격자임을 밝혀내지 못하였다 하더라도 그 임용행위는 당연무효로 보아야 한다.

③ 행정절차에 관한 일반법인 행정절차법은 제24조 제1항에서 "행정청이 처분을 할 때에는 다른 법령 등에 특별한 규정이 있는 경우를 제외하고는 문서로 하여야 하며, 전자문서로 하는 경우에는 당사자 등의 동의가 있어야 한다. 다만 신속히 처리할 필요가 있거나 사안이 경미한 경우에는 말 또는 그 밖의 방법으로 할 수 있다."라고 정하고 있다. 이 규정은 처분내용의 명확성을 확보하고 처분의 존부에 관한 다툼을 방지하여 처분상대방의 권익을 보호하기 위한 것이므로, 이를 위반한 처분은 하자가 중대·명백하여 무효이다.

④ 운전면허에 대한 정지처분권한은 경찰청장으로부터 경찰서장에게 권한위임된 것이므로 음주운전자를 적발한 단속 경찰관으로서는 관할 경찰서장의 명의로 운전면허정지처분을 대행처리할 수 있을지는 몰라도 자신의 명의로 이를 할 수는 없다 할 것이므로, 단속 경찰관이 자신의 명의로 운전면허행정처분통지서를 작성·교부하여 행한 운전면허정지처분은 비록 그 처분의 내용·사유·근거"등이 기재된 서면을 교부하는 방식으로 행하여졌다고 하더라도 권한 없는 자에 의하여 행하여진 점에서 무효의 처분에 해당한다.

26

「행정기본법」제17조(부관)에 대한 설명으로 가장 적절하지 않은 것은?

① 행정청은 처분에 재량이 있는 경우에는 부관을 붙일 수 있다.

② 행정청은 처분에 재량이 없는 경우에는 법률에 근거가 있는 경우에 부관을 붙일 수 있다.

③ 행정청은 사정이 변경되어 종전의 부관을 변경하지 아니하면 해당 처분의 목적을 달성할 수 없다고 인정되는 경우에도 법률에 근거가 없다면 종전의 부관을 변경할 수 없다.

④ 부관은 해당 처분의 목적에 위배되지 아니하여야 하며, 그 처분과 실질적인 관련이 있어야 하고 또한 그 처분의 목적을 달성하기 위하여 필요한 최소한의 범위 내에서 붙여야 한다.

27

「공공기관의 정보공개에 관한 법률」에 관한 설명으로 가장 적절한 것은?

① 정보의 공개를 청구하는 자(이하 "청구인"이라 한다)는 해당 정보를 보유하거나 관리하고 있는 공공기관에 정보공개 청구서를 제출하거나 말로써 정보의 공개를 청구할 수 있다.

② 모든 국민은 정보의 공개를 청구할 권리를 가지며, 공공기관이 보유·관리하는 정보는 국민의 알권리 보장 등을 위하여 이 법에서 정하는 바에 따라 적극적으로 공개할 수 있다.

③ 청구인이 정보공개와 관련한 공공기관의 결정에 대하여 불복하는 경우 이의신청 절차를 거치지 않으면 행정심판을 청구할 수 없다.

④ 공공기관은 정보공개 청구를 받으면 그 청구를 받은 날부터 7일 이내에 공개 여부를 결정하여야 한다.

28

경찰의무의 이행(실효성)확보수단에 대한 설명이다. 아래 ⊙부터 ⑰까지의 설명으로 옳고 그름의 표시 (O, X)가 바르게 된 것은?

⊙ 행정의 실효성 확보수단 중 통고처분이나 행정 심판은 형식적 의미의 행정이며 실질적 의미의 사법이다.

ⓒ 경찰강제에는 경찰상 강제집행(대집행·강제징 수·집행벌·즉시강제)과 경찰상 직접강제가 있 는데, 경찰상 강제집행은 의무의 존재 및 그 불 이행을 전제로 한다는 점에서 이를 전제로 하지 아니하고 급박한 경우에 행하여지는 경찰상 직 접강제와 구별된다.

ⓒ 과징금과 가산세는 행정상 강제에 포함되지 아 니하는 독립적인 행정상 금전적 제재처분으로 서, 과징금은 개별 세법이 과세의 적정을 기하 기 위하여 정한 의무의 이행을 확보할 목적으로 그 의무 위반에 대하여 세금의 형태로 가하는 행정상 제재이고, 가산세는 원칙적으로 행정법 상의 의무를 위반한 자에 대하여 당해 위반행 위로 얻게 된 경제적 이익을 박탈하기 위한 목 적으로 부과하는 금전적인 제재이다.

ⓔ 행정청은 의무자가 행정상 의무를 이행할 때까 지 이행강제금을 반복하여 부과할 수 있다. 다 만, 의무자가 의무를 이행하면 새로운 이행강제 금의 부과를 즉시 중지하되, 이미 부과한 이행 강제금은 징수하여서는 안 된다.

⑰ 대집행의 절차는 계고 → 통지 → 비용의 징수 → 실행 순이다.

① ⊙ (X) ⓒ (O) ⓒ (O) ⓔ (O) ⑰ (X)

② ⊙ (O) ⓒ (X) ⓒ (X) ⓔ (X) ⑰ (X)

③ ⊙ (X) ⓒ (O) ⓒ (O) ⓔ (X) ⑰ (O)

④ ⊙ (O) ⓒ (X) ⓒ (X) ⓔ (O) ⑰ (O)

29

「질서위반행위규제법」에 관한 설명으로 가장 적절 한 것은?

① 질서위반행위의 성립과 과태료 처분은 처분 시 의 법률에 따른다. 질서위반행위 후 법률이 변경 되어 그 행위가 질서위반행위에 해당하지 아니하 게 되거나 과태료가 변경되기 전의 법률보다 가 볍게 된 때에는 법률에 특별한 규정이 없는 한 변경된 법률을 적용한다.

② 법률에 따르지 아니하고는 어떤 행위도 질서위반 행위로 과태료를 부과하지 아니한다.

③ 고의 또는 과실이 없는 질서위반행위는 과태료 를 감면한다.

④ 과태료는 행정청의 과태료 부과처분이나 법원 의 과태료 재판이 확정된 후 3년간 징수하지 아 니하거나 집행하지 아니하면 시효로 인하여 소 멸된다.

30

「행정절차법」에 대한 설명으로 옳은 것은?

① 행정절차에 관하여 다른 법률에 특별한 규정이 있는 경우에도 「행정절차법」이 우선한다.

② 행정청은 필요한 처분기준을 해당 처분의 성질 에 비추어 되도록 구체적으로 정하여 공표하여 야 한다. 처분기준을 변경하는 경우에는 적용되 지 않는다.

③ 행정청은 위반사실등의 공표를 하기 전에 당사자 가 공표와 관련된 의무의 이행, 원상회복, 손해 배상 등의 조치를 마친 경우에도 위반사실등의 공표를 반드시 해야 한다.

④ 행정청은 공표된 내용이 사실과 다른 것으로 밝 혀진 경우에도 당사자가 원하지 아니하면 정정한 내용을 공표하지 아니할 수 있다.

31

「행정심판법」상 행정심판에 대한 내용으로 가장 옳지 않은 것은?

① 위원회는 심판청구의 대상이 되는 처분 또는 부작위 외의 사항에 대하여는 재결하지 못한다.

② 임시처분은 집행정지로 목적을 달성할 수 있는 경우에는 허용되지 않는다.

③ 원칙적으로 위원회는 처분, 처분의 집행 또는 절차의 속행 때문에 중대한 손해가 생기는 것을 예방할 필요성이 긴급하다고 인정할 때에는 직권으로 또는 당사자의 신청에 의하여 처분의 효력, 처분의 집행 또는 절차의 속행의 전부 또는 일부의 정지(집행정지)를 결정할 수 있다.

④ 위원회는 심판청구가 이유가 없다고 인정하면 그 심판청구를 기각(棄却)한다.

32

「경찰관 직무집행법」 제5조(위험 발생의 방지 등)에 관한 내용 중 가장 적절한 것은? (다툼이 있는 경우 판례에 의함)

① 위험발생의 방지조치란 경찰관이 사람의 생명 또는 신체에 위해를 끼치거나 재산에 중대한 손해를 끼칠 우려가 있는 천재, 사변, 인공구조물의 파손이나 붕괴, 교통사고, 위험물의 폭발, 위험한 동물 등의 출현, 극도의 혼잡, 그 밖의 위험한 사태가 있을 시 이를 방지하기 위해 취하는 특정조치를 말한다.

② 위험발생의 방지를 위한 조치 중 '매우 긴급한 경우'에 위해를 입을 우려가 있는 사람은 경고의 대상자로 규정되어 있다.

③ 경찰관서의 장은 대간첩 작전의 수행이나 소요 사태의 진압을 위하여 필요하다고 인정되는 상당한 이유가 있을 때에는 대간첩 작전지역이나 경찰관서·무기고 등 다중이용시설에 대한 접근 또는 통행을 제한하거나 금지할 수 있다.

④ 행정대집행법상 적법한 행정대집행을 점유자들이 위력을 행사하여 방해하는 경우, 행정대집행법상의 근거가 없으므로 대집행을 하는 행정청은 경찰의 도움을 받을 수 없다.

33

정보의 수집 등에 대한 설명으로 가장 적절한 것은?

① 「경찰관 직무집행법」상 경찰관은 범죄·재난·공공갈등 등 공공의 안녕과 질서에 대한 위험의 예방과 대응을 위한 정보의 수집·작성·배포와 이에 수반되는 사실의 확인을 할 수 있다.

② ①에 따른 정보의 구체적인 범위와 처리 기준, 정보의 수집·작성·배포에 수반되는 사실의 확인 절차와 한계는 대통령령으로 정한다.

③ 「경찰관의 정보수집 및 처리 등에 관한 규정」상 정보활동과 관련하여 직무와 무관한 공식적 직함을 사용하는 행위를 해서는 안 된다.

④ 「경찰관의 정보수집 및 처리 등에 관한 규정」상 경찰관은 언론·교육·종교·시민사회 단체 등 민간단체, 지방자치단체, 정당의 사무소에 상시적으로 출입해서는 안 되며 정보활동을 위해 필요한 경우에 한정하여 일시적으로만 출입해야 한다고 규정되어 있다.

34

경찰관 직무집행법 제11조의5에서는 '직무수행으로 인한 형의 감면'을 규정하고 있다. 이에 대한 요건과 효과에 대한 설명으로 가장 적절한 것은?

① 형의 감면 대상인 범죄(살인의 죄, 상해와 폭행의 죄, 강간에 관한 범죄, 강도에 관한 범죄 및 이에 대하여 다른 법률에 따라 가중처벌하는 범죄)가 행하여지려고 하거나 행하여지고 있어 타인의 생명·신체에 대한 위해 발생의 우려가 명백하고 긴급한 상황이어야 한다.

② 경찰관의 직무수행으로 인한 효과로서 그 정상을 참작하여 형을 감경하거나 면제하여야 한다.

③ 경찰관이 그 위해를 예방하거나 진압하기 위한 행위 또는 범인의 검거 과정에서 경찰관을 향한 직접적인 유형력 행사에 대응하는 행위를 하여 그로 인하여 타인에게 피해가 발생할 우려가 있는 경우이다.

④ 경찰관의 직무수행이 불가피한 것이고 필요한 최소한의 범위에서 이루어졌으며 해당 경찰관에게 고의 또는 과실이 없어야 한다.

35

「경찰청과 그 소속기관 직제」상 경찰청 생활안전교통국장의 분장사항에 해당하지 않는 것은 모두 몇 개인가?

> ㉠ 자치경찰제도 관련 예산의 편성·조정 및 결산에 관한 사항
> ㉡ 스토킹·성매매 예방 및 피해자 보호에 관한 업무
> ㉢ 치안분야 과학기술 연구개발의 총괄·조정
> ㉣ 경찰 수사 과정에서의 범죄피해자 보호 및 지원에 관한 업무
> ㉤ 도로교통사고의 예방을 위한 홍보·지도 및 단속
> ㉥ 마약류 범죄 및 조직범죄에 관한 수사 지휘·감독

① 1개   ② 2개
③ 3개   ④ 4개

36

「성폭력범죄의 처벌 등에 관한 특례법」에 대한 설명으로 옳은 것은?

① 경찰청장은 각 경찰서장으로 하여금 성폭력범죄 전담 사법경찰관을 지정하도록 하여 특별한 사정이 없으면 이들로 하여금 피의자를 조사하게 하여야 한다.

② 수사기관과 법원은 성폭력범죄의 피해자를 조사하거나 심리·재판할 때 피해자가 편안한 상태에서 진술할 수 있는 환경을 조성하여야 하며, 조사 및 심리·재판 횟수는 필요한 범위에서 최소한으로 하여야 한다.

③ 검사 또는 사법경찰관은 19세미만피해자등의 진술 내용과 조사 과정을 영상녹화장치로 녹화(녹음이 포함된 것을 말하며, 이하 "영상녹화"라 한다)하고, 그 영상녹화물을 보존할 수 있다.

④ 19세미만피해자등의 진술이 영상녹화된 영상녹화물은 같은 조 제4항부터 제6항까지에서 정한 절차와 방식에 따라 영상녹화된 것으로서 증거보전기일, 공판준비기일 또는 공판기일에 그 내용에 대하여 피의자, 피고인 또는 변호인이 피해자를 신문할 수 있었던 경우(증거보전기일에서의 신문의 경우 법원이 피의자나 피고인의 방어권이 보장된 상태에서 피해자에 대한 반대신문이 충분히 이루어졌다고 인정하는 경우로 한정)에 증거로 하여야 한다.

37

마약류에 대한 설명으로 가장 적절한 것은?

① 러미라(덱스트로메트로판)는 강한 중추신경 억제성 진해작용이 있으며, 의존성과 독성이 강한 특징이 있다.

② 사일로시빈은 미국의 텍사스나 멕시코 북부지역에서 자생하는 선인장인 페이요트(Peyote)에서 추출·합성한 향정신성의약품이다.

③ LSD는 곡물의 곰팡이, 보리 맥각에서 발견되어 이를 분리·가공·합성한 것으로 무색무취로써 짠맛이 나는 액체로 주로 미량을 유당·각설탕·과자·빵 등에 첨가시켜 먹거나 우편·종이 등의 표면에 묻혔다가 뜯어서 입에 넣는 방법으로 복용한다.

④ 프로포폴(propofol)은 흔히 수면마취제라고 불리는 정맥마취제로서 수면내시경 등에 사용되나, 환각제 대용으로 오·남용되는 사례가 있어 향정신성의약품으로 지정되어 관리되고 있다.

38

「도로교통법 시행규칙」상 운전면허와 운행할 수 있는 차량으로 짝지어진 것 중 가장 적절하지 않은 것은?

① 제1종 대형면허 : 3톤 미만의 지게차

② 제1종 보통면허 : 적재중량 12톤 미만의 화물자동차

③ 제2종 보통면허 : 승차정원 10명 이하의 승합자동차

④ 제1종 소형면허 : 이륜자동차(운반차 포함)

39

「집회 및 시위에 관한 법률」에 관한 설명으로 가장 적절한 것은?

① "주관자"란 자기 이름으로 자기 책임 아래 집회나 시위를 여는 사람이나 단체를 말한다. 주관자는 주최자를 따로 두어 집회 또는 시위의 실행을 맡아 관리하도록 위임할 수 있다.

② 옥외집회나 시위를 주최하려는 자는 그에 관한 신고서를 옥외집회나 시위를 시작하기 720시간 전부터 48시간 전에 관할 경찰서장에게 제출하여야 한다. 다만, 옥외집회 또는 시위 장소가 두 곳 이상의 경찰서의 관할에 속하는 경우에는 관할 시·도경찰청장에게 제출하여야 하고, 두 곳 이상의 시·도경찰청 관할에 속하는 경우에는 경찰청장에게 제출하여야 한다.

③ 관할경찰관서장은 신고서의 기재 사항에 미비한 점을 발견하면 접수증을 교부한 때부터 24시간 이내에 주최자에게 12시간을 기한으로 그 기재 사항을 보완할 것을 통고할 수 있다. 보완 통고는 보완할 사항을 분명히 밝혀 서면으로 주최자 또는 연락책임자에게 송달할 수 있다.

④ 옥외집회 및 시위의 신고를 받은 관할 경찰관서장은 집회 및 시위의 보호와 공공의 질서유지를 위하여 필요하다고 인정하면 최소한의 범위를 정하여 질서유지선을 설정할 수 있다.

40

「출입국관리법」상 규정된 '상륙의 종류'와 '내용'에 대한 설명으로 타당하지 않은 것은? (단, 기간연장은 없음)

① 지방출입국·외국인관서의 장은 선박등에 타고 있는 외국인이 「난민법」 제2조 제1호에 규정된 이유나 그 밖에 이에 준하는 이유로 그 생명·신체 또는 신체의 자유를 침해받을 공포가 있는 영역에서 도피하여 곧바로 대한민국에 비호(庇護)를 신청하는 경우 그 외국인을 상륙시킬 만한 상당한 이유가 있다고 인정되면 법무부장관의 승인을 받아 90일의 범위에서 난민 임시상륙허가를 할 수 있다. 이 경우 법무부장관은 외교부장관과 협의하여야 한다.

② 출입국관리공무원은 선박등에 타고 있는 외국인(승무원을 포함한다)이 질병이나 그 밖의 사고로 긴급히 상륙할 필요가 있다고 인정되면 그 선박등의 장이나 운수업자의 신청을 받아 30일의 범위에서 긴급상륙을 허가할 수 있다.

③ 지방출입국·외국인관서의 장은 조난을 당한 선박등에 타고 있는 외국인(승무원을 포함)을 긴급히 구조할 필요가 있다고 인정하면 그 선박등의 장, 운수업자, 「수상에서의 수색·구조 등에 관한 법률」에 따른 구호업무 집행자 또는 그 외국인을 구조한 선박등의 장의 신청에 의하여 30일의 범위에서 재난상륙허가를 할 수 있다.

④ 출입국관리공무원은 승선 중인 선박등이 대한민국의 출입국항에 정박하고 있는 동안 휴양 등의 목적으로 상륙하려는 외국인승무원에 대하여 선박등의 장 또는 운수업자나 본인이 신청하면 3일의 범위에서 승무원의 상륙을 허가할 수 있다.

01

경찰개념에 관한 설명으로 가장 적절한 것은?

① 경찰이라는 용어는 그리스 politeia와 라틴어의 politia에서 유래하였으며, 고내에서의 경찰개념은 도시국가의 국가작용 가운데 정치를 제외한 일체의 영역을 의미했다.

② 14세기 프랑스 경찰권이론은 공동체의 원만한 질서를 보호하기 위해 군주가 결투와 같은 자구행위를 금지할 권리는 인정했지만, 이를 위한 강제조치를 경찰권에 근거하지 않고 종교적 권위에 기반하여 행사하였다.

③ 15세기 말 독일의 경찰개념은 군사·외교·재정·사법을 제외한 내무행정에 한정되었으며, 질서유지를 포함한 국가행정 전반을 의미하였다.

④ 18세기 법치국가시대에는 계몽철학, 영국의 명예혁명, 미국의 독립, 프랑스 대혁명의 영향으로 경찰분야에서 적극적인 복지경찰분야가 제외되고 소극적인 위험방지분야에 한정되기에 이르렀다.

02

다음 중 경찰의 분류에 대한 설명으로 가장 적절하지 않은 것은?

① 질서경찰과 봉사경찰은 경찰서비스의 질과 내용에 따라 구분하며, 「경범죄 처벌법」 위반자에 대한 통고처분은 질서경찰의 영역에, 교통정보의 제공은 봉사경찰의 영역에 해당한다.

② 예방경찰과 진압경찰은 경찰권 발동시점에 따라 구분한 것으로, '위해를 주는 정신착란자 보호'와 '사람을 공격하는 동물 사살'은 진압경찰에 해당한다.

③ 행정경찰과 사법경찰은 목적 또는 3권분립 사상에 따라 구분한 것으로, 행정경찰은 실질적 의미의 경찰에 해당하고, 사법경찰은 형식적 의미의 경찰에 해당한다고 할 수 있다. 따라서 행정경찰은 주로 과거의 상황에 대하여 발동되는 반면, 사법경찰은 주로 현재 또는 장래의 상황에 대하여 발동하게 된다.

④ 평시경찰과 비상경찰은 위해의 정도와 담당기관에 따라 구분하며, 평시경찰은 평온한 상태하에서 일반경찰법규에 의하여 보통 경찰기관이 행하는 경찰작용이고 비상경찰은 비상사태발생이나 계엄선포시 군대가 일반치안을 담당하는 경우이다.

03

경찰의 활동과 관할에 대한 설명이다. 이에 관한 가.부터 마.까지의 설명 중 옳고 그름의 표시(O, X)가 모두 바르게 된 것은?

> 가. 국회의장의 국회경호권, 법원의 법정경찰권은 사회공공의 안녕과 질서를 유지하기 위하여 일반통치권에 근거하여 국민에게 명령·강제하는 권한을 의미하므로 협의의 경찰작용에 해당한다.
>
> 나. 화재나 전(감)염병의 발생 등과 같이 경찰상의 상태책임과 관련하여 긴급을 요하는 경우 외교사절의 동의 없이도 외교공관에 들어갈 수 있다는 것이 국제법상 규정이다.
>
> 다. 재판장은 법정에서의 질서유지를 위하여 필요하다고 인정할 때에는 개정 전에 한하여 관할 경찰서장에게 경찰공무원의 파견을 요구할 수 있으며, 파견된 경찰공무원은 법정 내외의 질서유지에 관하여 재판장의 지휘를 받는다.
>
> 라. 헌법상 대통령은 내란 또는 외환의 죄를 범한 경우를 제외하고는 재직 중 형사상의 소추를 받지 아니하며, 외교공관과 외교관의 개인주택은 불가침의 대상이다.
>
> 마. 「영사관계에 관한 비엔나협약」에 따르면 영사관원과 영사신서사는 어떠한 형태로도 체포 또는 구속되지 아니한다.

① 가. (O) 나. (O) 다. (X) 라. (X) 마. (O)
② 가. (X) 나. (X) 다. (X) 라. (O) 마. (X)
③ 가. (X) 나. (X) 다. (O) 라. (O) 마. (O)
④ 가. (X) 나. (X) 다. (X) 라. (X) 마. (X)

04

경찰활동의 기본이념에 대한 설명으로 옳지 않은 것은?

① 국가경찰위원회, 시·도자치경찰위원회 등 국민의 경찰에 대한 민주적 통제와 참여장치를 마련하였다.

② 경찰이념 중 수사경찰이 피의자 등을 대면하는 과정에서 가장 요구된다고 볼 수 있는 것은 법치주의이다.

③ 경찰작용은 그 침익적 성격으로 인해 법치주의의 엄격한 적용을 받지만, 순수한 임의적(비권력적) 활동의 경우라면 개별적 수권규정이 없이도 가능하다. 단, 이 경우에도 조직법적 근거는 있어야 하므로 직무 범위 내에서 행해져야 한다.

④ 경찰공무원에게 정치운동금지 의무, 정치관여 금지의무를 부과한다.

05

상황적 범죄예방이론에 대한 설명으로 가장 적절하지 않은 것은?

① 코헨과 펠슨이 주장한 일상활동이론은 시간과 공간적 변동에 따른 범죄발생 양상·범죄기회·범죄조건 등에 대한 구체적이고 미시적인 분석을 토대로 구체적인 상황에 맞는 범죄예방활동을 하고자 하였다.

② 상황적 범죄예방이론은 합리적 선택이론, 일상활동이론, 범죄패턴 이론에 근거하여 범죄행위에 대한 위험과 어려움을 높여 범죄기회를 줄이고 범죄행위의 이익을 감소시켜 범죄를 예방하려는 이론이다.

③ 상황적 범죄예방이론은 개인의 범죄성에 초점을 맞춘 이론으로서 범죄성향이 높은 개인들에게 범죄 예방 역량을 집중할 것을 주장한다.

④ 한 주차장에서 차량 도난 방지를 위해 보안요원을 배치하고 조명을 강화한 결과, 해당 주차장의 차량 도난 사건은 줄었지만, 인근 주차장의 차량 도난 사건이 증가한 현상을 범죄의 전이효과(crime displacement effect)라고 한다.

06

다음은 범죄예방과 원인론에 대한 설명이다. 보기의 내용과 올바르게 연결된 것은?

㉠ 지역사회 주민들이 상가 주변의 방범 활동에 자발적으로 참여하면서, 공동체 전체의 안전을 확보하려는 노력을 강조하였다.

㉡ 관악 경찰서는 청소년들이 비행 행위에 빠지지 않도록, 유명 연예인의 과도한 음주와 흡연 장면을 담은 영상물이 미치는 영향을 설명하며 교육을 진행하였다.

㉢ 영등포 경찰서는 관내 차량 절도 사건이 급증하자 차량 소유자들에게 차량 내부에 추적 장치를 설치하도록 안내하고, 해당 장치를 지원해주는 캠페인을 진행하였다.

㉣ 길거리의 낙서, 쓰레기 투기, 경범죄 등을 철저히 단속하며, 더 큰 범죄로 이어질 가능성을 줄이기 위해 사소한 무질서에도 강력히 대응하는 경찰활동을 시행하였다.

	㉠	㉡	㉢	㉣
①	상황적 범죄예방 이론	집합효율성 이론	무관용 경찰활동	차별적 동일시 이론
②	무관용 경찰활동	집합효율성 이론	차별적 동일시 이론	상황적 범죄예방 이론
③	집합효율성 이론	상황적 범죄예방 이론	차별적 동일시 이론	무관용 경찰활동
④	집합효율성 이론	차별적 동일시 이론	상황적 범죄예방 이론	무관용 경찰활동

07

경찰활동 전략별 주요 내용에 대한 설명으로 가장 적절하지 않은 것은?

① 지역사회 경찰활동 내용으로 지역중심 경찰활동, 이웃지향적 경찰활동, 문제지향적 경찰활동, 정보기반 경찰활동 등이 있다.

② 지역중심 경찰활동과 문제지향적 경찰활동(problem-oriented policing)은 병행되어 실시될 때 효과성이 제고된다.

③ 무관용 경찰활동(zero tolerance policing)은 지역사회 문제해결을 위해 SARA모형이 강조되는데, 이 모형은 조사(Scanning) – 분석(Analysis) – 대응(Response) – 평가(Assessment)로 진행된다.

④ 지역중심 경찰활동(community-oriented policing)은 경찰이 지역사회 구성원과 함께 지역이 당면한 문제를 확인하고 우선순위를 정하여 해결하고자 노력하는 것을 의미한다.

08

장자크 루소(Jean Jacques Rousseau)가 주장한 사회계약론의 내용으로 가장 적절한 것은?

① 공동체의 구성원 전체가 개별적인 의지를 초월하는 일반의지에 따를 것을 약속함으로써 국가가 아닌 정부가 탄생하였으며, 일반의지의 표현이 법이고 일반의지의 행사가 주권이 된다.

② 자연권의 일부를 국가에 양도한다는 일부양도설을 주장하였다.

③ 공동체 구성원은 사회계약을 통해서 자연적 자유대신에 사회적 자유를 얻게 된다.

④ 시민들이 기본권을 보호받기 위해 계약을 통해 정부를 구성했으므로 국가가 시민의 기본권을 침해하는 경우 시민은 저항하고 나아가 그 정부를 해산할 수 있는 권리가 있다.

09

경찰의 부패원인가설에 대한 설명이 가장 적절하게 연결된 것은?

㉠ 전체사회가설	㉡ 썩은 사과가설
㉢ 구조원인가설	㉣ 윤리적냉소주의 가설

ⓐ 경찰에 대한 외부통제 기능을 수행하는 정치권력, 대중매체, 시민단체의 부패는 경찰의 냉소주의를 부채질하고 부패의 전염효과를 가져온다고 함

ⓑ 부패가 구조화된 조직에서는 '법규와 현실의 괴리현상'이 발생한다.

ⓒ 시민사회의 부패가 경찰부패의 주원인이라고 보는 입장

ⓓ 일부 부패할 가능성이 있는 경찰을 모집단계에서 배제하지 못하여 이들이 조직에 흡수되어 전체가 부패할 가능성이 있다는 이론

① ㉠ – ⓒ 　　② ㉡ – ⓐ
③ ㉢ – ⓓ 　　④ ㉣ – ⓑ

10

경찰윤리강령에 대한 설명 중 옳고 그름의 표시(O, X)가 바르게 된 것은?

가. 경찰윤리헌장(1966년) → 새경찰신조(1991년) → 경찰헌장(1998년) → 경찰서비스헌장(2020년) 순으로 제정되었다.

나. 경찰윤리강령은 지나친 강제와 제재로 인한 냉소주의 조장, 최소주의의 위험, 우선순위 미결정 등의 문제점이 있다.

다. 경찰헌장에서는 '우리는 국민의 신뢰를 바탕으로 오직 양심에 따라 법을 집행하는 의로운 경찰'이라고 제시하고 있다.

라. 경찰윤리강령은 대외적으로는 서비스 수준의 보장, 국민과의 신뢰관계 형성, 조직구성원의 자질통제 기준, 과도한 요구에 대한 책임 제한 등과 같은 기능을 하며, 대내적으로는 경찰공무원 개인적 기준 설정, 경찰조직의 기준 제시, 경찰조직에 대한 소속감 고취, 경찰조직구성원에 대한 교육자료 제공 등의 기능을 한다.

① 가.(O) 나.(X) 다.(X) 라.(X)
② 가.(O) 나.(X) 다.(O) 라.(O)
③ 가.(O) 나.(O) 다.(X) 라.(O)
④ 가.(X) 나.(X) 다.(X) 라.(X)

11

「부정청탁 및 금품 등 수수의 금지에 관한 법률(시행령 포함)」에 대한 설명 중 옳고 그름의 표시(O, X)가 바르게 된 것은? (원활한 직무수행, 사교, 의례, 부조 등의 목적이 충족되는 경우임)

㉠ 이 법의 위반행위가 발생하였거나 발생하고 있다는 사실을 알게 된 경우에는 이해관계인만 수사기관에 신고할 수 있다.

㉡ 공직자등이 제3자를 위하여 다른 공직자등(제11조에 따라 준용되는 공무수행사인을 포함한다)에게 수사·재판·심판·결정·조정·중재·화해 또는 이에 준하는 업무를 법령을 위반하여 처리하도록 부정청탁한 경우 2천만원 이하의 과태료를 부과한다.

㉢ 경조사비는 5만원 이하이지만, 화환이나 조화를 같이 보낼 경우 합산하여 10만원까지 가능하므로, 축의금 7만원과 화환 3만원짜리를 같이 보낼 경우 10만원 범위 내이므로 법위반이 아니다.

㉣ 음식물은 5만원까지 가능하므로 직무관련자가 식당에 미리 결제를 해 두고 공직자에게 연락하여 해당 식당에서 5만원 이하의 식사를 하게 하는 경우 가액범위 내이므로 법위반이 아니다.

① ㉠ (X) ㉡ (X) ㉢ (X) ㉣ (X)
② ㉠ (X) ㉡ (O) ㉢ (X) ㉣ (X)
③ ㉠ (X) ㉡ (O) ㉢ (O) ㉣ (O)
④ ㉠ (O) ㉡ (O) ㉢ (X) ㉣ (O)

12

다음 중 소극행정 내용으로 옳지 않은 것은?

① 소극행정이란 공무원이 부작위 또는 직무태만 등 소극적 업무행태로 국민의 권익을 침해하거나 국가재정상 손실을 발생하게 하는 행위를 의미한다.

② 여기에서 부작위는 공무원이 짧은 기간에 이행해야 할 직무상 의무가 있는데도 이를 이행하지 아니하는 것을 의미한다.

③ 직무태만은 통상적으로 요구되는 정도의 노력이나 주의의무를 기울이지 않고, 업무를 부실·부당하게 처리하는 것을 의미한다.

④ 기타 관 중심행정은 직무권한을 이용하여 부당하게 업무를 처리하거나, 국민 편익을 위해서가 아닌 자신과 소속 기관의 이익을 위해 자의적으로 처리하는 행태를 말한다.

13

다음 자랑스러운 경찰의 표상에 대한 서술에서 그 연결이 바르게 된 것은?

> ㉠ 1998년 5월 강도강간 신고출동 현장에서 피의자로부터 좌측 흉부를 칼로 피습당한 가운데에서도 끝까지 격투를 벌여 범인 검거 후 순직하였다.
>
> ㉡ 1968년 무장공비 침투사건(1·21사태) 당시 종로경찰서 자하문검문소에서 무장공비를 온몸으로 막아내고 순국함으로써 청와대를 사수하고 대한민국을 위기에서 건져 올린 호국경찰의 표상
>
> ㉢ 남부군 사령관 이현상을 사살하는 등 빨치산 토벌의 주역이며, 구례 화엄사 등 문화재를 수호한 인물로 '보관문화훈장'을 수여받은 호국경찰 영웅이자 인본경찰의 표상
>
> ㉣ 5·18 광주 민주화운동 당시 전남도경국장으로서 비례의 원칙에 입각한 경찰권 행사 및 시위대 인권보호를 강조

① ㉠ 이준규 ㉡ 최규식 ㉢ 안병하 ㉣ 차일혁

② ㉠ 김학재 ㉡ 최규식 ㉢ 차일혁 ㉣ 안병하

③ ㉠ 이준규 ㉡ 차일혁 ㉢ 최규식 ㉣ 안병하

④ ㉠ 김학재 ㉡ 차일혁 ㉢ 안병하 ㉣ 최규식

14

프랑스 경찰개념의 발달과정에 대한 설명으로 가장 적절하지 않은 것은?

① 11세기경 프랑스에서는 법원과 경찰기능을 가진 프레보(Prévôt)가 파리에 도입되었고, 프레보는 왕이 임명하였다.

② 제2의 국가경찰인 군인경찰은 2002년에 소속은 국방부, 지휘권은 내무부장관이었으나, 2009년 부터 소속이 내무부로 이관되어 신분은 군인이나 지휘감독권은 내무부장관이 한다.

③ 14세기 프랑스 경찰권 개념은 라 폴리스(La Police)라는 단어에 의해 대표되었는데, 이 단어의 뜻은 초기에는 '공동체의 질서 있는 상태'를 의미했다가 나중에는 '국가목적 또는 국가작용'을 의미하였다.

④ 프랑스는 국립경찰과 자치체경찰의 업무가 명확히 구분되어 있다.

15

다음에 설명하는 내용을 볼 때, 경찰조직에 필요한 조직편성의 원리로 가장 적절한 것은?

> 경찰의 경우 다양한 범죄유형에 효과적으로 대응하기 위해 업무를 세분화하고 구성원 각자에게 주어진 역할과 책임을 명확히 구분하여 부여한다. 예를 들어, 수사경찰은 범죄수사를 전담하고, 교통경찰은 교통사고 처리 및 교통관리를 담당하며, 경비경찰은 대규모 집회 및 행사 관리를 맡는다. 이러한 업무의 구분은 전문성을 높이고 업무 효율성을 극대화하는 데 기여한다.

① 계층제의 원리
② 통솔범위의 원리
③ 명령통일의 원리
④ 분업의 원리

16

동기부여이론에 관한 설명 중 가장 적절하지 않은 것은?

① 매슬로우(A.H. Maslow)의 욕구단계이론은 인간의 욕구를 다섯 가지로 구분하고 하위 욕구를 어느정도 충족해야 상위욕구를 추구하게 된다고 주장한다.

② 맥그리거(D. McGregor)의 Y이론은 근로자들의 자율행동과 자기규제를 중시한다.

③ 아담스(J.S. Adams)의 형평성(공정성)이론은 개인이 지각하는 산출-투입비율이 타인의 산출-투입비율과 대등하면 동기가 유발되지 않는다고 주장한다.

④ 브룸(V.H. Vroom)의 V.I.E. 기대이론은 기대감, 수단성, 유의성과 함께 만족감을 동기부여의 주요요인으로 본다.

17

다음은 경찰 예산의 과정을 순서 없이 나열한 것이다. 과정의 순서를 가장 바르게 나열한 것은?

> ㉠ 경찰청장은 다음 연도의 세입세출예산·계속비·명시이월비 및 국고채무부담행위 요구서를 작성하여 기획재정부장관에게 제출하여야 한다.
>
> ㉡ 기획재정부장관은 대통령의 승인을 받은 국가결산보고서를 감사원에 제출하여야 한다.
>
> ㉢ 정부는 국가결산보고서를 국회에 제출하여야 한다.
>
> ㉣ 경찰청장은 예산배정 요구서를 기획재정부장관에게 제출하여야 한다.
>
> ㉤ 기획재정부장관은 국무회의 심의를 거쳐 대통령의 승인을 얻은 다음 연도의 예산편성지침을 경찰청장에게 통보한다.

① ㉤-㉠-㉣-㉢-㉡
② ㉠-㉤-㉣-㉢-㉡
③ ㉤-㉠-㉣-㉡-㉢
④ ㉣-㉤-㉠-㉡-㉢

18

「경찰장비관리규칙」상 경찰기관의 장은 무기를 휴대한 자 중에서 다음 각 호에 해당하는 자가 있을 때에는 대여한 무기·탄약을 무기고에 보관하도록 해야한다. 이에 해당하는 것은 모두 몇 개인가?

> ㉠ 직무상의 비위 등으로 인하여 감찰조사의 대상이 되거나 경징계의결 요구 또는 경징계 처분 중인 자
> ㉡ 사의를 표명한 자
> ㉢ 정서적 불안 상태로 인하여 무기 소지가 적합하지 않은 자로서 소속 부서장의 요청이 있는 자
> ㉣ 직무상의 비위 등으로 인하여 중징계 의결 요구된 자
> ㉤ 술자리 또는 연회장소에 출입할 경우
> ㉥ 상사의 사무실을 출입할 경우

① 1개 ② 2개
③ 3개 ④ 4개

19

「언론중재 및 피해구제 등에 관한 법률」상 정정보도 청구의 요건에 관한 설명으로 가장 옳은 것은? (다툼이 있으면 판례에 의함)

① 사실적 주장에 관한 언론보도등이 진실하지 않아 피해를 입은 자는 해당 언론보도가 있음을 안 날부터 6개월 이내 언론사에게 그 언론보도 등의 내용에 관한 정정보도를 청구할 수 있다.
② 언론사등의 고의·과실이나 위법성을 필요로 한다.
③ 「민사소송법」상 당사자능력이 없는 기관 또는 단체라도 하나의 생활단위를 구성하고 보도 내용과 직접적인 이해관계가 있을 때에는 그 대표자가 정정보도를 청구할 수 있다.
④ 사실적 주장에 관한 언론보도 등의 내용에 관한 정정보도를 청구하는 언론사는 그 언론보도 등이 진실하지 아니하다는데 대한 증명책임을 부담한다.

20

정책결정 모델에 대한 설명으로 가장 적절하지 않은 것은?

① 점증 모델(Incremental model)은 기존 정책을 토대로 하여 그보다 약간 수정된 정책을 추구하는 방식으로 결정하며, 경제적 합리성보다는 정치적 합리성을 중시한다.
② 사이버네틱스모델은 설정된 목표를 달성하기 위해 정보분석과 환류과정을 통해 자신의 행동을 스스로 조정해 나간다고 가정하는 모델이다.
③ 혼합탐사 모델(Mixed scanning model)은 점증 모델(Incremental model)의 단점을 합리 모델(Rational model)과의 통합을 통해서 보완하기 위해 주장된 것이다. 정책결정을 근본적 결정과 세부적 결정으로 나누고, 합리적 결정과 점증적 결정을 적절하게 혼합하여 의사결정을 한다.
④ 최적 모델(Optimal model)은 정책결정자가 이성과 고도의 합리성에 따라 행동하고 결정한다고 보며 목표나 가치가 명확하고 고정되어 있다는 가정 아래 목표달성의 극대화를 위해 합리적 대안을 탐색과 선택을 추구하는 모델이다.

21

법규명령과 행정규칙에 대한 설명으로 가장 옳은 것은? (판례에 의함)

① 법령의 규정이 특정 행정기관에게 법령 내용의 구체적 사항을 정할 수 있는 권한을 부여하면서 권한행사의 절차나 방법을 특정하지 아니한 경우에는 수임행정기관은 행정규칙이나 규정형식으로 법령 내용이 될 사항을 구체적으로 정할 수 있다.

② 행정입법이란 행정부가 제정하는 법을 의미하며, 행정조직 내부의 사무처리기준에 관한 법규명령과 국민을 구속하는 효력이 있는 행정규칙으로 구분된다.

③ 법규명령의 제정에는 헌법·법률 또는 상위명령의 근거가 필요하지 않아 독자적인 행정입법 작용이 허용된다.

④ 일반적으로 법률의 위임에 따라 효력을 갖는 법규명령의 경우, 위임의 근거가 없어 무효였다고 하더라도 나중에 법률 개정을 통해 위임의 근거가 부여되었다면 소급하여 유효한 법규명령으로 볼 수 있다.

22

「국가경찰과 자치경찰의 조직 및 운영에 관한 법률」 제10조에서 규정하고 있는 국가경찰위원회의 심의·의결 사항에 대한 설명으로 옳지 않은 것은?

① 국가경찰사무에 관한 인사, 예산, 장비, 통신 등에 관한 주요정책 및 경찰 업무 발전에 관한 사항

② 국가경찰사무 관련하여 다른 국가기관으로부터의 업무협조 요청에 관한 사항

③ 비상사태 등 전국적 치안유지를 위한 경찰청장의 지휘·명령에 관한 사항

④ 행정안전부장관 및 경찰청장이 중요하다고 인정하여 국가경찰위원회의 회의에 부친 사항

23

「경찰청과 그 소속기관 직제(대통령령)」 및 「경찰청과 그 소속기관 조직 및 정원관리 규칙(경찰청 훈령)」의 내용으로 옳지 않은 것은?

① 경찰청장의 관장사무를 지원하기 위하여 경찰청장 소속으로 경찰대학·경찰인재개발원·중앙경찰학교 및 경찰수사연수원을 두며, 「책임운영기관의 설치·운영에 관한 법률」에 따라 경찰청장 소속의 책임운영기관으로 경찰병원을 둔다.

② 시·도경찰청장은 경찰서장의 소관사무를 분장하기 위하여 대통령령으로 정하는 바에 따라 경찰청장의 승인을 받아 지구대 또는 파출소를 둘 수 있으며, 임시로 필요한 경우에는 출장소를 둘 수 있다.

③ 지구대·파출소 및 출장소의 명칭·위치 및 관할구역과 그 밖에 필요한 사항은 시·도경찰청장이 정한다.

④ 경찰청과 그 소속기관 조직 및 정원관리 규칙상 지구대장은 경정 또는 경감, 파출소장은 경정·경감 또는 경위로 하고, 출장소장은 경위 또는 경사로 한다.

24

다음 중 「공직자윤리법」에 대한 설명으로 가장 옳지 않은 것은?

① 「공직자윤리법」에서는 총경 이상의 경찰공무원을 재산등록의무자로 규정하고 있고, 「동법 시행령」에서는 경찰공무원 중 경정, 경감, 경위, 경사와 자치경찰공무원 중 자치경정, 자치경감, 자치경위, 자치경사를 재산등록의무자로 규정하고 있다.

② 공직자윤리법은 공무원의 청렴의무의 제도적 확보를 위하여 일정한 공직자의 재산등록의무(제3조), 재산공개의무(제10조), 퇴직공직자의 취업제한(제17조), 선물신고의무(동법 시행령 제28조), 이해충돌 방지 의무(제2조의2) 등을 규정하고 있다.

③ 등록의무자는 본인의 직계존속·직계비속·혼인한 직계비속인 여성과 외증조부모, 외조부모, 외손자녀 및 외증손자녀를 포함한다.

④ 소유자별 합계액 1천만원 이상의 현금(수표를 포함한다), 예금, 품목당 500만원 이상의 보석류는 등록재산에 해당한다.

25

경찰비례의 원칙에 대한 설명으로 가장 적절하지 않은 것은?

① 행정영역에서 적용되는 원칙으로서, 일반적 수권조항에 근거하여 경찰권을 발동하는 경우는 물론, 개별적 수권조항에 근거하여 경찰권을 발동하는 경우에도 적용된다.

② 경찰행정관청의 특정행위가 공적 목적 달성을 위해 적합하고, 국민에게 가장 피해가 적으며, 달성되는 공익이 침해되는 사익보다 더 커야 적법한 행정작용이 될 수 있다.

③ 상당성의 원칙(최소침해의 원칙)은 경찰기관의 어떤 조치가 경찰목적 달성을 위해 필요한 경우라고 하여도 그 조치에 따른 불이익이 그 조치로 인해 발생하는 이익보다 큰 경우에는 경찰권을 발동해서는 안된다는 원칙이다.

④ 경찰비례의 원칙은 「헌법」 제37조 제2항, 「행정기본법」 제10조, 「경찰관 직무집행법」 제1조 제2항에 명문으로 규정되어 있다.

26

다음은 행정행위의 효력에 관한 내용으로 옳게 설명한 것은 모두 몇 개 인가? (다툼이 있는 경우 판례에 의함)

> ㉠ 행정행위가 성립요건·효력요건을 구비하면 효과의사의 내용에 따라(법률행위적 행정행위), 법이 정하는 바에 따라(준법률적 행정행위) 일정한 효과를 발생하여 행정청·상대방·관계인을 구속하는데, 이를 강제력이라 한다.
>
> ㉡ 행정행위가 중대·명백한 하자로 당연무효가 아닌 한 그것이 권한 있는 기관에 의하여 취소되기까지는 상대방과 행정청 및 제3자에 대하여 유효한 것으로 통용되는 힘을 공정력이라 한다.
>
> ㉢ 연령미달의 결격자 甲이 타인(자신의 형)의 이름으로 운전면허 시험에 응시, 합격하여 교부받은 운전면허 라하더라도 당연무효는 아니고, 당해 면허가 취소되지 않는 한 유효하므로, 甲의 운전행위는 무면허운전죄에 해당하지 않는다.
>
> ㉣ 제소기간이 이미 도과하여 불가쟁력이 생긴 행정처분에 대하여는 개별 법규에서 그 변경을 요구할 신청권을 규정하고 있거나 관계 법령의 해석상 그러한 신청권이 인정될 수 있는 등 특별한 사정이 없는 한 국민에게 그 행정처분의 변경을 구할 신청권이 있다고 할 수 없다.

① 0개   ② 1개
③ 2개   ④ 3개

27

「행정기본법」상 법 적용의 기준에 관한 내용이다. ( )에 들어갈 것으로 옳은 것은?

> • 당사자의 (㉠)에 따른 처분은 법령등에 특별한 규정이 있거나 (㉡) 당시의 법령등을 적용하기 곤란한 특별한 사정이 있는 경우를 제외하고는 (㉡) 당시의 법령등에 따른다.
>
> • 법령등을 위반한 행위의 성립과 이에 대한 제재처분은 법령등에 특별한 규정이 있는 경우를 제외하고는 (㉢) 당시의 법령등에 따른다. 다만, 법령등을 위반한 행위 후 법령등의 변경에 의하여 그 행위가 법령등을 위반한 행위에 해당하지 아니하거나 제재처분 기준이 가벼워진 경우로서 해당 법령등에 특별한 규정이 없는 경우에는 (㉣) 법령등을 적용한다.

	㉠	㉡	㉢	㉣
①	처분	신청	제재처분	변경된
②	신청	신청	법령등을 위반한 행위	신청시
③	처분	처분	판결	신청시
④	신청	처분	법령등을 위반한 행위	변경된

28

「공공기관의 정보공개에 관한 법률」에 대한 설명이다. 아래 ㉠부터 ㉤까지 설명 중 옳고 그름의 표시 (O, X)가 바르게 된 것은?

㉠ 모든 국민은 정보의 공개를 청구할 권리를 가지며, 외국인의 정보공개 청구에 관하여는 대통령령으로 정한다.

㉡ 공공기관은 「공공기관의 정보공개에 관한 법률」 제11조에 따라 정보의 공개 결정을 한 경우에는, 청구인이 사본 또는 복제물의 교부를 원하는 경우에는 이를 교부하여야 한다.

㉢ 공공기관은 부득이한 사유로 「공공기관의 정보공개에 관한 법률」 제11조 제1항에 따른 기간 이내에 공개 여부를 결정할 수 없을 때에는 그 기간이 끝난 날의 다음 날부터 기산하여 10일의 범위에서 공개 여부 결정기간을 연장할 수 있다. 이 경우 공공기관은 연장된 사실과 연장 사유를 청구인에게 지체 없이 문서로 통지하여야 한다.

㉣ 정보의 공개 및 우송 등에 드는 비용은 실비의 범위에서 행정청이 부담한다.

㉤ 경찰기관이 보유·관리하는 경찰의 보안관찰 관련 통계자료는 정보공개청구대상이 되며, 비공개 정보대상인 폭력단체 현황자료 정보는 공개하지 아니할 수 있다.

① ㉠ (X) ㉡ (O) ㉢ (X) ㉣ (O) ㉤ (X)
② ㉠ (O) ㉡ (O) ㉢ (X) ㉣ (X) ㉤ (O)
③ ㉠ (O) ㉡ (X) ㉢ (O) ㉣ (O) ㉤ (O)
④ ㉠ (O) ㉡ (O) ㉢ (O) ㉣ (X) ㉤ (X)

29

「행정절차법」 제8조에 따른 행정응원에 관한 설명으로 가장 적절하지 않은 것은?

① 행정청은 다른 행정청의 응원을 받아 처리하는 것이 보다 능률적이고 경제적인 경우 다른 행정청에 행정응원을 요청할 수 있다.

② 행정응원을 요청받은 행정청은 행정응원으로 인하여 고유의 직무 수행이 현저히 지장받을 것으로 인정되는 명백한 이유가 있는 경우에는 응원을 거부할 수 있다.

③ 행정응원을 위하여 파견된 직원은 응원을 요청한 행정청의 지휘·감독을 받는다.

④ 행정응원에 드는 비용은 응원을 하는 행정청이 부담한다.

30

「국가배상법」상 국가배상에 관한 설명 중 가장 적절한 것은? (다툼이 있는 경우 판례에 의함)

① 군인·군무원·경찰공무원 또는 예비군대원이 전투·훈련 등 직무 집행과 관련하여 전사·순직하거나 공상을 입은 경우에 본인이나 그 유족이 다른 법령에 따라 재해보상금·유족연금·상이연금 등의 보상을 지급받을 수 있을 때에는 「국가배상법」 및 「민법」에 따른 손해배상을 청구할 수 없고, 그 유족도 자신의 정신적 고통에 대한 위자료를 청구할 수 없다.

② 국가배상법 제2조 소정의 '공무원'이라 함은 국가공무원법이나 지방공무원법에 의하여 공무원으로서의 신분을 가진 자에 국한한다.

③ 국민의 생명·신체·재산 등을 보호하는 것을 본래의 사명으로 하는 국가는 형식적 의미의 법령에 근거가 없다면 경찰공무원에 대하여 위험을 배제할 작위의무를 인정할 수 없으므로, 경찰공무원의 부작위를 이유로 국가배상책임을 인정할 수 없다.

④ 국가공무원이 고의 또는 과실로 직무상 의무를 위반하였을 경우라고 하더라도 국가는 그러한 직무상의 의무 위반과 피해자가 입은 손해 사이에 상당인과관계가 인정되는 범위 내에서만 배상책임을 지는 것이고, 이 경우 상당인과관계가 인정되기 위하여는 공무원에게 부과된 직무상 의무의 내용이 단순히 공공 일반의 이익을 위한 것이거나 행정기관 내부의 질서를 규율하기 위한 것이 아니고 전적으로 또는 부수적으로 사회구성원 개인의 안전과 이익을 보호하기 위하여 설정된 것이어야 한다.

31

현행 우리나라 「행정심판법」과 「행정소송법」에 관한 설명으로 가장 적절하지 않은 것은?

① 「행정소송법」은 행정소송을 항고소송, 당사자소송, 민중소송, 기관소송으로 구분하고 있다.

② 「행정소송법」은 법원은 필요하다고 인정할 때에는 직권으로 증거조사를 할 수 있고, 당사자가 주장하지 아니한 사실에 대하여도 판단할 수 있다.

③ 「행정심판법」은 행정심판의 종류로 취소심판, 무효등확인심판, 의무이행심판을 규정하고 있다.

④ 「행정심판법」상 위원회는 필요하면 당사자가 주장하지 아니한 사실에 대하여도 판단할 수 있다.

32

「경찰관 직무집행법」상 경찰권 발동에 대한 설명으로 옳지 않은 것은? (다툼이 있는 경우 판례에 의함)

① 상해사건을 신고받고 출동한 정복착용 경찰관들이 사건당사자인 피검문자의 경찰관 신분확인의 요구가 없는 상황에서 경찰공무원증 제시 없이 불심검문 하자 피검문자가 경찰관들을 폭행한 사안에서 당시 불심검문은 경찰관들이 경찰공무원증을 제시하지 않은 것은 공무집행방해죄 성립에 위법성을 인정할 수 없다.

② 경찰관은 범죄·재난·공공갈등 등 공공안녕에 대한 위험의 예방과 대응을 위한 정보의 수집·작성·배포와 이에 수반되는 사실의 확인을 할 수 있다.

③ 경찰관은 수상한 행동이나 그 밖의 주위 사정을 합리적으로 판단해 볼 때 정신착란을 일으키거나 술에 취하여 자신 또는 다른 사람의 생명·신체·재산에 위해를 끼칠 우려가 있는 것이 명백하고 응급구호가 필요하다고 믿을 만한 상당한 이유가 있는 사람을 발견하였을 때에는 보건의료기관이나 공공구호기관에 긴급구호를 요청하거나 경찰관서에 보호하는 등 적절한 조치를 할 수 있다.

④ 경찰관은 소요사태의 예방을 위하여 필요하다고 인정되는 상당한 이유가 있을 때에는 경찰관서·무기고 등 국가중요시설에 대한 접근 또는 통행을 제한하거나 금지할 수 있으며 이 사실을 즉시 소속 경찰관서의 장에게 보고하여야 한다.

33

「위해성 경찰장비의 사용기준 등에 관한 규정」에 관한 내용으로 옳은 것은?

① 경찰관은 불법집회·시위로 인하여 발생할 수 있는 경찰관의 생명·신체의 위해와 재산·공공시설의 위험을 방지하기 위해서는 경찰봉 또는 호신용경봉을 사용할 수 없다.

② 경찰관(경찰공무원으로 한정한다. 이하 같다)은 체포·구속영장을 집행하거나 신체의 자유를 제한하는 판결 또는 처분을 받은 자를 법률이 정한 절차에 따라 호송하거나 수용하기 위하여 필요한 때에는 최소한의 범위 안에서 수갑·포승 또는 호송용포승을 사용할 수 있다.

③ 경찰관은 범인·술에 취한 사람 또는 정신착란자의 자살 또는 자해기도를 방지하기 위하여 필요한 때에는 수갑·포승 또는 호송용포승을 사용할 수 있다. 이 경우 경찰관은 소속 상관에게 그 사실을 보고해야 한다.

④ 경찰관은 총기 또는 폭발물을 가지고 대항하는 경우를 제외하고 14세미만의 자 또는 임산부에 대하여 전자충격기 또는 전자방패를 사용하여서는 아니된다.

34

「경찰관 직무집행법 시행령」상 손실보상에 대한 설명으로 가장 적절한 것은?

① 손실보상심의위원회는 위원장 1명을 포함한 5명 이상 7명 이하의 위원으로 구성하며, 위원장이 부득이한 사유로 직무를 수행할 수 없는 때에는 상임위원, 위원 중 연장자 순으로 위원장의 직무를 대행한다.

② 보상금을 지급하기로 결정한 경우 경찰청장, 해양경찰청장, 시·도경찰청장 또는 지방해양경찰청장은 결정일 다음 날부터 10일 이내에 보상금 지급 청구 승인 통지서에 결정 내용을 적어서 청구인에게 통지해야 한다.

③ 소속 경찰관의 직무집행으로 인하여 발생한 손실보상 청구 사건을 심의하기 위하여 경찰청, 시·도경찰청 및 경찰서에 손실보상심의위원회를 설치한다.

④ 위원회의 회의는 재적위원 과반수의 출석으로 개의하고, 출석위원 과반수의 찬성으로 의결한다.

35

「청소년 보호법」 제2조 제5호의 "청소년유해업소"란 청소년의 출입과 고용이 청소년에게 유해한 것으로 인정되는 청소년출입·고용금지업소와 청소년의 출입은 가능하나 고용이 칭소년에게 유해한 것으로 인정되는 청소년고용금지업소를 말한다. 다음 중 옳지 않은 것은? (이 경우 업소의 구분은 그 업소가 영업을 할 때 다른 법령에 따라 요구되는 허가·인가·등록·신고 등의 여부와 관계없이 실제로 이루어지고 있는 영업행위를 기준으로 한다)

	청소년출입·고용금지업소	청소년고용금지업소
①	「게임산업진흥에 관한 법률」에 따른 '일반게임제공업'	「게임산업진흥에 관한 법률」에 따른 '청소년게임제공업'
②	「사행행위 등 규제 및 처벌 특례법」에 따른 '사행행위영업'	「게임산업진흥에 관한 법률」에 따른 '인터넷컴퓨터게임시설제공업'
③	「영화 및 비디오물의 진흥에 관한 법률」에 따른 '비디오물소극장업'	「영화 및 비디오물의 진흥에 관한 법률」에 따른 '비디오감상실업'
④	「체육시설의 설치·이용에 관한 법률」에 따른 '무도학원업'	회비 등을 받거나 유료로 만화를 빌려 주는 '만화대여업'

36

「특정중대범죄 피의자 등 신상정보 공개에 관한 법률」에 대한 설명으로 가장 적절하지 않은 것은?

① 법무부장관은 이 법상 신상정보 공개 여부에 관한 사항을 심의하기 위하여 신상정보공개심의위원회를 둘 수 있다.

② 검사와 사법경찰관은 이 법상 요건을 모두 갖춘 특정중대범죄사건의 피의자의 얼굴, 성명 및 나이(이하 "신상정보"라 한다)를 공개할 수 있다. 다만, 피의자가 미성년자인 경우에는 공개하지 아니한다.

③ 신상정보공개심의위원회는 위원장을 포함하여 10인 이내의 위원으로 구성한다.

④ 수사 및 재판 단계에서 신상정보의 공개에 대하여는 다른 법률의 규정에도 불구하고 이 법을 우선 적용한다.

37

「범죄피해자 보호법」에 관한 설명으로 가장 적절한 것은?

① '범죄피해자'란 타인의 범죄행위로 피해를 당한 사람과 그 배우자, 직계친족 및 형제자매를 말한다. 다만, 배우자의 경우 사실상의 혼인관계는 제외한다.

② 범죄피해 방지 및 범죄피해자 구조 활동으로 피해를 당한 사람은 범죄피해자로 보지 않는다.

③ 국민은 범죄피해자의 명예와 사생활의 평온을 해치지 아니하도록 유의하여야 하고, 국가 및 지방자치단체가 실시하는 범죄피해자를 위한 정책의 수립과 추진에 최대한 협력하여야 한다.

④ 구조금을 받을 권리는 그 구조결정이 해당 신청인에게 발송된 날부터 1년간 행사하지 아니하면 시효로 인하여 소멸된다.

38

「통합방위법」상 국가중요시설에 대한 설명으로 가장 적절한 것은?

① 국가중요시설의 관리자는 경비·보안 및 방호책임을 지며, 통합방위사태에 대비하여 자체방호계획을 수립하여야 한다. 이 경우 국가중요시설의 관리자는 자체방호계획을 수립하기 위하여 시·도경찰청장 또는 지역군사령관에게 협조를 요청하여야 한다.

② 통합방위본부장 또는 지역군사령관은 통합방위사태에 대비하여 국가중요시설에 대한 방호지원계획을 수립·시행하여야 한다.

③ 국가중요시설의 평시 경비·보안활동에 대한 지도·감독은 관계 행정기관의 장과 국가정보원장이 수행한다.

④ 국가중요시설은 국가정보원장이 관계 행정기관의 장 및 국방부장관과 협의하여 지정한다.

39

다음 설명 중 옳은 설명은? (판례에 의함)

① 객관적으로 음주운전을 인정할 만한 상당한 이 유가 있는 상태에서 빨대를 입에 물고 숨을 부 는 시늉만 하였을 뿐 제대로 측정하지 아니한 경 우 측정거부에 해당하지 아니한다.

② 음주로 인한 특정범죄가중처벌등에관한법률위 반(위험운전치사상)죄와 도로교통법위반(음주 운전)죄는 상상적 경합관계에 있다.

③ 연속된 교통사고로 피해자가 사망한 경우 후행 교통사고 운전자에게 책임을 물으려면 후행 교 통사고를 일으킨 사람이 주의의무를 게을리하지 않았다면 피해자가 사망에 이르지 않았을 것이 라는 사실이 증명되어야 한다.

④ 횡단보도 보행신호등의 녹색등화가 점멸할 때 에는 보행자의 횡단을 금지하고 있으므로 보행 자가 녹색등화의 점멸신호 이후에 횡단을 시작 하였다면 설사 녹색등화가 점멸 중이더라도 횡 단보도에서의 보행자 보호의무의 대상으로 보 기 어렵다.

40

「북한이탈주민의 보호 및 정착지원에 관한 법률」에 대한 내용으로 가장 적절한 것은?

① '북한이탈주민'이란 군사분계선 이북지역에 주 소, 직계가족, 배우자, 직장 등을 두고 있는 사 람으로서 북한을 벗어난 후 외국 국적을 취득한 사람을 말한다.

② 북한이탈주민으로서 항공기 납치, 마약거래, 테 러, 집단살해 등 국제형사범죄자, 살인 등 중대 한 비정치적 범죄자, 위장탈출 혐의자, 국내 입 국 후 3년이 지나서 보호신청한 사람, 그 밖에 보호대상자로 정하는 것이 부적당하다고 대통 령령으로 정하는 사람은 보호대상자로 결정하지 아니할 수 있다.

③ 국방부장관이나 경찰청장은 보호대상자가 거주 지로 전입한 후 그의 신변안전을 위하여 통일부 장관에게 협조를 요청할 수 있으며, 협조요청을 받은 통일부장관은 이에 협조한다.

④ 경찰청장은 보호신청자에 대하여 보호결정 등 을 위하여 필요한 조사 및 일시적인 신변안전 조치등 임시보호조치를 한 후 지체 없이 그 결 과를 통일부장관과 국가정보원장에게 통보하여 야 한다.

01

경찰개념에 대한 설명으로 가장 적절한 것은?

① 15세기 말 독일의 경찰개념이 프랑스에 계수되어 양호한 질서를 포함한 국가행정 전반을 포괄하는 의미로 사용되었다.

② 16세기 독일은 경찰과 행정의 분화현상으로 경찰개념은 교회행정을 제외한 국정 전반을 의미하고, 이를 근거로 경찰권의 절대주의적 국가권력의 기초가 되었다.

③ 17세기에 사회목적적 행정인 외교, 군사, 재정(재무)과 사법 등 국가의 특별작용으로 인식된 전문분야가 분리되어 경찰은 사회공공의 안녕과 복지를 직접 다루는 내무행정을 의미했다.

④ 1931년 프로이센 경찰행정법 제4조는 '경찰관청은 일반 또는 개인에 대한 공공의 안녕과 질서를 위협하는 위험을 방지하기 위하여 현행법의 범위 내에서 의무에 합당한 재량에 따라 필요한 조치를 취하지 않으면 안 된다'라고 규정하였다.

02

다음의 ㉠, ㉡에 들어갈 내용으로 가장 적절한 것은?

(㉠)은 일반경찰기관이 경찰관련법규에 의하여 공공의 안녕과 질서유지를 담당하는 경찰활동을 의미한다. 이에 비해 (㉡)은 전시·사변 또는 이에 준하는 국가비상사태에 있어서 계엄법에 의하여 군대가 병력으로 공공의 안녕과 질서를 유지하는 경찰활동을 의미한다.

① ㉠ 예방경찰   ㉡ 진압경찰

② ㉠ 질서경찰   ㉡ 봉사경찰

③ ㉠ 평시경찰   ㉡ 비상경찰

④ ㉠ 보통경찰   ㉡ 고등경찰

03

다음은 경찰활동의 기본이념과 관련된 법적 근거를 제시한 것이다. 이와 관련하여 〈보기 1〉과 〈보기 2〉의 내용이 가장 적절하게 연결된 것은?

〈보기 1〉

(가) 「국가경찰과 자치경찰의 조직 및 운영에 관한 법률」 제5조에서는 "경찰은 그 직무를 수행할 때 헌법과 법률에 따라 국민의 자유와 권리 및 모든 개인이 가지는 불가침의 기본적 인권을 보호하고, 국민 전체에 대한 봉사자로서 공정·중립을 지켜야 하며, 부여된 권한을 남용하여서는 아니 된다."라고 규정하고 있다.

(나) 「행정기본법」 제8조에서는 "행정작용은 법률에 위반되어서는 아니 되며, 국민의 권리를 제한하거나 의무를 부과하는 경우와 그 밖에 국민생활에 중요한 영향을 미치는 경우에는 법률에 근거하여야 한다."라고 규정하고 있다.

(다) 「국가공무원법」 제65조 제1항에서는 "공무원은 정당이나 그 밖의 정치단체의 결성에 관여하거나 이에 가입할 수 없다"라고 규정하고 있다.

(라) 「헌법」 제1조 제2항에서는 "대한민국 주권은 국민에게 있고, 모든 권력은 국민으로부터 나온다"라고 규정하고 있다.

〈보기 2〉

㉠ 인권존중주의   ㉡ 민주주의

㉢ 법치주의   ㉣ 정치적 중립주의

㉤ 경영주의

	가	나	다	라
①	㉣	㉢	㉠	㉡
②	㉣	㉡	㉠	㉢
③	㉠	㉡	㉣	㉢
④	㉠	㉢	㉣	㉡

04

범죄원인론과 범죄예방론에 대한 설명으로 가장 적절하지 않은 것은?

① 실증주의 범죄학 – 페리(E. Ferri)는 범죄의 원인이 존재하는 사회에서는 이에 상응하는 일정한 양의 범죄가 반드시 발생한다고 주장하였다.

② 치료 및 갱생이론 – 결정론적 인간관에 기초하여 범죄자에 대한 치료 내지 갱생으로 범죄를 예방하고자 한다.

③ 문화적 전파이론 – 범죄란 특정 개인이 범죄문화에 참가 동조함에 의해 정상적으로 학습된 행위로 본다.

④ 생태학적 이론 – 범죄발생을 용이하게 하는 환경적 요소를 개선하거나 제거함으로써 기회성 범죄를 줄이려는 범죄예방론으로 대표적인 예로 환경설계를 통한 범죄예방기법(CPTED)이 있다.

05

Matza & Sykes가 제시한 중화기술의 유형에 관한 설명으로 옳지 않은 것은?

① 책임의 부인 – A는 자신의 비행에 대해 "내 잘못이 아니라 친구가 하자고 해서 어쩔 수 없이 했다"고 말하며 자신이 아닌 다른 것에 책임을 전가하였다.

② 피해발생의 부인 – B는 상점 주인에게 발각되자 "자전거를 잠시 빌려 타고 다시 돌려주면 되지 않느냐"고 말하며 자신의 행위를 정당화하였다.

③ 비난자에 대한 비난 – C는 "나를 비난하는 사람들은 자신들이 완벽하지도 않은데 나한테 뭐라고 할 자격이 없다"고 말하며 자신을 비난하는 사람들에게 책임을 돌렸다.

④ 보다 높은 충성심에의 호소 – D는 남의 물건을 손괴해 놓고 "국가에서 다 보상해줄 텐데 손해 본 게 무엇이 있냐"며 자신의 행위를 정당화하고 사회적 규범을 위반한 점에 대해 합리화하였다.

06

멘델슨(Mendelsohn)의 범죄피해자 유형과 사례에 대한 연결이 가장 적절한 것은?

① 가해자보다 더 책임이 있는 피해자 → 정당방위의 상대자가 되는 공격적 피해자

② 가해자와 같은 정도의 책임이 있는 피해자 → 동반자살 피해자

③ 가장 책임이 높은 피해자 → 자신의 부주의로 인한 피해자

④ 완전히 책임 없는 피해자 → 인공유산을 시도하다 사망한 임산부

07

다음 경찰활동의 사례와 관련해서 가장 타당하지 않은 것은?

> 동작경찰서는 관내에서 폭행으로 적발된 청소년을 형사입건하는 대신, 학교전담경찰관이 외부 전문가와 함께 7일 동안 다양한 활동으로 구성된 선도프로그램을 제공함으로써 해당 청소년에게 스스로 잘못을 뉘우치고 장차 지역사회로 다시 통합될 수 있는 기회를 제공하였다.

① 낙인이론 (Labeling Theory)

② 전환제도 (Diversion Program)

③ 깨진 유리창 이론 (Broken Windows Theory)

④ 회복적 정의(restorative justice)

08

코헨과 펠드버그는 사회계약설로부터 도출되는 경찰활동의 기준을 제시하였다. 다음 각 사례와 가장 연관이 깊은 경찰 활동의 기준이 바른 것은 모두 몇 개인가?

> ㉠ 시민이 경찰의 출동을 요구할 경우 원칙적으로 공정한 접근에 의하여 경찰활동은 재량행위가 된다.
> ㉡ 경찰의 법집행 과정에서 발생하는 차별과 편들기는 공공의 신뢰에 어긋난다.
> ㉢ 경찰관이 직무수행과정에서 적법절차를 준수하고, 필요 최소한의 물리력을 사용해야 하는 것은 공공의 신뢰를 확보하기 위한 것이다.
> ㉣ 경찰관 乙은 절도범을 추격하던 중 도주하는 범인의 등 뒤에서 권총을 쏘아 사망하게 한 경우 생명과 재산의 안전에 어긋난다.
> ㉤ 지나친 관여나 열정의 반대적인 행위인 냉소주의는 객관성의 저해요소는 아니다.

① 2개   ② 3개
③ 4개   ④ 5개

09

경찰과 윤리에 대한 설명으로 가장 적절한 것은?

① 1945년 국립경찰의 탄생 시 경찰의 이념적 좌표가 된 경찰정신은 대륙법계의 영향을 받은 '봉사와 질서'이다.

② 경찰헌장에서는 "우리는 모든 사람의 인격을 존중하고 누구에게나 따뜻하게 봉사하는 의로운 경찰이다"라는 목표를 제시하였다.

③ 존 클라이니히(J. Kleinig)가 주장한 경찰윤리 교육의 목적은 도덕적 결의의 강화, 도덕적 감수성의 배양, 도덕적 전문능력 함양이고, 이중에서 경찰윤리 교육의 가장 중요한 목적은 도덕적 전문능력 함양이라 보았다.

④ 경찰윤리강령의 문제점 중 '냉소주의의 문제'란, 경찰관의 도덕적 자각에 따른 자발적인 행동이 아니라 외부로부터 요구된 타율성으로 인해 진정한 봉사가 이루어지지 않을 수 있다는 것을 의미한다.

10

「부정청탁 및 금품등 수수의 금지에 관한 법률」 제8조에서는 '금품 등의 수수 금지'를 규정하고 있다. 다음 중 '금품 등의 수수 금지'에 해당하지 않는 것에 대한 설명으로 가장 적절하지 않은 것은?

① 공직자등과 관련된 직원상조회·동호인회·동창회·향우회·친목회·종교단체·사회단체 등이 정하는 기준에 따라 구성원에게 제공하는 금품등 및 그 소속 구성원 등 공직자등과 특별히 장기적·지속적인 친분관계를 맺고 있는 자가 질병·재난 등으로 어려운 처지에 있는 공직자등에게 제공하는 금품등

② 사적 거래(증여는 제외)로 인한 채무의 이행 등 정당한 권원(權原)에 의하여 제공되는 금품등

③ 공직자등의 직무와 관련된 공식적인 행사에서 주최자가 참석자에게 통상적인 범위에서 일률적으로 제공하는 교통, 숙박, 음식물 등의 금품등

④ 특정 다수인에게 배포하기 위한 기념품 또는 홍보용품 등이나 경연·추첨을 통하여 받는 보상 또는 상품 등

11

「경찰청 공무원 행동강령」 제4조(공정한 직무수행을 해치는 지시에 대한 처리)에 대한 설명이다. 아래 ㉠부터 ㉣까지 설명 중 옳고 그름의 표시(O, X)가 바르게 된 것은?

㉠ 공무원은 상급자가 자기 또는 타인의 부당한 이익을 위하여 공정한 직무수행을 현저하게 해치는 지시를 하였을 때에는 별지 제1호 서식 또는 전자우편 등의 방법으로 그 사유를 상급자에게 소명하고 지시에 따르지 아니하거나, 행동강령책임관과 상담하여야 한다.

㉡ ㉠에 따라 지시를 이행하지 아니하였는데도 같은 지시가 반복될 때에는 즉시 행동강령책임관과 상담하여야 한다.

㉢ ㉠이나 ㉡에 따라 상담 요청을 받은 행동강령책임관은 지시 내용을 확인하여 지시를 취소하거나 변경할 필요가 있다고 인정되면 취소 또는 변경하여야 한다. 다만, 지시 내용을 확인하는 과정에서 부당한 지시를 한 상급자가 스스로 그 지시를 취소하거나 변경하였을 때에는 그러하지 아니하다.

㉣ ㉢에 따른 보고를 받은 소속 기관의 장은 필요하다고 인정되면 지시를 취소·변경하는 등 적절한 조치를 할 수 있다. 이 경우 공정한 직무수행을 해치는 지시를 ㉠에 따라 이행하지 아니하였는데도 같은 지시를 반복한 상급자에게는 징계 등 필요한 조치를 하여야 한다.

① ㉠ (X) ㉡ (X) ㉢ (X) ㉣ (O)

② ㉠ (O) ㉡ (O) ㉢ (O) ㉣ (X)

③ ㉠ (X) ㉡ (O) ㉢ (X) ㉣ (X)

④ ㉠ (O) ㉡ (O) ㉢ (X) ㉣ (O)

12

「공직자의 이해충돌 방지법」 제20조(신고자 등의 보호·보상)에 대한 설명으로 가장 적절한 것은?

① 누구든지 신고자등에게 신고등을 이유로 불이익조치(「공익신고자 보호법」 제2조 제6호에 따른 불이익조치를 말한다)를 하여서는 아니 된다. 다만, 신고내용이 사실이 아닌 경우에는 예외로 한다.

② 이 법의 위반행위를 한 자가 위반사실을 자진하여 신고하거나 신고자등이 신고등을 함으로 인하여 자신이 한 이 법의 위반행위가 발견된 경우에는 그 위반행위에 대한 형사처벌, 과태료 부과, 징계처분, 그 밖의 행정처분 등을 감경하거나 면제한다.

③ 국민권익위원회는 이 법의 위반행위에 대한 신고로 인하여 공공기관에 재산상 이익을 가져오거나 손실을 방지한 경우 또는 공익을 증진시킨 경우에는 그 신고자에게 포상금을 지급할 수 있다.

④ 국민권익위원회는 이 법의 위반행위에 대한 신고로 인하여 공공기관에 직접적인 수입의 회복·증대 또는 비용의 절감을 가져온 경우에는 그 신고자의 신청에 의하여 보상금을 지급할 수 있다.

13

정부수립 이후 1991년 이전의 경찰의 특징이 아닌 것은?

① 「국가공무원법」의 특별법인 「경찰공무원법」이 제정되었다.

② 해양경찰업무, 전투경찰업무, 소방업무가 정식으로 경찰의 업무 범위에 추가되었다.

③ 경찰이 비로소 주권국가 대한민국의 존립과 안녕, 대한민국 국민의 생명과 신체 및 재산의 보호라는 경찰 본연의 임무를 수행하였다.

④ 1991년 「경찰법」 제정 이전에는 중앙 및 지방경찰은 내무부 및 시·도지사의 보조기관으로 관청으로서의 지위를 갖지 못하였고, 경찰서장만 관청으로서의 지위를 가졌다.

14

다른 나라의 경찰제도에 대한 설명으로 적절하지 않은 것은 모두 몇 개인가?

> 가. 영국의 지방경찰은 1964년 경찰법에 의해 3원체제(지방경찰청장, 지방경찰위원회, 내무부장관)로 운영되었으나, 2011년 「경찰개혁 및 사회책임법」에 따라 4원체제(지역치안위원장, 지역치안평의회, 지방경찰청장, 내무부장관)로 변경되면서 자치경찰의 성격이 약화되었다.
> 나. 행정경찰과 사법경찰의 분화는 독일에서 확립되었다.
> 다. 독일의 연방경찰로 외국과의 수사협조업무를 수행하며 독일인터폴 총국이 설치되어 있는 기관은 연방범죄수사청(BKA)이다.
> 라. 미국의 군 보안관(County Sheriff)은 범죄수사 및 순찰 등 모든 경찰권을 행사하며, 대부분의 주(State)에서 군 보안관 선출은 지역주민의 선거로 이루어진다.
> 마. 일본의 관구경찰국은 동경 경시청과 북해도 경찰본부 관할구역을 제외하고 전국에 7개가 설치되어 있다.

① 1개   ② 2개
③ 3개   ④ 4개

15

다음 중 조직편성의 원리 중 통솔범위의 원리에 관한 설명으로 옳은 것은?

① 조직의 경직화를 가져와 환경변화에 대한 조직의 신축적 대응이 어렵다.
② 통솔범위는 신설부서보다는 오래된 부서, 지리적으로 근접한 부서보다는 분산된 부서, 복잡한 업무보다는 단순한 업무의 경우에 넓어진다.
③ 일반적으로 조직의 규모가 클수록 통솔의 범위는 좁아지는데 반하여 조직의 규모가 작을수록 통솔의 범위는 넓어진다.
④ 청사의 규모는 통솔의 범위의 원리와 관련이 깊다.

16

동기부여이론에 관한 설명과 학자가 가장 적절하게 연결된 것은?

> ㉠ 인간의 욕구를 존재적 욕구(Existence), 관계적 욕구(Relatedness), 성장적 욕구(Growth)로 나누고, 이들 욕구가 계층적·단계적으로만 충족되는 것이 아니라 상황에 따라 유연하게 상호작용한다고 보았다.
> ㉡ X이론적 인간형은 본래 게으르고 일을 싫어하며, 야망과 책임감이 없고, 변화를 싫어하며 금전적 보상이나 제재 등 외재적 유인에 반응하므로 이러한 의욕을 강화시키기 위해 금전적 보상과 포상제도를 강화하는 것이다.
> ㉢ 개인마다 욕구의 계층은 차이가 있다고 보았으며 인간의 욕구를 성취 욕구, 친교 욕구, 권력 욕구로 구분하였다.
> ㉣ 위생요인을 제거해주는 것은 불만을 줄여주는 소극적 효과일 뿐이기 때문에, 근무태도 변화에 단기적 영향을 주어 사기는 높여줄 수 있으나 생산성을 높여주지는 못한다. 만족요인이 충족되면 자기실현욕구를 자극하여, 적극적 만족을 유발하고 동기유발에 장기적 영향을 준다.

① ㉠ 앨더퍼(Alderfer) ㉡ 맥그리거(McGregor)
　㉢ 맥클랜드(McClelland) ㉣ 허즈버그(Herzberg)
② ㉠ 앨더퍼(Alderfer) ㉡ 맥클랜드(McClelland)
　㉢ 맥그리거(McGregor) ㉣ 허즈버그(Herzberg)
③ ㉠ 앨더퍼(Alderfer) ㉡ 맥그리거(McGregor)
　㉢ 허즈버그(Herzberg) ㉣ 맥클랜드(McClelland)
④ ㉠ 맥그리거(McGregor) ㉡ 맥클랜드(McClelland)
　㉢ 허즈버그(Herzberg) ㉣ 앨더퍼(Alderfer)

17

「**경찰장비관리규칙**」에 대한 설명으로 적절한 것은?

① 집중무기고란 경찰기관의 각 기능별 운용부서에서 효율적 사용을 위하여 집중무기고로부터 무기·탄약의 일부를 대여 받아 별도로 보관·관리하는 시설을 말한다.

② 무기·탄약고 비상벨은 상황실과 숙직실 등 초동조치 가능장소와 연결하고, 외곽에는 철조망장치와 조명등 및 순찰함을 설치할 수 있다.

③ 탄약고는 무기고와 분리되어야 하며 본 청사 내에 위치하도록 하여야 한다.

④ 탄약고 내에는 전기시설을 하여서는 아니 되며, 조명은 건전지 등으로 하고 방화시설을 완비하여야 한다. 단, 방폭설비를 갖춘 경우 전기시설을 설치할 수 있다.

18

「**보안업무규정**」에 대한 설명으로 옳은 것은?

① 누설될 경우 대한민국과 외교관계가 단절되고 전쟁을 일으키며, 국가의 방위계획·정보활동 및 국가방위에 반드시 필요한 과학과 기술의 개발을 위태롭게 하는 등의 우려가 있는 비밀은 이를 Ⅱ급비밀로 한다.

② 비밀은 보관하고 있는 시설 밖으로 반출해서는 아니 된다. 다만, 공무상 반출이 필요할 때에는 중앙행정기관의 장의 승인을 받아야 한다.

③ 외국 정부나 국제기구로부터 접수한 비밀은 그 접수기관이 필요로 하는 정도로 보호할 수 있도록 분류하여야 한다.

④ 그 생산자가 특정한 제한을 하지 아니한 것으로서 해당 등급의 비밀취급 인가를 받은 사람이 공용(共用)으로 사용하는 경우 Ⅱ급비밀 및 Ⅲ급비밀의 일부 또는 전부에 대해서 모사(模寫)·타자(打字)·인쇄·조각·녹음·촬영·인화(印畵)·확대 등 그 원형을 재현(再現)하는 행위를 할 수 있다.

19

「**행정업무의 운영 및 혁신에 관한 규정**」상 공문서에 관한 설명 중 가장 적절하지 않은 것은?

① '지시문서'란 훈령·지시·예규·일일명령 등 행정기관이 그 하급 기관이나 소속 공무원에 대하여 일정한 사항을 지시하는 문서를 말한다.

② '비치문서'란 행정기관이 일정한 사항을 기록하여 행정기관 내부에 비치하면서 업무에 활용하는 대장, 카드 등의 문서를 말한다.

③ '법규문서'란 헌법·법률·대통령령·총리령·부령·조례·규칙 등에 관한 문서를 말한다.

④ '일반문서'란 고시·공고 등 행정기관이 일정한 사항을 일반에게 알리는 문서를 말한다.

20

「**경찰청 감사 규칙**」상 감사결과에 따른 조치사항으로 적절하지 않은 것은?

① 국가공무원법과 그 밖의 법령에 규정된 징계 또는 문책 사유에 해당하거나 정당한 사유 없이 자체감사를 거부하거나 자료의 제출을 게을리한 경우 "징계 또는 문책 요구" 처리하여야 한다.

② 감사결과 위법 또는 부당하다고 인정되는 사실이 있으나 그 정도가 징계 또는 문책사유에 이르지 아니할 정도로 경미하거나, 감사대상기관 또는 부서에 대한 제재가 필요한 경우 "경고·주의 요구" 처리하여야 한다.

③ 감사결과 문제점이 인정되는 사실이 있어 그 대안을 제시하고 감사대상기관의 장 등으로 하여금 개선방안을 마련하도록 할 필요가 있는 경우 "현지조치" 처리하여야 한다.

④ 감사결과 법령상·제도상 또는 행정상 모순이 있거나 그 밖에 개선할 사항이 있다고 인정되는 경우 "개선 요구" 처리하여야 한다.

21

「국가경찰과 자치경찰의 조직 및 운영에 관한 법률」에 대한 설명으로 가장 적절한 것은?

① 1991년 경찰법 제정으로 치안본부장이 경찰청장으로 변경되었고 경찰조직이 보조기관에서 경찰관청으로 승격이 되었으며, 2020년 국가경찰과 자치경찰의 조직 및 운영에 관한 법률 전부개정으로 제주특별자치도에 제주자치경찰을 운영하고 있다.

② 국가와 공공단체는 국민의 생명·신체 및 재산을 보호하고 공공의 안녕과 질서유지에 필요한 시책을 수립·시행하여야 한다.

③ 경찰은 그 직무를 수행할 때 헌법과 법률에 따라 국민의 자유와 권리 및 모든 개인이 가지는 불가침의 기본적 인권을 보호하고, 국민 전체에 대한 봉사자로서 공정·중립을 지켜야 하며, 부여된 권한을 남용하여서는 아니 된다.

④ 시·도지사는 자치경찰사무 담당 공무원에게 조례에서 정하는 예산의 범위에서 재정적 지원 등을 하여야 하며, 시·도의회는 관련 예산의 효율적인 관리를 위하여 의결로써 자치경찰사무에 대해 시·도자치경찰위원장의 출석 및 자료 제출을 요구할 수 있다.

22

「국가경찰과 자치경찰의 조직 및 운영에 관한 법률」상 시·도지사는 아래 보기의 사람을 시·도자치경찰위원회 위원으로 임명한다. ㉠~㉤의 (   )에 바르게 연결된 것은?

㉠ 시·도의회가 추천하는 ( )명
㉡ 국가경찰위원회가 추천하는 ( )명
㉢ 해당 시·도 교육감이 추천하는 ( )명
㉣ 시·도자치경찰위원회 위원추천위원회가 추천하는 ( )명
㉤ 시·도지사가 (   )하는 1명

① ㉠ 2 ㉡ 1 ㉢ 1 ㉣ 2 ㉤ 지명
② ㉠ 2 ㉡ 2 ㉢ 1 ㉣ 1 ㉤ 지명
③ ㉠ 2 ㉡ 1 ㉢ 2 ㉣ 1 ㉤ 추천
④ ㉠ 1 ㉡ 2 ㉢ 1 ㉣ 2 ㉤ 지명

23

「경찰공무원 승진임용 규정」상 승진에 관한 설명 중 타당하지 않는 것은?

① 「경찰공무원 승진임용 규정」상 경찰공무원의 승진임용은 심사승진·시험승진·특별승진 및 근속승진으로 구분한다.

② 「경찰공무원 승진임용 규정」 제6조 제1항 제2호에 따르면 음주운전(음주측정에 응하지 않은 경우를 포함)으로 강등에 해당하는 징계처분을 받은 경찰공무원은 징계 처분의 집행이 끝난 날부터 24개월이 지나지 아니하면 심사승진 임용될 수 없다.

③ 8세 이하 또는 초등학교 2학년 이하의 자녀를 양육하기 위하여 필요하거나 여성공무원이 임신 또는 출산하게 된 때에 따른 휴직(육아휴직) 기간은 승진소요 최저근무연수에 포함된다. 다만, 승진소요 최저근무연수에 포함하는 육아휴직 기간은 육아휴직을 대신하여 시간선택제전환경찰공무원으로 지정되어 근무한 기간과 합산하여 자녀 1명당 3년을 초과할 수 없다.

④ 임용권자는 경감으로의 근속승진임용을 위한 심사를 할 때에는 연도별로 합산하여 해당 기관의 근속승진 대상자의 100분의 50에 해당하는 인원수(소수점 이하가 있는 경우에는 1명을 가산한다)를 초과하여 근속승진임용할 수 없다.

24

다음 중 징계의 종류와 효과에 대한 설명으로 가장 적절한 것은 모두 몇 개인가? (다툼이 있는 경우 판례에 의함)

㉠ 징계에 관한 일반사면이 있는 경우 파면처분으로 공무원의 지위를 상실한 공무원은 파면처분의 위법을 주장하여 그 취소를 구할 수 없다.

㉡ 파면 징계처분을 받은 자의 퇴직수당은 5년 미만인 경우 4분의1 감액, 5년 이상인 경우 2분의 1 감액, 퇴직 급여는 재직기간과 상관없이 2분의 1 감액한다.

㉢ 경찰청장의 표창을 받은 공적이 있는 경감 이하의 경찰공무원의 경우에 징계위원회는 징계를 감경할 수 있다.

㉣ 정직 징계처분을 받은 자는 1개월 이상 3개월 이하의 기간 동안 직무에 종사하지 못하며, 정직기간 중 보수는 1/3을 감한다.

㉤ 경찰공무원 보통징계위원회는 해당 징계위원회가 설치된 경찰기관 소속 경정 이하 경찰공무원에 대한 징계 등 사건을 심의·의결한다.

① 1개 　　② 2개
③ 3개 　　④ 4개

25

다음 중 수권조항에 관한 설명으로 타당하지 않은 것은?

① 개별적 수권조항이란 구체적인 위해방지를 위한 경찰권의 발동의 개별적 근거를 마련하여 발동 요건 및 내용등에 대해 구체적으로 규정해둔 조항을 의미한다.

② 개괄적 수권조항이란 경찰권의 발동에 필요한 개별적인 법적 근거가 명확하게 규정되지 않은 경우에 경찰이 공공의 안녕과 질서를 유지하기 위해 일반적이고 보충적인 법적 근거로 사용할 수 있는 조항을 말한다.

③ 경찰관직무집행법 제2조 제7호의 "그 밖에 공공의 안녕과 질서유지"에 관한 규정을 우리의 판례는 개괄적 조항으로 본다.

④ 일반적 수권조항에 근거한 경찰권의 발동은 소극적인 위험방지 분야에 한정된다는 사상을 확립시킨 계기가 된 판결은 1960년 띠톱 판결이다.

26

법치행정의 원칙에 관한 설명으로 가장 적절하지 않은 것은? (다툼이 있는 경우 판례에 의함)

① 법률우위원칙은 행정의 종류를 불문하고 모든 행정 영역에 적용된다.

② 법률유보원칙은 법률에 의한 규율을 뜻하므로 위임입법에 의해 기본권 제한을 할 수 없다.

③ 헌법상 보장된 국민의 자유나 권리를 제한할 때에는 적어도 그 제한의 본질적인 사항에 관하여 국회가 법률로써 스스로 규율하여야 한다.

④ 행정기본법은 행정의 원칙과 기본사항을 규정하여 행정의 민주성과 적법성을 확보하고 적정성과 효율성을 향상시킴으로써 국민의 권익 보호에 이바지함을 목적으로 한다.

27

행정행위에 대한 설명으로 옳지 않은 것은?

① 경찰하명이란 일반통치권에 기인하여 경찰목적을 달성하기 위해 국민에 대하여 작위·부작위·급부·수인 등 의무의 일체를 명하는 법률행위적 행정행위를 말하며 경찰관의 수신호나 교통신호 등의 신호도 의무를 부과하는 행위로서 경찰하명에 해당한다.

② 하명을 준수하는 것은 적법 요건일 뿐 유효요건이 아니므로 하명을 위반한 행위 자체는 원칙적으로 그 법적 효력에 아무런 영향을 미치지 않는다.

③ 경찰금지는 특정한 경우 해제할 수 있는지의 여부에 따라 절대적 금지와 상대적 금지로 구분되며 경찰금지는 대부분 절대적 금지이다.

④ 적법한 하명은 수명자는 수인의무를 지므로 손실보상을 청구할 수 없지만, 수명자 또는 책임 없는 제3자에게 특별한 희생을 가한 경우에 경찰상 손실보상청구가 가능하다.

28

「행정조사기본법」에 대한 설명으로 가장 적절하지 않은 것은?

① 행정조사에 관하여 다른 법률에 특별한 규정이 있는 경우를 제외하고는 행정조사기본법으로 정하는 바에 따른다.

② 행정기관의 장이 조사대상자의 자발적인 협조를 얻어 행정조사를 실시하고자 하는 경우 조사대상자는 문서·전화·구두 등의 방법으로 당해 행정조사를 거부할 수 있다.

③ ②에 따른 행정조사에 대하여 조사대상자가 조사에 응할 것인지에 대한 응답을 하지 아니하는 경우에는 법령등에 특별한 규정이 없는 한 그 조사를 거부한 것으로 본다.

④ 행정기관은 행정조사를 통하여 알게 된 정보를 어떠한 경우에도 원래의 조사목적 이외의 용도로 이용할 수 없다.

29

행정상 강제집행에 해당하는 것을 모두 몇 개인가?
(다툼이 있는 경우 판례에 의함)

> ㉠ 「경찰관 직무집행법」 제6조 범죄의 예방을 위한 제지
> ㉡ 「경찰관 직무집행법」 제4조 제1항 제1호에서 규정하는 술에 취한 상태로 인하여 자기 또는 타인의 생명·신체와 재산에 위해를 미칠 우려가 있는 피구호자에 대한 보호조치
> ㉢ 무허가건물의 철거 명령을 받고도 이를 불이행하는 사람의 불법건축물을 철거하는 것
> ㉣ 지정된 기한까지 체납액을 완납하지 않은 국세체납자의 재산을 압류하는 것
> ㉤ 감염병 환자의 즉각적인 강제격리조치

① 2개   ② 3개
③ 4개   ④ 5개

30

「행정절차법」에 대한 설명으로 옳은 것은?

① 처분절차, 행정예고절차, 확약절차, 행정계획절차, 신고절차, 위반사실 등 공표절차, 행정상 입법예고, 행정조사절차를 규정하고 있다.
② 행정청은 신청 내용을 모두 그대로 인정하는 처분을 할 때에는 그 근거와 이유를 제시하여야 한다.
③ 행정청은 공청회와 병행하여서만 정보통신망을 이용한 온라인공청회를 실시할 수 있다. 예외적인 경우에는 온라인공청회를 단독으로 개최할 수 있다.
④ 행정청은 청문을 하려면 청문이 시작되는 날부터 7일 전까지 처분의 제목 등 일정한 사항을 당사자등에게 통지하여야 한다.

31

「행정심판법」상 행정심판에 대한 설명으로 옳은 것은?

① 감사원의 처분 또는 부작위에 대한 심판청구에 대하여는 중앙행정심판위원회에서 심리·재결한다.
② 의무이행심판은 당사자의 신청에 대한 행정청의 위법 또는 부당한 거부처분이나 부작위에 대하여 일정한 처분을 하도록 하는 행정심판이다.
③ 무효등확인심판에도 사정재결을 적용한다.
④ 중앙행정심판위원회 상임위원의 임기는 3년으로 하며, 연임할 수 없다.

32

「경찰관 직무집행법」 제6조 '범죄의 예방과 제지'에 대한 설명으로 가장 적절한 것은? (다툼이 있는 경우 판례에 의함)

① 특정 지역에서의 불법집회에 참가하려는 것을 막기 위하여 시간적·장소적으로 근접하지 않은 다른 지역에서 집회예정장소로 이동하는 것을 제지하는 것은 제6조의 행정상 즉시강제의 범위에 포함되며 허용된다.

② 경찰관의 제지에 관한 부분은 눈앞의 급박한 경찰상 장해를 제거하여야 할 필요가 있고 의무를 명할 시간적 여유가 없거나 의무를 명하는 방법으로는 그 목적을 달성하기 어려운 상황에서 의무이행을 전제로 하지 않고 경찰이 직접 실력을 행사하여 경찰상 필요한 상태를 실현하는 비권력적 사실행위에 관한 근거조항이다.

③ 주거지에서 음악 소리를 크게 내거나 큰 소리로 떠들어 이웃을 시끄럽게 하는 행위는 경범죄 처벌법 제3조 제1항 제21호에서 경범죄로 정한 '인근소란 등'에 해당하고, 경찰관은 경찰관 직무집행법에 따라 경범죄에 해당하는 행위를 예방·진압·수사하고, 필요한 경우 제지할 수 있다.

④ 어떠한 범죄행위를 목전에서 저지르려고 하거나 이들의 행위로 인하여 인명·신체에 위해를 미치거나 재산에 중대한 손해를 끼칠 우려 등 긴급한 사정이 있는 경우에 방패를 든 전투경찰대원들이 조합원들을 둘러싸고 이동하지 못하게 가둔 행위(고착관리)는 제지 조치라고 볼 수 없고, 이는 형사소송법상 체포에 해당한다.

33

다음 보기는 「경찰관 직무집행법」 제10조의2 경찰장구의 사용에 관한 규정이다. 옳은 내용은 모두 몇 개 인가?

> 제10조의2(경찰장구의 사용) ㉠ 현장책임자는 다음 각 호의 직무를 수행하기 위하여 필요하다고 인정되는 상당한 이유가 있을 때에는 그 사태를 합리적으로 판단하여 필요한 한도에서 경찰장구를 사용할 수 있다.
> ㉡ 현행범이나 사형·무기 또는 장기 1년 이상의 징역이나 금고에 해당하는 죄를 범한 범인의 체포 또는 도주 방지
> ㉢ 자신이나 다른 사람의 생명·신체·재산의 방어 및 보호
> ㉣ 공공시설 안전에 대한 현저한 위해의 발생 억제

① 0개 ② 1개
③ 2개 ④ 3개

34

다음 중 「경찰관 직무집행법」에 관련된 판례이다. 옳은 것은? (다툼이 있으면 판례에 의함)

① 경찰관이 신호위반을 이유로 정지명령에 불응하고 도주하던 차량에 탑승한 동승자를 추격하던 중 수차례에 걸쳐 경고하고 공포탄을 발사했음에도 불구하고 계속 도주하자 실탄을 발사하여 사망케 한 경우, 위 총기 사용 행위는 허용 범위를 벗어난 위법행위이다.

② 경찰관 직무집행법 제5조는 경찰관은 인명 또는 신체에 위해를 미치거나 재산에 중대한 손해를 끼칠 우려가 있는 위험한 사태가 있을 때에는 그 각 호의 조치를 취할 수 있다고 규정하여 형식상 경찰관에게 재량에 의한 직무수행권한을 부여한 것으로, 경찰관에게 그러한 권한을 부여한 취지와 목적에 비추어 볼 때 구체적인 사정에 따라 경찰관이 그 권한을 행사하여 필요한 조치를 취하지 아니하는 것은 재량에 불과하여 현저하게 불합리하다고 인정되는 경우라도 그러한 권한의 불행사는 직무상의 의무를 위반한 것으로 보기 어렵다.

③ 경찰관은 형사처벌의 대상이 되는 행위가 눈앞에서 막 이루어지려고 하는 것이 주관적으로 인정될 수 있는 상황이고 그 행위를 당장 제지하지 않으면 곧 인명·신체에 중대한 위해를 미치거나 재산에 손해를 끼칠 우려가 있는 상황이어서, 직접 제지하는 방법 외에는 위와 같은 결과를 막을 수 없는 급박한 상태일 때에만 「경찰관 직무집행법」 제6조에 의하여 적법하게 그 행위를 제지할 수 있다.

④ 타인의 집대문 앞에 은신하고 있다가 경찰관의 명령에 따라 순순히 손을 들고 나오면서 그대로 도주하는 범인을 경찰관이 뒤따라 추격하면서 등부위에 권총을 발사하여 사망케한 경우, 위와 같은 총기사용은 현재의 부당한 침해를 방지하거나 현재의 위난을 피하기 위한 상당성있는 행위라고 볼 수 있는 것으로서 범인의 체포를 위하여 필요한 한도를 넘어 무기를 사용한 것이라고 볼 수 없으며 국가의 손해배상책임을 부정하였다.

35

「지역경찰의 조직 및 운영에 관한 규칙」에 대한 설명으로 가장 적절한 것은?

① "지역경찰관서"란 「국가경찰과 자치경찰의 조직 및 운영에 관한 법률」 제30조 제3항 및 「경찰청과 그 소속기관 직제」 제43조에 규정된 지구대, 파출소 및 치안센터를 말한다.

② 지역경찰 동원은 근무자 동원을 원칙으로 하되, 불가피한 경우에 한하여 휴무자, 비번자 순으로 동원할 수 있다.

③ 행정근무를 지정받은 지역경찰은 지역경찰관서 내에서 문서의 접수 및 처리, 시설·장비의 관리 및 예산의 집행, 각종 현황·통계·자료·부책 관리, 기타 행정업무 및 지역경찰관서장이 지시한 업무를 수행한다.

④ 시·도경찰청장은 소속 시·도경찰청의 지역경찰 정원 충원 현황을 반기별 2회 이상 점검하고 현원이 정원에 미달할 경우, 지역경찰 정원 충원 대책을 수립·시행하여야 한다.

PART 7

36

「실종아동등의 보호 및 지원에 관한 법률」과 「실종아동등 및 가출인 업무처리 규칙」에 관한 설명 중 옳은 것은 모두 몇 개인가?

> ⊙ 「실종아동등의 보호 및 지원에 관한 법률」상 "아동등"이란 신고 당시 18세 미만인 아동, 「장애인복지법」제2조의 장애인 중 지적장애인, 자폐성장애인 또는 정신장애인, 「치매관리법」제2조제2호의 치매환자를 말한다.
>
> ⓛ 「실종아동등의 보호 및 지원에 관한 법률」상 경찰관서의 장은 실종아동등의 발생 신고를 접수하면 24시간 이내에 수색 또는 수사의 실시여부를 결정하여야 한다.
>
> ⓒ 「실종아동등의 보호 및 지원에 관한 법률」상 직무를 수행하면서 실종아동등임을 알게 되었을 때에 경찰신고체계로 지체 없이 신고해야 하는 신고의무자로는 보호시설의 장, 사회복지전담공무원이 있고, 보호시설의 종사자는 신고의무자에 해당하지 않는다.
>
> ⓔ 「실종아동등 및 가출인 업무처리 규칙」상 경찰관서의 장은 실종아동등에 대하여 「실종아동등 및 가출인 업무처리 규칙」제18조에 따른 현장 탐문 및 수색 후, 그 결과를 즉시 보호자에게 통보하여야 한다. 이후에는 실종아동등 프로파일링시스템에 등록한 날로부터 1개월까지는 15일에 1회, 1개월이 경과한 후부터는 분기별 1회 보호자에게 추적 진행사항을 통보한다.
>
> ⓜ 「실종아동등 및 가출인 업무처리 규칙」상 발견된 18세 미만 아동 및 가출인의 경우 실종아동등 프로파일링시스템에 등록된 자료는 수배 해제 후로부터 10년간 보관한다.

① 1개   ② 2개
③ 3개   ④ 4개

37

「피의자 유치 및 호송규칙」에 대한 설명으로 옳은 것은?

① 호송관서의 장은 호송관이 5인 이상이 되는 호송일 때에는 경감 이상 계급의 1인을 지휘감독관으로 지정해야 한다.
② 피호송자 발병 시 진찰한 결과 24시간 이내에 치유될 수 있다고 진단되었을 때에는 치료후 인수관서가 호송을 계속하게 하여야 한다.
③ 호송관은 호송근무를 할 때에는 총기를 휴대하여야 하며, 호송관서의 장은 특별한 사유가 있는 경우 호송관이 분사기를 휴대하도록 할 수 있다.
④ 호송 중 도망사고 발생시 도주한 자에 관한 호송관계서류 및 금품은 호송관서에서 보관하여야 한다.

38

「도로교통법」상 자전거 이용에 대한 내용으로 가장 적절한 것은?

① 자전거등의 운전자는 자전거도로가 설치되지 아니한 곳에서는 도로 우측 가장자리에 붙어서 통행하여야 한다.
② 자전거의 운전자는 길가장자리구역(안전표지로 자전거의 통행을 금지한 구간은 제외한다)을 통행할 수 있다. 이 경우 자전거의 운전자는 보행자의 통행에 방해가 될 때에는 서행할 수 있다.
③ 자전거의 운전자가 운전 중 휴대전화를 사용하거나, 신호위반, 주차위반을 한 경우 처벌할 수 없다.
④ 자전거의 운전자가 횡단보도를 이용하여 도로를 횡단할 때에는 보행자에 주의하면서 서행하여야 한다.

39

「집회 및 시위에 관한 법률 및 동법 시행령」에 관한 설명으로 가장 적절한 것은?

① 대통령 관저, 국회의장 공관, 대법원장 공관, 헌법재판소장 공관의 경계 지점으로부터 100미터 이내의 장소에서는 옥외집회 또는 시위가 금지된다.

② 집회 또는 시위의 주최자는 확성기등 사용하여 타인에게 심각한 피해를 주는 소음으로서 주거·학교·종합병원 지역에서 주간(07:00~해지기 전)에 최고소음도(Leq) 80dB(A)이하의 기준을 위반하는 소음을 발생시켜서는 아니 된다.

③ 확성기등의 대상소음이 있을 때 측정한 소음도를 측정소음도로 하고, 같은 장소에서 확성기등의 대상소음이 없을 때 5분간 측정한 소음도를 배경소음도로 한다. 이 경우 배경소음도가 위 표의 등가소음도 기준보다 큰 경우에는 배경소음도의 소수점 첫째 자리에서 올림한 값을 등가소음도 기준으로 하고, 등가소음도 기준에서 10dB을 더한 값을 최고소음도 기준으로 한다.

④ 소음 측정 장소는 피해자가 위치한 건물 외벽에서 소음원 방향으로 1~3.5m 떨어진 지점으로 하되, 소음도가 높을 것으로 예상되는 지점의 지면 위 1.2~1.5m 높이에서 측정하고, 주된 건물의 경비 등을 위하여 사용되는 부속 건물, 광장·공원이나 도로상의 영업시설물, 공원의 관리사무소 등도 소음 측정 장소로 포함된다.

40

「국가보안법」에 대한 설명으로 옳지 않은 것은 모두 몇 개인가?

> ㉠ 국가보안법의 죄를 범하고 그 보수를 받은 때에는 이를 몰수할 수 있다.
> ㉡ 국가보안법의 죄에 관하여 유기징역형을 선고할 때에는 그 형의 장기 이하의 자격정지를 병과할 수 있다.
> ㉢ 국가보안법은 군사기밀보호법과 마찬가지로 과실범 처벌 규정을 두고 있다.
> ㉣ 반국가단체의 구성원 또는 그 지령을 받은 자는 자진지원죄의 주체가 될 수 없다.
> ㉤ 사형부터 자격정지까지의 형벌만 규정하고 있을 뿐, 벌금형은 규정하고 있지 않다.

① 1개 ② 2개
③ 3개 ④ 4개

01

대륙법계와 영미법계 경찰개념 형성과정에 대한 설명으로 적절하지 않은 것은 모두 몇 개인가?

ㄱ 대륙법계는 국왕의 절대적 권력으로부터 유래된 경찰권을 전제로 한다.

ㄴ 대륙법계는 경찰 활동범위를 확대시킨 경향이 있다.

ㄷ 대륙법계는 통치권적 개념을 전제로 그 발동범위와 성질을 기준으로 형성되었다.

ㄹ 영미법계는 경찰과 시민의 관계를 친화적·수평적으로 본다.

ㅁ 영미법계는 경찰권 발동의 성질과 범위를 중심으로 형성되었다는 특징이 있다.

ㅂ 영미법계는 '경찰은 무엇을 하는가' 또는 '경찰활동이란 무엇인가'라는 문제보다 '경찰은 무엇인가'라는 문제를 중심으로 경찰 개념이 논의되었다.

---

① 2개　　　　　　② 3개

③ 4개　　　　　　④ 5개

02

형식적 의미의 경찰개념과 실질적 의미의 경찰개념의 관계에 대한 설명으로 가장 적절한 것은?

① 성보경찰, 안보경찰, 행징경찰은 형식적 의미의 경찰에 속한다.

② 실질적 의미의 경찰은 사회공공의 안녕, 질서유지하기 위하여 일반통치권에 의거하여 국민에게 명령·강제하여 그 자연적 자유를 제한하는 작용으로 과거를 위한 질서유지 작용만 한다.

③ 형식적 의미의 경찰이 위험방지라는 실질적 의미의 경찰작용을 행하는 경우에는 양자가 일치한다. 그러나 형식적 의미의 경찰이 공공의 안녕질서에 대한 위험방지의 직무 이외에 다른 직무를 담당하거나, 이와 반대로 형식적 의미의 경찰에 속하지 않는 행정기관에 의하여 위험방지의 직무가 행하여지는 경우에는 양자는 일치하지 않는다.

④ 「경찰관 직무집행법」 제3조의 불심검문의 수단으로 행하여지는 '불심검문 대상자에 대한 정지'는 경찰상 즉시강제의 권력작용이라는 면에서 형식적 의미의 경찰에 해당하고, 실정법에서 경찰행정기관에 그 권한을 맡기고 있으므로 실질적 의미의 경찰이기도 하다.

03

경찰의 임무와 활동에 대한 설명으로 가장 적절한 것은?

① 경찰의 직무에는 범죄의 예방·진압, 범죄피의자 보호가 포함된다.

② 실정법상의 규정을 토대로 경찰의 임무를 살펴보면, 궁극적으로는 공공의 안녕과 질서유지를 그 임무로 하고 있다.

③ 국민의 생명·신체 및 재산의 보호는 공공의 안녕을 포함하는 상위개념이다.

④ 국가의 존립과 기능성을 위험으로부터 보호하기 위하여 가벌성의 범위 내에서만 수사·정보·안보경찰의 첩보수집활동을 할 수 있다.

04

범죄원인론에 대한 설명 중 가장 옳지 않은 것은?

① 글레이져(Glaser)는 청소년들은 영화의 주인공을 모방하고 자신들과 동일시하면서 범죄를 학습한다"라고 하였다

② 마차(Matza)와 사이크스(Sykes)의 중화기술이론 – 중화기술에는 책임의 부인, 피해자의 부정, 피해발생 부인, 비난자에 대한 비난, 보다 높은 충성심에의 호소로 분류하는데, "이 사회를 운영하는 지도층도 다들 부패했고 도둑놈들이기 때문에 법을 어기는 것은 괜찮아. 그들은 내가 하는 것에 대해서 비판하는 위선자들일 뿐이야. 그렇게 존경받는 사람들이 저지르는 화이트칼라 범죄를 봐!"의 사례와 관련되는 유형은 책임의 부정(Denial of Responsibility)이다.

③ 쇼와 맥케이(Shaw & Macay)는 특정 지역에서의 범죄가 다른 지역에 비해서 많이 발생하는 이유를 규명하고자 하였으며, 연구결과 전이지역(transitional zone)은 타 지역에 비해 범죄율이 상대적으로 높게 나타났다.

④ 코헨(Cohen)은 하류계층의 청소년들이 목표와 수단의 괴리로 인해 중류계층에 대한 저항으로 비행을 저지르며, 목표달성의 어려움을 극복하기 위해 자신들만의 하위문화를 만들게 되며 범죄는 이러한 하위문화에 의해 저질러진다고 한다.

05

다음 중 범죄통제활동에 대한 설명으로 가장 적절한 것은?

① C. R. Jeffery는 범죄통제모델로 형벌을 통한 범죄억제 모델, 범죄자의 처벌을 통한 사회복귀 모델, 사회환경개선을 통한 범죄통제 모델을 제시하였다.

② 미국범죄예방연구소는 범죄예방은 범죄욕구나 범죄기술에 대한 예방이 아니라 범죄기회를 감소시키려는 사전활동, 직접적 통제활동이라고 정의한다.

③ P. B. Lab은 범죄예방은 실제의 범죄발생과 범죄에 대한 공중의 두려움(심리적 측면)을 줄이는 사후활동이라고 정의한다.

④ 범죄예방에 질병의 예방과 치료의 개념을 도입하여 소개한 브랜팅햄(P. J. Brantingham)과 파우스트(F. L. Faust)는 범죄예방을 1차적 범죄예방, 2차적 범죄예방, 3차적 범죄예방으로 나누고 있다. 범죄예방 대상의 1차적 예방은 범죄자이고, 2차적 예방은 우범자나 우범집단, 3차적 예방은 일반대중이 주요 대상이라고 할 수 있다.

06

뉴먼(1972)은 방어공간의 구성요소를 구분하였다. 이와 관련된 〈보기 1〉의 설명과 〈보기 2〉의 구성요소가 가장 적절하게 연결된 것은?

〈보기 1〉
(가) 철저히 감시되는 지역에 거주지를 건설하는 것이 범죄를 예방할 것이라는 것
(나) 지역에 대한 소유의식은 일상적이지 않은 일이 있을 때 주민으로 하여금 행동을 취하도록 자극함
(다) 특별한 장치의 도움 없이 실내와 실외의 활동을 관찰할 수 있는 능력임

〈보기 2〉
㉠ 영역성   ㉡ 자연적 감시
㉢ 이미지   ㉣ 환경

(가) (나) (다)
① ㉢ ㉣ ㉠
② ㉢ ㉠ ㉡
③ ㉣ ㉠ ㉡
④ ㉣ ㉢ ㉡

07

다음 중 전통적 경찰활동(Traditional Policing TP)에 대한 설명을 모두 고르시오.

> ㉠ 경찰이 곧 대중이고, 경찰과 시민 모두에게 범죄방지 의무가 있다.
> ㉡ 경찰업무 우선순위를 범죄(강도, 절도, 폭력 등) 퇴치에 둔다.
> ㉢ 업무의 효율성은 112신고와 이에 따른 반응시간이 얼마나 짧은가로 판단한다.
> ㉣ 정책결정과정에서 주민의 참여를 증대하고 경찰의 권한을 분산하는 것을 기본요소로 한다.
> ㉤ 지역사회의 요구에 부응하는 분권화된 경찰관 개개인의 능력 강조한다.
> ㉥ 언론 접촉 부서의 역할은 현장경찰관들에 대한 비판적 여론을 차단하는 것이다.

① ㉠㉡㉥　　　　② ㉡㉢㉥
③ ㉠㉣㉤　　　　④ ㉡㉣㉥

08

경찰부패에 대한 설명으로 가장 적절한 것은?

① 미끄러지기 쉬운 경사로 이론(Slippery slope theory)은 윌슨이 주장한 이론으로 사회전체가 경찰의 부패를 묵인하거나 조장할 때 경찰관은 자연스럽게 부패행위를 하게 되며, 처음 단계에는 설령 불법적인 행위를 하지 않더라도 작은 호의와 같은 것에 길들여져 나중에는 명백한 부정부패로 빠져들게 된다는 이론이다.

② 썩은 사과 이론(Rotten apple theory)은 부패의 원인을 조직의 체계적 원인으로 보고 있으며, 모집단계에서 부패가능성 있는 자의 배제를 중시한다.

③ 구조원인 가설(Structural hypothesis)은 셔먼이 주장한 이론으로서 신임경찰들이 선배 경찰에 의해 조직의 부패전통 내에서 사회화되어 신임경찰도 기존경찰처럼 부패로 물들게 된다는 이론이다.

④ 윤리적 냉소주의 가설(Ethical cynicism hypothesis)은 경찰에 대한 외부통제기능을 수행하는 정치권력, 대중매체, 시민단체의 부패는 경찰의 냉소주의를 부채질하고 부패의 전염효과를 가져온다고 한다.

09

다음에서 설명하는 경찰문화를 극복하기 위한 방안으로 가장 적절하지 않은 것은?

경찰서에서 최근 업무 효율화를 위한 새로운 방침을 도입하겠다고 발표하자, B경위는 "이번에도 보여주기식으로 끝나겠지. 내가 나설 이유가 없잖아."라며 냉소적인 태도를 보였다. 그는 일상적으로 조직에 대한 신뢰가 낮으며, 변화를 시도할 의욕이 부족한 인물이다.

① 업무 성과에 대한 보상 체계를 강화하고, 관리층이 일정 수준의 권한을 부여받아 책임감을 가질수 있도록 지원한다.
② 현장 경찰관들이 주요 의사결정에 참여할 수 있는 기회를 확대한다.
③ 상사와 부하 간 신뢰 형성을 위해 다양한 프로그램을 운영한다.
④ 상급자의 지시 방식에 변화를 주어 명령만 내리는 방식을 줄이고, 하위 직원들의 의견을 반영할수 있는 소통 방식을 구축한다.

10

「부정청탁 및 금품등 수수의 금지에 관한 법률」 제14조에서 규정하고 있는 '신고의 처리'에 대한 설명으로 가장 적절한 것은?

① 조사기관은 같은 신고를 받거나 국민권익위원회로부터 신고를 이첩받은 경우에는 그 내용에 관하여 필요한 조사·감사 또는 수사를 할 수 있다.
② 국민권익위원회가 제13조 제1항(위반행위의 신고)에 따른 신고를 받은 경우에는 그 내용에 관하여 신고자를 상대로 사실관계를 확인한 후 대통령령으로 정하는 바에 따라 조사기관에 이첩하고, 그 사실을 신고자에게 통보할 수 있다.
③ 국민권익위원회는 조사기관의 조사·감사 또는 수사 결과가 충분하지 아니하다고 인정되는 경우에는 조사·감사 또는 수사 결과를 통보받은 날부터 30일 이내에 새로운 증거자료의 제출 등 합리적인 이유를 들어 조사기관에 재조사를 요구할 수 있다.
④ ③에 따른 재조사를 요구받은 조사기관은 재조사를 종료한 날부터 7일 이내에 그 결과를 국민권익위원회에 통보하여야 한다. 이 경우 국민권익위원회는 통보를 받은 후 7일 이내에 신고자에게 재조사 결과의 요지를 알려야 한다.

11

다음 중 「공직자의 이해충돌 방지법」상 위반행위와 벌칙 규정 내용이다. 옳지 않은 것은 모두 몇 개인가?

> ㉠ 공직자로부터 제공받거나 부정 취득한 비밀·미공개 정보를 이용하여 재물·재산상 이익 취득한 자 − 7년 이하 징역 또는 7천만원 이하 벌금(병과 가능)
> ㉡ 부동산 보유·매수를 신고하지 않은 공직자 − 3천만원 이하의 과태료
> ㉢ 사적 이익을 위해 직무상 비밀 또는 미공개 정보를 이용하거나 제3자가 이용하도록 한 공직자 − 2년 이하 징역 또는 2천만원 이하 벌금
> ㉣ 공공기관(산하기관, 자회사)에 가족이 채용되도록 지시·유도 또는 묵인을 한 공직자 − 2년 이하 징역 또는 2천만원 이하 벌금
> ㉤ 직무관련자인 소속기관의 퇴직자와의 사적 접촉을 신고하지 아니한 공직자 − 1천만원 이하의 과태료

① 1개   ② 2개
③ 3개   ④ 4개

12

다음 중 '적극행정'에 관한 다음 관련 법령상의 설명 중 가장 옳지 않은 것은?

① 「적극행정 운영규정」상 '적극행정'이란 공무원이 불합리한 규제를 개선 하는 등 공공의 이익을 위해 창의성과 전문성을 바탕으로 적극적으로 업무를 처리하는 행위를 말한다.
② 「경찰관 직무집행법」상 경찰청장은 경찰관이 제2조 각 호에 따른 직무의 수행으로 인하여 민·형사상 책임과 관련된 소송을 수행할 경우 변호인 선임 등 소송 수행에 필요한 지원을 할 수 있다.
③ 「행정기본법」상 국가와 지방자치단체는 소속 공무원이 공공의 이익을 위하여 적극적으로 직무를 수행할 수 있도록 제반 여건을 조성하고, 이와 관련된 시책 및 조치를 추진하여야 한다.
④ 「행정기본법」상 행정은 현저히 공공의 이익에 반하지 않는 한 적극적으로 추진되어야 한다.

13

다음 임시정부의 경찰활동에 대한 설명으로 가장 적절하지 않은 것은?

① 임시정부경찰은 임시정부의 법령에 의하여 설치된 정식 치안조직이었다.
② 1943년 대한민국 잠행관제에 근거하여 설치된 중경시기 경위대는 일반 경찰사무, 인구조사, 징병 및 징발, 국내 정보 및 적 정보수집 등의 업무를 수행하였다.
③ 창설 이후 광복에 이르는 시기까지 임시정부경찰의 주된 임무는 임시정부의 수호였다.
④ 의경대는 교민사회의 안녕과 질서유지를 담당하였는데, 의경대의 교민사회 유지활동은 결국 임시정부 수호에도 기여하였다.

14

20세기 초 미국경찰에 대한 설명으로 적절하지 않은 것은?

① '경찰로부터의 정치분리와 정치로부터의 경찰 분리'를 기본목표로 리차드 실베스타(Richard Sylvester)와 오거스트 볼머(August Vollmer) 등에 의해 경찰 전문직화가 추진 되었다.

② 위커샴 위원회(Wickersham Commission) 보고서에서는 경찰전문성 향상을 위해 경찰관 채용기준 강화, 임금 및 복지개선, 교육훈련 증대의 필요성이 제기되었다.

③ 윌슨(O. W. Wilson)은 1인 순찰제와 도보순찰의 효과성에 관한 체계적인 연구를 수행했다.

④ 시어도어 루즈벨트(Theodore Roosevelt) 대통령의 지시로 1908년 법무부 소속의 수사국(Bureau of Investigation)이 창설되었다. 1935년 프랭클린 D. 루즈벨트(Franklin D. Roosevelt) 대통령 시기에 법무부 수사국이 미국 연방범죄수사국(Federal Bureau of Investigation, FBI)으로 개칭되었다.

15

다음 중 인사행정에 대한 설명으로 가장 옳지 않은 것은?

① 범인검거실적은 주요 4대범죄(살인·강도·강간·절도)만 평가하기 때문에 수사의 효율성을 높이기 위해 그 외의 범죄에 대한 형사활동을 축소하여 주요 범죄에 대한 수사에 집중하는 것은 실적주의 폐해 사례이다.

② 각국의 인사행정은 실적주의와 엽관주의가 적절히 조화되어 실행되고 있고, 우리나라는 실적주의를 주로 하되 엽관주의적 요소가 가미된 것으로 이해할 수 있다.

③ 엽관주의는 인사행정의 기준을 당파성과 정실에 두는 제도로 행정을 단순하게 보아 누구나 수행할 수 있는 것으로 보기 때문에 법령에 저촉되지 않는 한 일체의 신분상의 불이익을 받지 않는다.

④ 경찰직업공무원제도는 행정의 안정성, 계속성, 독립성, 중립성 확보가 용이하다.

16

다음 중 동기부여 이론에 대한 설명으로 가장 적절한 것은?

① 허즈버그(Herzberg)의 동기-위생이론에 따르면 욕구가 충족되었다고 해서 모두 동기부여로 이어지는 것이 아니고 어떤 욕구는 충족되어도 단순히 불만을 예방하는 효과밖에 없다. 이러한 불만 예방효과만 가져오는 요인을 동기요인이라고 설명한다.

② 아담스(Adams)의 형평성이론에 의하면 인간은 자신의 투입에 대한 산출의 비율이 비교대상의 투입에 대한 산출의 비율보다 크거나 작다고 지각하면 불형평성을 느끼게 되고 이에 따른 심리적 불균형을 해소하기 위하여 형평성 추구의 행동을 작동시키는 동기가 유발된다고 본다.

③ 매슬로우(Maslow)의 욕구단계이론에 의하면 가장 낮은 안전욕구부터 시작하여 다섯가지의 위계적 욕구 순으로 '안전욕구 - 생리적욕구 - 사회적욕구 - 존중욕구 - 자기실현의 욕구'를 제시하였다.

④ 브룸(Vroom)의 기대이론에 의하면 동기의 정도는 노력을 통해 얻게 될 중요한 산출물인 목표 달성, 보상, 만족에 대한 주관적 믿음에 의하여 결정되는데 특히 성과와 보상 간의 관계에 대한 인식인 기대치의 정도가 동기부여의 주요한 요인이다.

17

「경찰장비관리규칙」상 무기 탄약의 회수 및 보관에 대한 설명 중 가장 적절한 것은?

① 경찰기관의 장은 무기를 휴대한 자 중에서 사의를 표명한 자에게 대여한 무기·탄약을 즉시 회수해야 한다. 다만, 이의신청은 허용되지 않으며, 소속 부서장의 요청에 한하여 심의위원회의 심의를 거칠 수 있다.

② 경찰기관의 장은 무기를 휴대한 자 중에서 정신건강상 문제가 우려되어 치료가 필요한 자에게 대여한 무기·탄약을 즉시 회수해야 한다.

③ 경찰기관의 장은 무기를 휴대한 자 중에서 직무상의 비위 등으로 인하여 감찰조사의 대상이 되거나 경징계의결 요구 또는 경징계 처분 중인 자에게 심의위원회의 심의를 거쳐 대여한 무기·탄약을 회수할 수 있다. 다만, 심의위원회를 개최할 시간적 여유가 없거나 사고 방지 등을 위해 신속한 회수가 필요하다고 인정되는 경우에는 대여한 무기·탄약을 즉시 회수해야 하며, 회수한 날부터 7일 이내에 심의위원회를 개최하여 회수의 타당성을 심의하고 계속 회수 여부를 결정한다.

④ 경찰기관의 장은 ①~③에 규정한 사유들이 소멸되면 직권 또는 당사자 신청에 따라 무기 소지 적격 심의위원회의 심의를 거쳐 무기 회수의 해제 조치를 할 수 있다.

18

「보안업무규정」 및 「동시행세부규칙」상 비밀에 대한 설명으로 가장 적절한 것은?

① 보안업무의 법적 근거로는 국가보안법, 정보 및 보안업무기획·조정규정, 보안업무규정이 있고, 비밀의 구분은 보안업무규정 제4조에 명시되어 있다.

② 비밀은 그 중요성과 가치의 정도에 따라 I급 비밀, II급 비밀, III급 비밀, 대외비로 구분한다.

③ 시·도경찰청장은 경정 이상의 단위 기관장에게 II급 및 III급비밀 취급인가권을 위임할 수 있다.

④ 비밀열람기록전의 자료는 비밀과 함께 철하여 보관·활용하고, 비밀의 보호기간이 만료되면 비밀에서 분리한 후 각각 폐기하여야 한다.

19

다음 (   ) 안에 들어갈 인물을 바르게 나열한 것은?

> (㉠)은 경찰과 대중매체는 서로 얽혀서 범죄와 정의, 사회질서의 현실을 해석하고 규정짓는 사회기구의 역할을 수행한다고 주장하였고, 경찰과 대중매체의 관계를 '단란하고 행복스럽지 않더라도, 오래 지속되는 결혼생활'에 비유한 사람은 (㉡)이고, '경찰과 대중매체는 서로를 필요로 하기 때문에 둘 사이에는 공생관계가 발달한다.'고 주장한 사람은 (㉢)이다.

① ㉠ Ericson ㉡ Sir Robert Mark ㉢ Crandon
② ㉠ Ericson ㉡ Crandon ㉢ Sir Robert Mark
③ ㉠ Crandon ㉡ Sir Robert Mark ㉢ Ericson
④ ㉠ Sir Robert Mark ㉡ Ericson ㉢ Crandon

20

「경찰 인권보호 규칙」에 관한 설명 중 적절하지 않은 것은?

① "경찰관등"이란 경찰청과 그 소속기관의 경찰공무원, 일반직공무원, 무기계약근로자 및 기간제근로자를 의미한다.
② 경찰 활동 전반에 걸친 민주적 통제를 구현하여 경찰력 오·남용을 예방하고, 경찰 행정의 인권지향성을 높여 인권을 존중하는 경찰 활동을 정립하기 위해 경찰청장 및 시·도경찰청장의 자문기구로서 각각 경찰청 인권위원회, 시·도경찰청 인권위원회(이하 "위원회"라 한다)를 설치하여 운영한다.
③ 경찰청(인권보호담당관), 시·도경찰청(인권업무 담당 계장)의 간사는 분기별 1회 이상 인권영향평가의 이행 여부를 점검하고, 이를 소속 위원회에 제출하여야 한다.
④ 경찰청장은 경찰관등(경찰공무원으로 신규 임용될 사람을 포함)이 근무하는 동안 지속적·체계적으로 교육을 받을 수 있도록 3년 단위로 인권교육종합계획을 수립하여 시행해야 한다.

21

경찰법의 법원(法源)에 관한 설명으로 가장 적절한 것은?

① 경찰법의 법원은 일반적으로 성문법원과 불문법원으로 나눌 수 있으며 헌법, 법률 조약과 국제법규, 조리와 규칙은 성문법원이다.
② 헌법재판소의 위헌결정은 법원이나 기타 국가기관 및 지방자치단체를 기속(羈束)하므로 법원성이 인정된다.
③ 지방자치단체의 장은 법령의 범위에서 그 사무에 관하여 조례를 제정할 수 있다. 다만, 주민의 권리 제한 또는 의무 부과에 관한 사항이나 벌칙을 정할 때에는 법률의 위임이 있어야 한다.
④ 지방자치단체의 장은 법령 또는 조례가 위임한 범위 내에서 그 권한에 속하는 사무에 관하여 규칙을 제정할 수 있다.

22

「국가경찰과 자치경찰의 조직 및 운영에 관한 법률」상 '경찰청장'과 '국가수사본부장'에 대한 설명으로 옳지 않은 것은?

① 경찰청장은 치안총감으로 보하고 국가수사본부장은 치안정감으로 보한다.
② 경찰청장과 국가수사본부장의 임기는 2년으로 하고, 중임할 수 없다.
③ 국가수사본부장은 경찰의 모든 수사에 관하여 각 시·도경찰청장과 경찰서장 및 수사부서 소속 공무원을 지휘·감독한다.
④ 경찰청장 또는 국가수사본부장이 직무를 집행하면서 헌법이나 법률을 위배하였을 때에는 국회는 탄핵소추를 의결할 수 있다.

23

다음 보기의 위임에 대한 내용으로 옳지 않은 것은?

> 경찰청장은 대통령령으로 정하는 바에 따라 경찰공무원의 임용에 관한 권한의 일부를 시·도지사, 국가수사본부장, 소속 기관의 장, 시·도경찰청장에게 위임할 수 있다.

① 경찰청장의 권한 자체를 이전한다.

② 경찰청장은 시·도경찰청장의 수임사무 처리에 대하여 지휘·감독하거나, 그 처리가 위법하거나 부당하다고 인정될 때에는 이를 취소하거나 정지시킬 수 없다.

③ 이 경우 시·도지사는 위임받은 권한의 일부를 대통령령으로 정하는 바에 따라 시·도자치경찰위원회, 시·도경찰청장에게 다시 위임할 수 있다.

④ 시·도경찰청장은 위임된 권한을 자기명의와 책임하에 행하고 쟁송시 피고도 시·도경찰청장이 된다.

24

「경찰공무원 임용령」상 채용후보자의 자격상실 사유와 관련된 내용이다. 다음 내용 중에서 채용후보자의 자격상실 사유에 해당하지 않은 것은 모두 몇 개인가?

> ㉠ 채용후보자로서 받아야 할 교육훈련에 응하지 않은 경우
>
> ㉡ 채용후보자로서 받은 교육훈련과정의 수료요건 또는 졸업요건을 갖추지 못한 경우
>
> ㉢ 채용후보자로서 교육훈련 중 질병, 병역 복무 또는 그 밖에 교육훈련을 계속할 수 없는 사유로 퇴교처분을 받은 경우
>
> ㉣ 채용후보자로서 품위를 크게 손상하는 행위를 함으로써 경찰공무원으로서의 직무를 수행하기 곤란하다고 인정되는 경우
>
> ㉤ 법 또는 법에 따른 명령을 위반하여 「경찰공무원 징계령」 제2조 제2호에 따른 경징계 사유에 해당하는 비위를 저지른 경우

① 1개   ② 2개

③ 3개   ④ 4개

25

경찰권발동의 근거와 한계에 관한 설명으로 적절하지 않은 것은? (다툼이 있는 경우 판례에 의함)

① 파출소 직원 甲은 주민 乙로부터 집에 간첩이 있으니 출동하여 달라는 요청을 받았으나, 신고의 신빙성을 의심하여 출동을 하지 않았다. 乙의 집에는 모친 丙이 있었는데 乙이 신고를 하러 간 사이에 간첩한테 살해당하고 말았다. 그 후 乙은 국가를 상대로 丙의 사망에 대하여 손해배상청구소송을 제기하였고, 법원에 의하여 인용된 사례는 재량권 영으로의 수축 이론과 경찰개입 청구권과 관계가 있다.

② 경찰관이 교통법규 등을 위반하고 도주하는 차량을 순찰차로 추적하는 직무를 집행하는 중에 그 도주차량의 주행에 의하여 제3자가 손해를 입었다면 특별한 사정이 없는 한 그 추적행위는 위법하다.

③ 「경찰관 직무집행법」 제2조 제7호는 경찰권발동 권한을 포괄적으로 수권하는 규정이지만, 개별적 수권규정이 없는 때에 한하여 제2차적·보충적으로 적용된다는 것이 판례의 견해다.

④ 편의주의 원칙은 범죄수사에 있어서의 수사법정주의 원칙에 반대되는 개념으로 경찰위반의 상태가 있는 경우에는 반드시 경찰권을 발동해야 하는 것은 아니고, 발동의 여부 또는 어떠한 수단의 선택에 있어서 당해 경찰관청의 의무에 합당한 재량에 따른다는 원칙이다.

26

행정행위에 대한 설명으로 옳지 않은 것은? (다툼이 있으면 판례에 의함)

① 민법 제45조와 제46조에서 말하는 재단법인의 정관변경 "허가"는 법률상의 표현이 허가로 되어 있기는 하나, 그 성질에 있어 법률행위의 효력을 보충해 주는 것이지 일반적 금지를 해제하는 것이 아니므로, 그 법적 성격은 인가라고 보아야 한다.

② 하천법 제33조에 의한 하천의 점용허가에 따라 해당 하천을 점용할 수 있는 권리와 마찬가지로 특허에 의한 공물사용권의 일종으로서, 양도가 가능하고 이에 대한 민사집행법상의 집행 역시 가능한 독립된 재산적 가치가 있는 구체적인 권리라고 보아야 한다.

③ 위법한 행정대집행이 완료되면 그 처분의 무효확인 또는 취소를 구할 소의 이익은 없다 하더라도, 미리 그 행정처분의 취소판결이 있어야만, 그 행정처분의 위법임을 이유로 한 손해배상 청구를 할 수 있다.

④ 행정행위의 취소 사유는 행정행위의 성립 당시에 존재하였던 하자를 말하고, 철회 사유는 행정행위가 성립된 이후에 새로이 발생한 것으로서 행정행위의 효력을 존속시킬 수 없는 사유를 말한다.

27

「행정기본법」상 이의신청과 재심사에 관한 설명으로 옳지 않은 것은?

① 이의신청에 대한 결과를 통지받은 후 행정심판 또는 행정소송을 제기하려는 자는 그 결과를 통지받은 날부터 90일 이내에 행정심판 또는 행정소송을 제기할 수 있다.

② 공무원 인사관계 법령에 의한 징계 등 처분에 관한 사항에 대하여도 「행정기본법」상의 이의신청 규정이 적용된다.

③ 당사자는 처분(제재처분 및 행정상 강제는 제외)이 행정심판, 행정소송 및 그 밖의 쟁송을 통하여 다툴 수 없게 된 경우(법원의 확정판결이 있는 경우는 제외)라도 처분의 근거가 된 사실관계 또는 법률관계가 추후에 당사자에게 유리하게 바뀐 경우에는 해당 처분을 한 행정청에 처분을 취소·철회하거나 변경하여 줄 것을 신청할 수 있다.

④ 처분의 재심사 결과 중 처분을 유지하는 결과에 대해서는 행정심판, 행정소송 및 그 밖의 쟁송수단을 통하여 불복할 수 없다.

28

「개인정보 보호법」에 관한 설명으로 가장 적절한 것은?

① 개인정보처리자는 법령상 의무를 준수하기 위하여 불가피한 경우에는 개인정보를 수집할 수 있으나, 그 수집 목적의 범위와 상관없이 자유롭게 이용할 수 있다.

② 정보주체는 자신의 개인정보 처리와 관련하여 개인정보의 처리 정지, 정정·삭제 및 파기를 요구할 권리를 가진다.

③ 고정형영상정보처리기기운영자는 고정형 영상정보처리기기의 설치 목적과 다른 목적으로 고정형 영상정보처리기기를 임의로 조작하거나 다른 곳을 비춰서는 아니 되며, 녹음기능은 사용할 수 있다.

④ 개인정보처리자는 통계작성, 과학적 연구, 공익적 기록보존 등을 위하여 가명정보를 처리하는 경우에 정보주체에게 이를 알리고 동의를 받아야 한다.

29

아래 〈보기〉에서 간접적 의무이행 확보수단에 해당하는 것은 모두 몇 개인가?

〈보기〉	
㉠ 즉시강제	㉡ 행정대집행
㉢ 행정형벌	㉣ 이행강제금 부과
㉤ 강제징수	㉥ 과징금
㉦ 공급 거부	

① 3개   ② 4개

③ 5개   ④ 6개

30

「행정절차법」상 행정청이 처분을 할 때에 당사자에게 그 근거와 이유를 반드시 제시하여야 하는 경우는?

① 신청 내용을 모두 그대로 인정하는 처분인 경우
② 긴급히 처분을 할 필요가 있는 경우
③ 단순·반복적인 처분 또는 경미한 처분으로서 당사자가 그 이유를 명확히 알 수 있는 경우
④ 처분의 성질상 이유의 제시가 현저히 곤란한 경우

31

다음과 같은 경우의 배상책임에 대한 설명으로 타당한 것은?

> 시위진압을 위해 출동한 김경장은 기동대 버스를 주차할 곳이 마땅하지 않아 언덕길에 핸드브레이크를 사용하여 안전을 확인한 후 주차하였으나, 버스가 뒤로 밀리면서 뒤에 주차되어 있던 주민 甲의 승용차를 손괴하고, 행인 乙에게도 전치 3주의 부상을 입혔다.

① 국가는 김경장의 고의·과실을 불문하고 배상책임이 있고, 만일 김경장이 고의 또는 중과실이 있는 경우에는 김경장에게 구상권을 행사할 수 있다.
② 국가는 김경장의 고의 또는 중과실이 있는 경우에만 배상책임이 있다.
③ 국가는 김경장의 고의 또는 중과실을 불문하고 구상권을 행사할 수 없다.
④ 국가는 김경장의 과실이 있는 경우에만 배상책임이 있다.

32

「경찰관 직무집행법」에 대한 내용으로 옳은 것은?

① 경찰관은 직무 수행에 필요하다고 인정되는 상당한 이유가 있을 때에는 국가기관이나 공사(公私) 단체 등에 직무 수행에 관련된 사실을 조회할 수 있다.
② 경찰관은 미아를 인수할 보호자 확인, 유실물을 인수할 권리자 확인, 사고로 인한 사상자(死傷者) 확인, 형사책임을 규명하기 위한 사실조사에 필요한 사실 확인을 위하여 필요하면 관계인에게 출석하여야 하는 사유·일시 및 장소를 명확히 적은 출석 요구서를 보내 경찰관서에 출석할 것을 요구할 수 있다.
③ 흥행장(興行場), 여관, 음식점, 역, 그 밖에 많은 사람이 출입하는 장소의 관리자나 그에 준하는 관계인은 경찰관이 범죄나 사람의 생명·신체·재산에 대한 위해를 예방하기 위하여 해당 장소의 영업시간이나 해당 장소가 일반인에게 공개된 시간에 그 장소에 출입하겠다고 요구하면 정당한 이유 없이 그 요구를 거절할 수 없다.
④ 경찰관이 위험방지를 위해 여관에 출입할 경우에는 그 신분을 표시하는 증표의 제시의무는 없다.

33

「경찰관의 정보수집 및 처리 등에 관한 규정(대통령령)」에 대한 설명으로 가장 적절한 것은?

① 경찰관이 「경찰관 직무집행법」 제8조의2 제1항에 따라 수집·작성·배포할 수 있는 정보의 구체적인 범위에는 범죄의 예방과 대응에 필요한 정보와 범죄수사에 필요한 정보가 포함된다.

② 경찰관은 법 제8조의2 제1항에 따라 정보를 수집하는 경우에는 상대방에게 신분을 밝힐 의무는 있으나, 정보수집이나 사실 확인의 목적을 설명하지 않아도 무방하다.

③ 누구든지 정보활동과 관련하여 경찰관에게 이 영과 그 밖의 법령에 반하여 지시해서는 안 되며, 경찰관은 명백히 위법한 지시라고 판단되는 경우에는 그 집행을 거부하여야 한다.

④ 범죄의 대응을 위한 정보활동에 현저한 지장을 초래할 우려가 있는 경우에는 ②의 절차를 생략할 수 있다.

34

「경찰 물리력 행사의 기준과 방법에 관한 규칙(경찰청예규)」에서 규정하고 있는 '저위험 물리력'의 종류에 해당하는 것은 모두 몇 개인가?

> ㉠ 목을 압박하여 제압하거나 관절을 꺾는 방법
> ㉡ 손바닥, 주먹, 발 등 신체부위를 이용한 가격
> ㉢ 경찰봉으로 중요 신체 부위를 찌르거나 가격
> ㉣ 전자충격기 사용
> ㉤ 권총 등 총기류 사용

① 1개   ② 2개
③ 3개   ④ 4개

35

「아동·청소년의 성보호에 관한 법률」상 미수범 처벌 규정에 해당하는 것은 모두 몇 개인가?

> ㉠ 아동·청소년의 성을 사는 행위 또는 아동·청소년성착취물을 제작하는 행위의 대상이 될 것을 알면서 아동·청소년을 매매 또는 국외에 이송하거나 국외에 거주하는 아동·청소년을 국내에 이송한 자
> ㉡ 아동·청소년의 성을 사는 행위의 장소를 제공하는 행위를 업으로 하는 자
> ㉢ 폭행이나 협박으로 아동·청소년으로 하여금 아동·청소년의 성을 사는 행위의 상대방이 되게 한 자
> ㉣ 영업으로 아동·청소년의 성을 사는 행위를 하도록 유인·권유 또는 강요한 자
> ㉤ 위계(僞計) 또는 위력으로써 아동·청소년을 추행한 자
> ㉥ 영업으로 아동·청소년을 아동·청소년의 성을 사는 행위의 상대방이 되도록 유인·권유한 자

① 3개   ② 4개
③ 5개   ④ 6개

36

「통신비밀보호법」에 대한 설명으로 가장 적절한 것은? (다툼이 있는 경우 판례에 의함)

① '감청'이란 전기통신의 송·수신과 동시에 이루어지는 경우뿐만 아니라 이미 수신이 완료된 전기통신의 내용을 지득하는 등의 행위도 포함한다.

② 통신제한조치로 취득한 자료는 통신의 당사자가 제기하는 손해배상소송에서 사용할 수 없다.

③ 사법경찰관이 긴급통신제한조치를 할 경우에는 미리 검사의 지휘를 받아야 한다. 다만, 특히 급속을 요하여 미리 지휘를 받을 수 없는 사유가 있는 경우에는 긴급통신제한조치의 집행착수 후 지체없이 법원의 승인을 얻어야 한다.

④ 검사, 사법경찰관 또는 정보수사기관의 장은 긴급통신제한조치의 집행에 착수한 때부터 36시간 이내에 법원의 허가를 받지 못한 경우에는 해당 조치를 즉시 중지하고 해당 조치로 취득한 자료를 폐기하여야 한다.

37

인질사건에서 시간의 경과에 따라 인질범이 인질에 동화되어 인질의 입장을 이해하고 호의를 베푸는 현상으로 가장 적절한 것은?

① 리마 증후군(Lima syndrome)

② 스톡홀름 증후군(Stockholm syndrome)

③ 투사(Projection)

④ 기사도 가설(Chivalry hypothesis)

38

「청원경찰법」에 대한 설명으로 적절한 것은 모두 몇 개인가?

가. 청원경찰은 청원주와 배치된 기관·시설 또는 사업장 등의 구역을 관할하는 경찰서장의 감독을 받아 그 경비구역만의 경비를 목적으로 필요한 범위에서 「청원경찰법」에 따른 경찰관의 직무를 수행한다.
나. 청원경찰이 직무상의 의무 등을 위반하는 경우에는 청원주 및 관할 감독 경찰서장은 대통령령이 정하는 징계절차를 거쳐 징계처분을 하여야 한다.
다. 청원주가 청원경찰을 면직시켰을 때에는 그 사실을 관할 경찰서장을 거쳐 시·도경찰청장에게 보고하여야 한다
라. 청원경찰이 직무를 수행할 때 직권을 남용하여 국민에게 해를 끼친 경우에는 6개월 이하의 징역이나 금고에 처한다.
마. 청원경찰에 대한 징계의 종류는 파면, 해임, 강등, 정직, 감봉 및 견책으로 구분한다.

① 1개   ② 2개

③ 3개   ④ 4개

39

'음주운전'과 관련된 내용으로 가장 적절한 것은? (다툼이 있는 경우 판례에 의함)

① 특별한 이유 없이 호흡측정기에 의한 측정에 불응하는 운전자에게 경찰공무원이 혈액채취에 의한 측정방법이 있음을 고지하고 그 선택 여부를 물어야 할 의무가 있다.

② 피고인의 음주와 음주운전을 목격한 참고인이 있는 상황에서 경찰관이 음주 및 음주운전 종료로부터 약 5시간 후 집에서 자고 있는 피고인을 연행하여 음주측정을 요구한 데에 대하여 피고인이 불응한 경우, 「도로교통법」상 음주측정불응죄가 성립되지 않는다.

③ 술에 취해 자동차 안에서 잠을 자다가 추위를 느껴 히터를 가동시키기 위하여 시동을 걸었고, 실수로 자동차의 제동장치 등을 건드렸거나 처음 주차할 때 안전조치를 제대로 취하지 아니한 탓으로 원동기의 추진력에 의하여 자동차가 약간 경사진 길을 따라 앞으로 움직여 피해자의 차량 옆면을 충격한 경우, 이를 자동차를 운전한 것으로 본다.

④ 물로 입 안을 헹굴 기회를 달라는 피고인의 요구를 무시한 채 호흡측정기로 측정한 혈중알코올 농도 수치가 0.05%로 나타난 사안에서, 피고인이 당시 혈중알코올 농도 0.05% 이상의 술에 취한 상태에서 운전하였다고 단정할 수 없다.

40

다음 〈보기〉의 내용은 국제수배서의 종류에 대한 설명이다. 가장 옳게 짝지어진 것은?

㉠ 체포영장이 발부된 범죄인에 대하여 범죄인 인도를 목적으로 하는 경우에 발행

㉡ 폭발물, 테러범, 위험인물 등에 대한 보안을 경보하기 위하여 발행

㉢ 사망자의 신원을 확인할 수 없거나 사망자가 가명을 사용하였을 경우 정확한 신원을 파악할 목적으로 발행

㉣ 여러 국가에서 상습적으로 범죄를 저질렀거나 범죄를 저지를 가능성이 있는 국제범죄자의 동행을 파악 및 사전에 그 범행을 방지할 목적으로 발행

㉤ 가출인의 소재 확인 또는 기억상실자 등의 신원을 확인할 목적으로 발행

	㉠	㉡	㉢	㉣	㉤
①	적색 수배서	오렌지색 수배서	흑색 수배서	녹색 수배서	황색 수배서
②	청색 수배서	흑색 수배서	황색 수배서	오렌지색 수배서	적색 수배서
③	적색 수배서	청색 수배서	흑색 수배서	녹색 수배서	황색 수배서
④	청색 수배서	오렌지색 수배서	녹색 수배서	적색 수배서	흑색 수배서

킹재규경찰학

총알 총정리 모의고사

충충모
∞

해설

모의고사 1회 해설

1	2	3	4	5	6	7	8	9	10
①	④	③	④	④	②	④	③	②	②
11	12	13	14	15	16	17	18	19	20
④	②	④	②	③	④	②	④	③	②
21	22	23	24	25	26	27	28	29	30
③	②	①	①	①	④	①	①	①	①
31	32	33	34	35	36	37	38	39	40
③	②	②	②	④	②	④	④	③	③

01

① (O) 15세기(중세경찰)부터 17세기(경찰국가 시대) 이르기까지 경찰은 공동체의 질서정연한 상태를 창설·유지하기 위하여 신민(臣民)의 거의 모든 생활영역이 포괄적으로 규제(절대주의적 국가권력)될 수 있었다.

② (X) 1931년 제정된 「프로이센 경찰행정법」 제14조 제1항은 크로이츠베르크 판결(1882)에 의해 발전된 실질적 의미(형식적 의미 X)의 경찰개념을 성문화시켰다.

③ (X) 1953년 제정된 우리나라의 「경찰관 직무집행법」에는 대륙법계와 영미법계의 경찰개념이 모두 반영되어 있다.

④ (X) 맬로리(Mallory) 판결에 대한 설명이다.

02

① (X) '공공의 안녕'이란 개념은 '법질서의 불가침성'과 '국가의 존립 및 국가기관 기능성의 불가침성', '개인의 권리와 법익의 보호'를 포함하며, 이 중 공공의 안녕의 제1요소는 '법질서의 불가침성'이다.

② (X) 공공질서는 원만한 공동체생활을 영위하기 위한 불가결적 전제 조건이 되는 각 개인의 행동에 대한 불문규범의 총체로, 오늘날 거의 모든 생활영역에 법적 안전성 확보를 위해 불문규범이 전면규범화(성문화) 증가추세에 따라 공공질서 개념의 사용가능분야는 점점 "축소"되고 있다.

③ (X) 무형의 권리(지적재산권의 보호) 역시 경찰의 보호대상이 될 수 있다.

03

보기의 상황은 오상위험에 해당한다.

① (X) 위험혐의에 대한 설명이다.

② (X) 외관적 위험에 대한 설명이다.

③ (O) 오상위험 (추정적(성)위험)에 대한 설명이다.

④ (X) 외관적 위험에 대한 설명이다.

04

① (X) 사이크스(G. M. Sykes)는 각 시대의 사회적, 문화적, 역사적 상황과 환경에 따라 다른 모습을 하게 되는 상대적 개념이라고 정의한다.

② (X) 실리(J. F. Sheley)가 주장한 범죄유발의 4요소는 범행의 동기, 사회적 제재로부터의 자유, 범행의 기술, 범행의 기회(보호자의 부재 X)이다.

③ (X) 강도, 절도, 폭행, 차량절도 등과 같이 신체적 폭력이나 직접적인 재산 침해를 수반하는 범죄는 일반적으로 블루칼라범죄(blue-collar crimes)로 분류된다.

05

① (O) [최신기출] 2024년 8월 3일 경간부(범죄학) 오답포인트

> 버제스(Burgess)는 특정 도시의 성장은 도시 중심부에서 주변부(주변부에서 중심부 X)로 동심원을 그리며 진행되는데, 그러한 과정에서 침입·지배·계승이 이루어진다고 하였다.

④ (X) 뒤르켐(Durkheim)의 긴장(아노미)이론에 대한 설명이다.

06

① (X) 합리적 선택이론을 주장한 학자는 클락과 코니쉬이다.

③ (X) 범죄의 상황적 요인은 합리적 선택이론에서 매우 중요한 요소로 고려된다. 잠재적 범죄자는 특정 상황에서 범죄를 실행하기 전에 비용(위험)과 편익(이득)을 분석한다.

④ (X) 합리적 선택이론(고전주의에 바탕)은 개인의 관점에서 범죄기회를 감소시키려는 미시적 범죄예방이론으로서, 특별예방효과보다는 일반예방효과에 중점을 둔다.

07

④ (X) 가장 중요한 정보-전통적 경찰활동의 관점에서는 범죄사건 정보(특정 범죄사건 또는 일련의 범죄사건 관련 정보)이고, 지역사회 경찰활동의 관점에서는 범죄자 정보(개인 또는 집단의 활동사항 관련 정보)이다.

08

ⓒⓔⓜ 옳은 연결이다.
㉠ (X) 냉정하고 객관적인 자세에 위배
ⓒ (O) 공정한 접근 중에 편들기에 해당
ⓒ (X) 공공의 신뢰확보에 위배

09

①③ (X) 전체사회 가설에 대한 사례이다.
② (O) 썩은 사과 이론(Rotten apple theory)은 부패의 원인을 개인적 결함으로 보고 있으며, 모집단계에서 부패가능성 있는 자의 배제를 중시한다.
④ (X) 구조원인 가설에 대한 사례이다.

10

① (X) 가상자산이란 경제적 가치를 지닌 것으로서 전자적으로 거래 또는 이전될 수 있는 전자적 증표(그에 관한 일체의 권리를 포함한다)를 말한다(특정금융정보법 §2).
② (O) 공무원은 수사·단속의 대상이 되는 업소 중 **경찰청장**(행동강령책임관 X)이 지정하는 유형의 업소 관계자와 부적절한 사적 접촉을 하여서는 아니 되며, 공적 또는 사적으로 접촉한 경우 경찰청장이 정하는 방법에 따라 **신고하여야 한다**(할 수 있다 X)(동강령 제5조의2 제1항).
③ (X) 가상자산과 관련된 수사·조사·검사 등에 관련되는 직무를 수행하는 부서와 직위는 **경찰청장**(소속기관의 장 X)이 정한다(동강령 제12조의2 제2항 제2호, 제3항).
④ (X) 공무원은 월 3회를 초과하여 대가를 받고 외부강의등을 하려는 경우에는 미리 소속 기관의 장의 **승인**(보고 X)을 받아야 한다(제15조 제5항).

11

④ (X) 공직자가 소속된 공공기관과 계약을 체결하거나 체결하려는 것이 명백한 개인이나 법인 또는 단체는 "**직무관련자**"에 대한 설명이다(공직자의 이해충돌 방지법 제2조 제5호 다목).

12

① (X) **경찰청** 소속 공무원 등의 적극행정 면책신청에 대한 심사를 위하여 경찰청에 "적극행정 면책심사위원회"(이하 "위원회"라 한다)를 둔다.
② (O) 위원회는 위원장 1명을 포함하여 5명 이상 7명 이내로 성별을 고려하여 구성하며 위원장은 감사관으로 하고 위원은 심사안건 관련 부서장(감사담당관 또는 감찰담당관)을 포함하여 회의 개최 시 마다 위원장이 경찰청 소속 과장급 공무원 중에서 지명하는 사람으로 한다. 다만, 위원 중 1인은 경감 이하 경찰공무원 또는 6급 이하 일반직공무원으로 한다.
③ (X) 위원회의 위원장은 회의를 소집하고 위원회를 대표하며 위원회의 사무를 총괄한다.
④ (X) 위원회의 회의는 재적위원 과반수의 찬성으로 개의(開議)하고, 출석위원 과반수의 찬성으로 의결한다.

13

① (X) 비경찰화 작용의 일환으로 위생사무를 미군정청에 위생국으로 이관하였고, 경제경찰과 고등경찰을 폐지하였다. 정보업무를 담당할 정보경찰은 신설되었다.
② (X) 1945년에 **정치범처벌법·치안유지법·예비검속법**이 폐지되었고, 1948년에 마지막으로 보안법을 폐지하였다.
③ (X) 1947년 6인으로 구성된 중앙경찰위원회가 법령 제157호로 설치되었으며, 중요한 경무정책의 수립·경찰관리의 소환·심문·임면·이동 등에 관한 사항을 심의하였다.

14

② (X) 지역치안위원장은 **지역주민의 선거**에 의해 선출된다.

15

① (X) 국민의 지지에 따라서 정부가 구성되므로 정책 추진이 용이하며 의회와 행정부 간의 조정이 활성화되는 것은 **엽관주의에 관한 내용**이다.
② (X) **엽관주의**는 미국의 민주정치 발전과정에서 도입된 인사제도이다.
④ (X) 양 제도는 상호 보완적으로 이해하여 조화를 이루도록 하는 것이 바람직하며 우리나라는 실적주의를 기반으로 엽관주의적 요소를 보충적으로 가미하였다.

16

가. (O)
나. (O)
다. (O)
라. (O)
마. (X) 인사배치의 신축성과 융통성은 **계급제의 특징**이다.

17

② (X) 성과주의 예산제도(Performance Budgeting)는 '단위원가×업무량 = 예산액'으로 표시하여 편성하는 예산제도로서 사업의 성과보다는 산출물에 초점을 두며, 예산을 들여 사업과 활동별로 무엇을 하는지에 대한 **정보를 알기 쉽다.**

18

④ (O) 甲은 **직무상의 비위 등으로 인하여 중징계 의결 요구된 자**로서 즉시 대여한 무기·탄약을 회수해야 한다. 다만, 경찰관甲이 이의신청을 요청하는 경우에는 무기 소지 적격 심의위원회(이하 '심의위원회'라 한다)의 심의를 거쳐 대여한 무기·탄약의 회수여부를 결정한다(경찰장비관리규칙 제120조 제1항 제1호).

19

③ (X) 경찰조직의 **정책과오에 대해서 둔감**한 반면, 경찰공무원 개인의 비위문제에 대해서는 민감하게 반응하는 경향이 있다.

20

①③④ (O) 동규칙 제37조
② (X) **진정의 각하사유에 해당한다**(동규칙 제29조 제1항 제4호).

21

㉠ (X) 국가경찰위원회는 경찰의 민주주의와 정치적 중립성을 보장하기 위하여 **행정안전부에 설치한 독립적 심의·의결 기구**이다(국가경찰과 자치경찰의 조직 및 운영에 관한 법률 제7조 제1항).
㉡ (X) 국가경찰위원회는 위원장 1명을 포함한 **7명의 위원**으로 구성하되, 위원장 및 5명의 위원은 **비상임**으로 하고, 1명의 위원은 상임(**정무직**)으로 한다(동법 제7조 제2항).
㉢ (X) 위원의 임기는 3년으로 하며, **연임할 수 없다**(있다 X). 이 경우 보궐위원의 임기는 전임자 임기의 남은 기간으로 한다(동법 제9조 제1항).
㉣ (X) 국가경찰위원회의 사무는 **경찰청**에서 수행한다(동법 제11조 제1항).
㉤ (X) 의결한 날부터 **10일 이내**(7일 이내 X)에 재의요구서를 위원회에 제출하여야 한다(동규정 제6조 제1항).
㉥ (X) 위원장은 재의요구가 있는 경우에는 그 요구를 받은 날부터 **7일 이내**(10일 이내 X)에 회의를 소집하여 다시 의결하여야 한다(동규정 제6조 제2항).

22

① (O) 권한의 위임은 권한이 이전되기 때문에 권한을 위임받은 **수임청은 자기의 이름 및 자기의 책임으로 권한을 행사**한다.
② (X) 위임으로 권한의 귀속이 변경되어 수임기관은 자기의 명의와 책임 하에 권한을 행사하고 위임된 권한에 관한 쟁송 시 **수임관청**(위임관청 X) 자신이 당사자가 된다.
③ (O)
④ (O) 국가경찰과 자치경찰의 조직 및 운영에 관한 법률 제15조 제2항

23

ⓁⒺ이 국가공무원법과 경찰공무원법상 공통적으로 적용되는 임용결격사유에 해당한다.

Ⓝ (X) 공무원으로 재직기간 중 직무와 관련하여 「형법」 제355조 및 제356조에 규정된 죄를 범한 자로서 300만원 이상의 벌금형을 선고받고 그 형이 확정된 후 2년이 지나지 아니한 자 - 2년이 지난 사람은 국가공무원법과 경찰공무원법상의 결격사유가 아니다.

ⓒ (X) 국가공무원법 : 금고 이상, 경찰공무원법 : 자격정지 이상

ⓜ (X) 징계로 파면처분을 받은 때부터 5년이 지난 사람도 경찰공무원법상 결격사유이나 국가공무원법상은 징계로 파면처분을 받은 때부터 5년이 지난 사람은 결격사유가 아니다.

ⓑ (X) 대한민국 국적을 가지지 아니한 사람은 경찰공무원법상 결격사유이나 국가공무원법상은 임용결격사유가 아니다.

ⓢ (X) 국가공무원법상의 결격사유(국가공무원법 제33조 6의4호 마목).

24

① (X) 징계위원회는 징계등 의결을 하였을 때에는 지체 없이 징계등 의결을 요구한 자에게 의결서 **정본(正本)**을 보내어 통지하여야 한다(경찰공무원 징계령 제17조).

② (O) 징계등 의결을 요구한 자는 **경징계(= 감봉 또는 견책)**의 징계등 의결을 통지받았을 때에는 통지받은 날부터 **15일 이내(30일 이내 X)**에 징계등을 집행하여야 한다(동징계령 제18조 제1항).

③ (O) 대판 99두6101

④ (O) 동징계령 제19조 제1항

25

① (X) 경찰긴급권은 긴급한 필요가 있는 경우에 경찰책임이 없는 제3자에 대하여 경찰권을 발동하는 경우를 말하는데, **경찰책임의 원칙의 예외에 해당한다.**

26

④ (X) 시험합격자 결정은 다툼이 있는 사실에 대한 공적 판단의 표시인 확인에 해당한다.

27

ⓝ (X) 행정에 관한 나이는 다른 법령등에 특별한 규정이 있는 경우를 제외하고는 출생일을 산입하여(산입하지 않고 X) 만(滿) 나이로 계산하고, 연수(年數)로 표시한다. 다만, 1세에 이르지 아니한 경우에는 월수(月數)로 표시할 수 있다(행정기본법 제7조의2).

ⓛ (X) 행정작용은 행정작용으로 인한 **국민의 이익 침해(공익 X)**가 그 행정작용이 의도하는 **공익(국민의 이익 침해 X)**보다 크지 아니할 것(동법 제10조 제3호).

ⓒ (X) 행정청은 법률로 정하는 바에 따라 완전히 자동화된 시스템(인공지능 기술을 적용한 시스템을 **포함**)으로 처분을 할 수 있으나, 처분에 재량이 있는 경우는 그러하지 아니하다(동법 제20조).

ⓔ (O) 행정청은 법령등의 위반행위가 종료된 날부터 5년이 지나면 해당 위반행위에 대하여 제재처분(인허가의 정지·취소·철회, 등록 말소, 영업소 폐쇄와 정지를 갈음하는 과징금 부과를 말한다)을 할 수 없다(동법 제23조 제1항).

28

① (X) **이행강제금**은 행정상 강제집행의 수단으로 **장래**를 향한 의무이행을 확보하기 위한 것인데 반해 **형사처벌**은 과거의 위반에 대한 제재를 주된 목적으로 한다. 따라서 양자병과 될 수 있으며, 헌법상 이중처벌금지의 원칙에 위반되지 않는다.

② (O) 대법원 2020. 4. 29. 선고 2017도13409

③ (O) 경찰상 실효성 확보수단 중 직접적인 실효성 확보수단은 즉시강제, 대집행, 강제징수, 직접강제가 있다.

④ (O) 대법원 2017. 4. 7.자 2016마1626

29

① (X) 정보통신망을 이용한 송달은 송달받을 자가 동의하는 경우에만 한다. 이 경우 **송달받을 자는 송달받을 전자우편주소(행정청이 송달받을 주소 X)** 등을 지정하여야 한다(행정절차법 제14조 제3항).

② (O) 동법 제15조 제2항

③ (O) 동법 제15조 제1항

④ (O) 동법 제14조 제4항 제2호

30

① (O) 행정심판법 제3조 제2항

② (X) **무효등확인심판**은 행정청의 처분의 효력 유무 또는 존재 여부를 확인하는 행정심판이다(동법 제5조 제2호).

③ (X) 심판청구는 **서면**(말 X)으로 하여야 한다(동법 제28조 제1항).

④ (X) 행정심판의 재결에 불복하는 경우 그 재결 및 같은 처분 또는 부작위에 대하여 다시 행정심판을 청구할 수 **없다**(있다 X)(동법 제51조).

31

① (X) 경찰관은 이미 행하여진 범죄나 행하여지려고 하는 범죄행위에 관한 사실을 안다고 인정되는 사람을 정지시켜 **질문할 수 있다**(경찰관 직무집행법 제3조 제1항 제2호).

② (X) 경찰관은 불심검문시 정지시킨 장소에서 질문을 하는 것이 그 사람에게 불리하거나 교통에 방해가 된다고 인정될 때에는 질문을 하기 위하여 가까운 경찰서·지구대·파출소 또는 출장소(지방해양경찰관서 포함하며, 이하 "경찰관서"라 함)로 동행할 것을 요구할 수 있다. 이 경우 동행을 요구받은 사람은 그 요구를 **거절할 수 있다**(동법 제3조 제2항).

③ (O) 동법 제3조 제6항, 제7항

④ (X) 경찰관은 불심검문 대상자에게 질문을 할 때에 그 사람이 흉기를 가지고 있는지를 조사할 수 있다(동법 제3조 제3항). 경찰관 직무집행법은 흉기 이외의 **일반소지품 조사 규정을 두고 있지 않다**.

32

① (X) '경찰장구'란 경찰관이 휴대하여 범인 검거와 범죄 진압 등의 직무 수행에 사용하는 **수갑, 포승, 경찰봉, 방패(도검 X)** 등을 말한다(경찰관 직무집행법 제10조의2 제2항).

② (O) 동법 제10조의4

③ (X) **최루탄도** 제10조의3(분사기 등의 사용)에서 함께 **사용요건이 명시**되어 있다.

④ (X) '경찰착용기록장치'는 사람의 생명·신체에 위해를 끼치거나 재산에 중대한 손해를 끼칠 우려가 있는 범죄행위를 긴급하게 예방 및 제지하는 경우 경찰관은 직무 수행을 위하여 필요한 경우에는 필요한 최소한의 범위에서 사용할 수 있다(동법 제10조의5 제1항).

33

① (X) 접촉 통제란 '소극적 저항' 이상의 상태인 대상자에 대해 사용할 수 있는 물리력 수준으로서, 대상자 신체 접촉을 통해 경찰목적 달성을 강제하지만 신체적 부상을 야기할 가능성은 극히 낮은 물리력을 말한다(경찰 물리력 행사의 기준과 방법에 관한 규칙 2.2.2).

② (O) 옳은 설명이다(동규칙 2.2.1).

③ (X) **저위험 물리력**이란 '적극적 저항' 이상의 상태인 대상자에 대해 사용할 수 있는 물리력 수준으로서, 대상자가 통증을 느낄 수 있으나 신체적 부상을 당할 가능성은 낮은 물리력을 말한다.

④ (X) **중위험 물리력**이란 '폭력적 공격' 이상의 상태의 대상자에 대해 사용할 수 있는 물리력 수준으로서, 대상자에게 신체적 부상을 입힐 수 있으나 생명·신체에 대한 중대한 위해 발생 가능성은 낮은 물리력을 말하며, **폭력적 공격**이란 대상자가 경찰관 또는 제3자에 대해 신체적 위해를 가하는 상태를 말한다. 대상자가 경찰관 또는 제3자에 대해 사망 또는 심각한 부상을 초래할 수 있는 행위를 하는 상태는 치명적 공격에 관한 내용이다.

34

가. 보상금의 최고액은 5억원으로 하며, 구체적인 보상금 지급 기준은 경찰청장이 정하여 고시한다(경찰관 직무집행법 시행령 제20조).

나. 보상금심사위원회는 위원장 1명을 포함한 5명 이내의 위원으로 구성한다(동법 제11조의3 제3항).

다. 부정한 방법으로 보상금을 지급받은 사람이 보상금 환수 통지를 받은 경우, 보상금 환수통지일부터 40일 이내의 범위에서 경찰청장등이 정하는 기한까지 환수금액을 납부하지 아니한 때에는 국세강제징수의 예에 따라 징수할 수 있다(동법 제11조의3 제6항).

라. 동일한 사람에게 지급결정일을 기준으로 연간(1월 1일부터 12월 31일까지를 말한다) 5회를 초과하여 보상금을 지급할 수 없다.

35

가. (X) 통고처분 제외자이다.

나. (X) 경찰서장, 해양경찰서장, 제주특별자치도지사 또는 철도특별사법경찰대장은 범칙자로 인정되는 사람에 대하여 그 이유를 명백히 나타낸 서면으로 범칙금을 부과하고 이를 납부할 것을 통고할 수 있다(동법 제7조 제1항).

다. (O) 동법 제8조 제1항

라. (X) 다.에 따른 납부기간에 범칙금을 납부하지 아니한 사람은 납부기간의 **마지막 날의 다음 날부터 20일 이내**에 통고받은 범칙금에 그 금액의 100분의 20을 더한 금액을 납부하여야 한다(동법 제8조 제2항).

마. (X) 암표매매는 흥행장, 경기장, 역, 나루터, 정류장, 그 밖에 정하여진 요금을 받고 입장시키거나 승차 또는 승선시키는 곳에서 웃돈을 받고 입장권·승차권 또는 승선권을 다른 사람에게 되판 사람을 처벌 대상으로 한다(경범죄 처벌법 제3조 제2항 제4호). 그러므로 인터넷 중고거래 사이트를 통해 **비대면**으로 웃돈을 받고 유명 가수의 콘서트 티켓을 되판 사람은 이 법상 암표매매로 **처벌 되지 않는다(된다 X).**

36

> 제26조(영상물의 촬영·보존 등) ① 아동·청소년대상 성범죄 ⊙ 피해자의 진술내용과 조사과정은 비디오녹화기 등 영상물 녹화장치로 촬영·보존하여야 한다.
> ② 제1항에 따른 영상물 녹화는 ⓒ 피해자 또는 법정대리인이 ⓒ 이를 원하지 아니하는 의사를 표시한 때에는 촬영을 하여서는 아니 된다. ⓔ 다만, 가해자가 친권자 중 일방인 경우는 그러하지 아니하다.

37

① (X) 사법경찰관은 스토킹행위 신고와 관련하여 스토킹행위가 지속적 또는 반복적으로 행하여질 우려가 있고 스토킹범죄의 예방을 위하여 긴급을 요하는 경우 스토킹행위자에게 직권으로 또는 스토킹행위의 상대방이나 그 법정대리인 또는 스토킹행위를 신고한 사람의 요청에 의하여 **긴급응급조치(긴급임시조치 X)**를 할 수 있다(스토킹범죄의 처벌 등에 관한 법률 제4조 제1항).

② (X) 응급조치에 해당한다(동법 제3조 제2호).

③ (X) 국가경찰관서의 유치장 또는 구치소에의 유치의 잠정조치를 하는 경우 그 기간은 1개월을 초과할 수 없다. 유치장 또는 구치소에의 유치의 잠정조치를 하는 경우 연장은 할 수 없다(동법 제9조 제7항).

④ (O) 동법 제17조 제2항

38

가. (X) "보도"란 **연석선**, 안전표지나 그와 비슷한 인공구조물로 경계를 표시하여 **보행자**(유모차, 보행보조용 의자차, 노약자용 보행기 등 행정안전부령으로 정하는 기구·장치를 이용하여 통행하는 사람 및 제21호의3에 따른 실외이동로봇을 **포함(제외 X)**한다.)가 통행할 수 있도록 한 도로의 부분을 말한다(도로교통법 제2조 제10호).

나. (O) 동법 제2조 제21의2호

다. (X) 설문은 **자율주행시스템**의 정의이다. **자율주행자동차**란 운전자 또는 승객의 조작 없이 자동차 스스로 운행이 가능한 자동차로서(자동차관리법 제2조) 자율주행시스템을 갖추고 있는 자동차를 말한다(동법 제2조 제18의3호).

라. (O) 동법 제2조 제34호

마. (O) 동법 제2조 제13의2호

39

① (O) 대판 2010도14545

② (O) 대판 2010도15797

③ (X) 집회 및 시위에 관한 법률 제10조, 제18조, 제21조, 같은법 시행령 제9조의2의 각 규정에 의하면 집회신고시간을 넘어 일몰시간 후에 집회 및 시위를 한 경우에는 관할경찰관서장 또는 관할경찰관서장으로부터 권한을 부여받은 경찰관은 참가자들에 대하여 상당한 시간 내에 자진해산할 것을 요청한 다음, 그 자진해산요청에도 응하지 아니할 경우 자진해산할 것을 명령할 수 있다고 할 것이며, 여기서 해산명령 이전에 자진해산할 것을 요청하도록 한 입법 취지에 비추어 볼 때, 반드시 '자진해산'이라는 용어를 사용하여 요청할 필요는 없고, 그 때 해산을 요청하는 언행 중에 스스로 해산하도록 청하는 취지가 포함되어 있으면 된다(대판 2000도2172).

④ (O) 대판 2009도13846

40

① (X) 사법경찰관은 주한 미합중국 군대의 구성원·외국인군무원 및 그 가족이나 초청계약자의 범죄 관련 사건을 인지하거나 고소·고발 등을 수리한 때에는 7일 이내에 한미행정협정사건 통보서를 **검사(미군 당국 X)**에게 통보해야 한다(경찰수사규칙 제92조 제1항).

② (X) 사법경찰관리는 외국인 변사사건이 발생한 경우에는 영사기관 사망 통보서를 작성하여 지체 없이 **해당 영사기관(검사 X)**에 통보해야 한다(경찰수사규칙 제91조 제4항).

③ (O) 범죄수사규칙 제211조 제1항

④ (X) 경찰관은 총영사, 영사 또는 부영사의 사택이나 명예영사의 사무소 혹은 사택에서 수사할 필요가 있다고 인정될 때에는 미리 **국가수사본부장(경찰청장 X)**에게 보고하여 그 지시를 받아야 한다(범죄수사규칙 제213조 제3항).

총알 총정리 | 킹재규 경찰학

PART 02 모의고사 2회 해설

1	2	3	4	5	6	7	8	9	10
④	②	④	①	③	③	④	④	①	③
11	12	13	14	15	16	17	18	19	20
④	②	①	②	④	③	②	②	③	④
21	22	23	24	25	26	27	28	29	30
②	③	④	④	④	④	③	①	①	①
31	32	33	34	35	36	37	38	39	40
③	②	①	③	④	③	②	②	②	③

01

① (X) 실질적 의미의 경찰은 사회목적적 작용을 의미하며 작용을 중심으로 파악된 개념이고, 형식적 의미의 경찰은 조직을 기준으로 파악된 개념이다.

② (X) 보건·산림·세무·의료·환경 등의 업무는 **특별사법경찰기관의 권력작용**으로 간주되며, 실질적 의미의 경찰개념에 포함된다.

③ (X) 실질적 의미의 경찰은 **일반통치권(특별통치권 X)**에 근거하여 국민에게 명령·강제하는 권력적 작용으로 독일의 행정법학에서 정립된 학문상 개념이다.

④ (O) 행정경찰은 보안경찰과 협의의 행정경찰로 구분할 때, 협의의 행정경찰은 각종의 일반행정기관이 관장을 하는 것이기 때문에 실질적 의미의 경찰과 관계가 있다.

02

㉠ (X) 제1호에서 '국민의 생명·신체 및 **재산의 보호**'를 경찰의 임무로 규정하고 있다.

㉡ (X) 제5호는 종래 '치안정보의 수집·작성 및 배포'가 '공공안녕에 대한 위험의 예방과 대응을 위한 정보의 수집·작성 및 배포'로 개정되었다.

㉣ (X) 제6호에서 교통의 단속과 위해의 방지를 규정하고 있다.

03

① (X) 경찰의 사물관할로서 「국가경찰과 자치경찰의 조직 및 운영에 관한 법률」 제3조와 「경찰관 직무집행법」 제2조에 규정된 '범죄수사에 관한 임무'는 **영미법계 경찰개념**의 영향을 받아 규정된 것이다.

② (X) 국회 경위나 경찰공무원은 국회 안에 현행범인이 있을 때에는 체포한 후 **의장의 지시를 받아야 한다**. 다만, 의원은 회의장 안에 있어서는 의장의 명령 없이 이를 체포할 수 없다(국회법 제150조).

③ (X) 외교공관도 **경찰상의 상태책임과 관련하여** 화재나 전염병의 발생 등과 같이 공안유지를 위하여 긴급을 요하는 경우 외교사절의 동의 없이도 외교공관에 들어갈 수 있는 것으로 국제관례상 인정된다.

④ (O) 미군 **휴가중의 범죄에 대한 재판권은 우리나라**에서 행사하게 되며, 수사도 우리 경찰이 진행할 수 있다.

04

① (X) Shaw & Macay의 사회해체이론은 **사회구조원인**에 해당한다.

②③④은 사회과정원인에 대한 설명으로 모두 옳은 지문이다.

05

① (X) 억제이론(deterrence theory)은 비결정론적 인간관에 입각한 **일반예방효과에 중점**을 두고 범죄자의 처벌을 통해 대중의 범죄를 예방하고자 하는 것은 일반억제(general deterrence)이다.

② (X) 치료·갱생이론은 범죄자의 치료·갱생을 통해 범죄를 예방해야 한다고 주장하여 **특별예방효과에 중점**을 두지만, 특정 범죄자만 대상으로 하므로 **일반예방효과에 한계**가 있다.

④ (X) 일상활동이론에서 주장하는 범죄의 3요소는 동기가 부여된 잠재적 범죄자(motivated offender), 적절한 대상(suitable target), 보호자(감시자)의 부재(absence of capable guardianship)이다.

06

보기는 **자연적 접근통제**에 대한 설명이다.

07

④ (X) 전통적 경찰활동(TP) → **경찰-지역사회 관계(PCR)** → **지역사회 경찰활동(CP)**의 순서는 경찰과 주민 간의 관계가 점차적으로 발전하고, 주민 참여와 협력이 강화되는 과정이다.

08

④ (X) **최소주의 위험**에 대한 설명이다. 우선순위 미결정이란 경찰윤리강령이 구체적인 경우 상세하지만 그보다 더 곤란한 현실문제에 있어서 무엇을 먼저하고 무엇을 나중에 해야 할지 우선순위를 결정하는 기준이 못된다는 것을 말한다.

09

① (X) 경찰의 전문직업화는 경찰이 시민의 입장을 고려하지 않고 전문지식을 바탕으로 일방적으로 의사결정을 하는 **부권주의의 문제점**으로 치안서비스의 질이 **저하(향상 X)**된다.

③ (O) 사례의 경우는 전문직업화(August Vollmer)의 문제점 중 나무는 보고 숲은 보지 못하듯 전문가가 자신의 국지적 분야만 보고 전체적인 맥락을 보지 못하는 소외와 관련된 내용이다.

10

① (X) 누구든지 직접 또는 제3자를 통하여 직무를 수행하는 공직자등에게 모집·선발·채용·승진·전보 등 공직자등의 인사에 관하여 **법령을 위반하여(법령을 위반하지 않고 X)** 개입하거나 영향을 미치도록 하는 행위에 해당하는 부정청탁을 해서는 아니 된다(부정청탁 및 금품등 수수의 금지에 관한 법률 제5조 제1항 제3호).

② (X) ①에도 불구하고 **선출직(임명직 X)** 공직자, 정당, 시민단체 등이 **공익적(사익적 X)**인 목적으로 제3자의 고충민원을 전달하거나 법령·기준의 제정·개정·폐지 또는 정책·사업·제도 및 그 운영 등의 개선에 관하여 제안·건의하는 행위에 해당하는 경우에는 이 법을 적용하지 아니한다(동법 제5조 제2항 제3호).

③ (O) 동법 제10조 [별표2]

④ (X) 부정청탁을 받은 공직자등은 그에 따라 직무를 수행해서는 아니 되며, 이를 위반 시 2년 이하의 징역 또는 2천만원 이하의 벌금에 처한다.

11

① (X) 공무원은 직무 관련 여부 및 **기부·후원·증여 등 그 명목에 관계없이** 동일인으로부터 1회에 100만원 또는 매 회계연도에 300만원을 초과하는 금품등을 받거나 요구 또는 약속해서는 아니 된다(경찰청 공무원 행동강령 제14조 제1항).

② (X) 외부강의등에 관한 사례금 또는 사적 거래(**증여 제외**)로 인한 채무의 이행 등 정당한 권원(權原)에 의하여 제공되는 금품등은 수수(收受)를 금지하는 금품등에 해당하지 아니한다(동강령 제14조 제3항 제3호).

③ (X) 공무원은 자신의 직무권한을 행사하거나 지위·직책 등에서 유래되는 사실상 영향력을 행사하여 직무관련자 또는 직무관련공무원으로부터 사적 노무를 제공받거나 요구 또는 약속해서는 아니 된다. 다만, **다른 법령 또는 사회상규에 따라 허용되는 경우에는 그러하지 아니하다**(동강령 제13조의2).

④ (O) 동강령 제15조 제3항

12

② (X) ~~징계 및 징계부가금의 어느 하나에 해당하는 **책임을 묻지 않거나 감면하는 것을 말한다**(경찰청 적극행정 면책제도 운영규정 제2조 제2호).

13

② (X) 일본에서 제정된 **치안유지법**이 우리나라에 적용되었다.

③ (X) 3·1운동을 계기로 헌병경찰제도에서 보통경찰제도로 전환되었으나, 경찰의 직무와 권한에는 **변동이 없었다.** 그러므로 경찰은 치안유지 업무 이외에 각종 조장행정에의 원조, 민사소송조정 사무, 집달리 사무 등도 관장하였다.

④ (X) 총독에게 주어진 **제령권**과 경무총장, 경무부장에게 주어진 **경찰명령권** 등을 통한 각종 치안입법으로 전제주의적·제국주의적 경찰권의 행사가 가능하였다.

14

① (X) 미국경찰에는 기본적으로 지방경찰, 주 경찰, 연방경찰이 존재하며, 이 중 광범위한 경찰권을 행사하여 법집행의 범위가 가장 넓은 것은 **지방경찰(주 경찰 X)**이다.

③ (X) 독일 검찰은 **공소제기권과 수사권을 모두 가지고** 있으나, 자체적인 집행기관을 보유하고 있지 않아 "팔 없는 머리"로 불리기도 한다.

④ (X) 일본 경찰은 일반적으로 1차적 수사기관이라고 하며 수사의 **개시권(종결권 X)**을 갖고, 검사는 수사권과 기소권(공소제기권), 수사의 종결권을 가지고 있다.

15

㉠ (X) 엽관주의란 모든 공직임용에 있어서 능력, 자격, 업적 기준보다 **충성심, 당파성, 정치적 영향력** 등에 기준을 두는 인사제도를 의미한다.

㉣ (X) 우리나라의 공직분류체계는 계급제적 요소에 직위분류제적 요소를 가미한 혼합적 형태이다.

16

①②④는 **내용이론**, ③는 **과정이론**에 해당한다.

17

② (O) 나(중기사업계획서 제출) → 가(예산안편성 지침 통보) → 다(예산요구서 작성 및 제출) → 라(예산안 편성(국무회의 심의 및 대통령 승인)) → 바(예산안 국회제출)→ 마(상임위원회 예비심사) → 사(예산결산특별위원회 종합심사) → 아(본회의 심의·확정)

18

보호지역 중 보안상 매우 중요한 구역으로서 비인가자의 출입이 금지되는 구역은 통제구역에 대한 설명이다. ①③④는 제한구역에 대한 설명이다.

PART 2

19

① (X) 누구든지 부패행위를 알게 된 때에는 이를 위원회에 신고할 수 있으나, 신고자가 신고의 내용이 허위라는 사실을 알았거나 알 수 있었음에도 불구하고 신고한 경우에는 이 법의 보호를 받을 수 없다(부패방지 및 국민권익위원회의 설치와 운영에 관한 법률 제55조, 제57조).

② (X) 신고를 하려는 자는 본인의 인적사항과 신고 취지 및 이유를 기재한 기명(무기명 X)의 문서로써 하여야 하며, 신고대상과 부패행위의 증거 등을 함께 제시하여야 한다(부패방지 및 국민권익위원회의 설치와 운영에 관한 법률 제58조).

③ (O) 동법 제60조 제1항

④ (X) 위원회에 신고가 접수된 당해 부패행위의 혐의대상자가 경무관급 이상의 경찰공무원으로서 부패혐의의 내용이 형사처벌을 위한 수사 및 공소제기의 필요성이 있는 경우에는 위원회의 명의로 검찰, 수사처, 경찰 등 관할 수사기관에 고발을 하여야 한다(동법 제59조 제6항 제3호).

20

① (X) 협의회는 협의회장을 포함한 10명 이상 20명 이하의 위원으로 구성한다(경찰 인권보호 규칙 제18조의3 제3항).

② (X) 협의회장은 경찰청 인권보호담당관으로 하고, 위원은 경찰청 각 국·관 서무업무 담당 계장, 각 시·도경찰청 인권업무 담당 계장 및 국가인권위원회 교육 관련 부서 과장과 민간 전문가에 해당하는 사람이 반드시 1명 이상 포함되어야 한다. 이 경우 제3호의 민간 전문가는 특정 성별이 10분의 6을 초과하지 않아야 한다(동규칙 제18조의3 제4항).

③ (X) 협의회 회의는 정기회의와 임시회의로 구분하며, 정기회의는 연 2회 개최하고, 임시회의는 협의회장이 필요하다고 인정하는 경우 개최할 수 있다(동규칙 제18조의3 제5항).

④ (O) 인권보호담당관은 협의회 회의 결과를 경찰청 내 관련 부서에 통보하고, 해당 부서는 통보받은 내용을 정책에 반영하도록 노력해야 한다(동규칙 제18조의3 제6항).

21

ⓛ (X) 훈령은 원칙적으로 일반적·추상적 사항에 대해서 발해야 하지만, 개별적·구체적 사항에 대해서도 발해질 수 있다.

ⓒ (X) 훈령, 직무명령 모두 행정규칙으로서 법령의 구체적 근거가 없이도 발할 수 있다.

22

① (O) 경찰서장 소속으로 지구대 또는 파출소를 두고, 그 설치기준은 치안수요·교통·지리 등 관할구역의 특성을 고려하여 행정안전부령으로 정한다. 다만, 필요한 경우에는 출장소를 둘 수 있다.(국가경찰과 자치경찰의 조직 및 운영에 관한 법률 제30조 제3항).

② (O) 「국가경찰과 자치경찰의 조직 및 운영에 관한 법률」은 일반경찰(해양경찰 X)조직의 일반법이다.

③ (X) 경범죄 및 기초질서 관련 범죄는 자치경찰사무(국가경찰사무 X)로 규정되어 있다(동법 제4조 라목 5).

④ (O) 「국가경찰과 자치경찰의 조직 및 운영에 관한 법률」에서 자치경찰사무와 국가경찰사무 그리고 형사소송법에 따른 수사사무로 구분하고 있지만 신분은 모두 국가공무원이다. 그러나 2006년에 출범한 제주특별자치도 자치경찰단 소속의 자치경찰공무원은 지방공무원이다.

23

① (X) 경찰공무원은 그 직무의 종류에 따라 경과(警科)에 의하여 구분할 수 있으며, 경과의 구분에 필요한 사항은 대통령령으로 정한다(경찰공무원법 제4조 제1항, 제2항).

② (X) 수사경과와 안보수사경과는 경정 이하 경찰공무원에게만 부여한다(경찰공무원 임용령 제3조 제1항).

③ (X) 다만, 정원감축 등 경찰청장이 정하는 사유가 있는 경우 수사경과·안보수사경과 또는 정보통신경과(특수경과 중 항공경과 X)에서 일반경과로의 전과를 인정할 수 있다(동임용령 시행규칙 제27조 제1항).

④ (O) 동임용령 시행규칙 제28조 제2항

24

① (X) ~~ **총경 이하의 경찰공무원에 대한 징계의결을** 하기 위하여 대통령령으로 정하는 경찰기관 및 해양 경찰관서에 경찰공무원 징계위원회를 둔다(경찰공무원법 제32조 제2항).

② (X) 「경찰공무원 징계령」상 징계위원회의 회의는 위원장과 징계위원회가 설치된 경찰기관의 장이 회의 마다 지정하는 4명 이상 6명 이하의 위원으로 성별을 고려하여 구성하되, 민간위원의 수는 **위원장을 포함한 위원 수의 2분의 1 이상이어야 한다**(동징계령 제7조 제1항).

③ (X) 징계의결 등의 요구는 금품 및 향응수수, 공금의 횡령·유용 등의 경우에는 **5년,** 성폭력범죄의 처벌 등에 관한 특례법 제2조에 따른 성폭력범죄등의 경우에는 10년, 그 밖의 징계 등 사유에 해당하는 경우는 3년이 지나면 하지 못한다(국가공무원법 제83조의2 제1항).

④ (O) 대판 97누7325

25

① (O) 경찰개입청구권은 사전예방적 성격과 사후구제적 성격을 모두 가진다.

④ (X) 경찰관청의 개입의무가 존재한다고 하더라도 경찰권의 행사로 인하여 국민이 받는 이익이 반사적 이익인 경우에는 경찰개입청구권이 인정되지 않지만, 최근 반사적 이익의 공권화 추세에 따라 경찰개입청구권이 인정될 여지가 **확대(축소 X)되고 있다.**

26

① (X) 행정작용은 **법률에 위반되어서는 아니 되며(법률우위의 원칙),** 국민의 권리를 제한하거나 의무를 부과하는 경우와 그 밖에 국민생활에 중요한 영향을 미치는 경우에는 **법률에 근거(법률유보의 원칙)하여야 한다** (행정기본법 제8조).

② (X) 행정규칙에 따른 종래의 관행이 **위법한 경우에는** **행정청은 자기구속을 당하지 않는다.**

③ (X) **신뢰보호의 원칙에 대한 내용이다.**

④ (O) 부당결부금지의 원칙에 반하지 않는다(대판 2004두12452).

27

② (O) 대판 90누8503

③ (X) 도로보수공사 완성을 조건으로 한 자동차운송사업의 면허는 **정지조건에 해당한다.**

28

① (O) "**가명처리(익명처리 X)**"란 개인정보의 일부를 삭제하거나 일부 또는 전부를 대체하는 등의 방법으로 추가 정보가 없이는 **특정 개인을 알아볼 수 없도록 처리하는 것을 말한다**(개인정보 보호법 제2조 제1의2호).

② (X) "**이동형 영상정보처리기기**"란 사람이 신체에 착용 또는 휴대하거나 이동 가능한 물체에 부착 또는 거치(据置)하여 사람 또는 사물의 영상 등을 촬영하거나 이를 유·무선망을 통하여 전송하는 장치로서 대통령령으로 정하는 장치를 말한다(동법 제2조 7의2).

③ (X) 개인정보 보호에 관한 사무를 독립적으로 수행하기 위하여 **국무총리 소속으로** 개인정보 보호위원회를 둔다(동법 제7조 제1항).

④ (X) ~~ 9명의 위원으로 구성한다(동법 제7조의2, 제7조의4).

29

① (O) 행정기본법 제30조 제1호

② (X) **이행강제금의 부과는** 의무자가 행정상 의무를 이행하지 아니하는 경우 행정청이 적절한 이행기간을 부여하고, 그 기한까지 행정상 의무를 이행하지 아니하면 금전급부의무를 부과하는 것을 말한다(동법 제30조 제1항 제2호).

③ (X) **직접강제는** 의무자가 행정상 의무를 이행하지 아니하는 경우 행정청이 의무자의 신체나 재산에 실력을 행사하여 그 행정상 의무의 이행이 있었던 것과 같은 상태를 실현하는 것을 말한다(동법 제30조 제1항 제3호).

④ (X) **강제징수는** 의무자가 행정상 의무 중 금전급부의무를 이행하지 아니하는 경우 행정청이 의무자의 재산에 실력을 행사하여 그 행정상 의무가 실현된 것과 같은 상태를 실현하는 것을 말한다(동법 제30조 제1항 제4호).

30

① (O) 행정절차법 제40조의2 제4항 제1호
② (X) 행정청은 확약이 ①에 해당하여 확약을 이행할 수 없는 경우에는 지체 없이 당사자에게 그 사실을 통지하여야 한다(동법 제40조의2 제5항).
③ (X) 행정청은 다른 행정청과의 협의 등의 절차를 거쳐야 하는 처분에 대하여 확약을 하려는 경우에는 확약을 하기 전(한 후 X)에 그 절차를 거쳐야 한다(동법 제40조의2 제3항).
④ (X) 확약은 문서로 하여야 한다(동법 제40조의2 제2항). 행정지도가 말로 이루어지는 경우에 상대방이 서면의 교부를 요구하면 그 행정지도를 하는 자는 직무 수행에 특별한 지장이 없으면 이를 교부하여야 한다(동법 제49조 제2항).

31

① (X) 명예퇴직한 법관이 미지급 명예퇴직수당액에 대하여 가지는 권리는 명예퇴직수당 지급대상자 결정 절차를 거쳐 명예퇴직수당규칙에 의하여 확정된 공법상 법률관계에 관한 권리로서, 그 지급을 구하는 소송은 행정소송법의 당사자소송에 해당하며, 그 법률관계의 당사자인 국가를 상대로 제기하여야 한다(대법원 2016. 5. 24. 선고 2013두14863).
② (X) 국립 교육대학 학생에 대한 퇴학처분은 학장이 교육목적실현과 학교의 내부질서유지를 위해 학칙 위반자인 재학생에 대한 구체적 법집행으로서 행정처분에 해당한다(대법원 1991. 11. 22. 선고 91누2144).
③ (O) 행정소송법 제10조 제2항
④ (X) 법원은 당사자의 신청이 있는 때에는 결정으로써 재결을 행한 행정청에 대하여 행정심판에 관한 기록의 제출을 명할 수 있다(명하여야 한다 X)(동법 제25조 제1항).

32

① (X) 임의동행요구에 응하지 않는다 하여 강제연행하려고 원고의 양팔을 잡아 끈 행위는 적법한 공무집행이라고 할 수 없으므로, 원고가 이러한 불법연행으로부터 벗어나기 위하여 원심판시와 같이 저항한 행위는 정당한 행위라고 할 것이고 이러한 행위에 무슨 과실이 있다고 할 수 없는 것이다(대판 91다38334).
② (O) 대판 2016다26662
③ (X) 검문하는 사람이 경찰관이고 검문하는 이유가 범죄행위에 관한 것임을 피고인이 충분히 알고 있었다고 보이는 경우에는 신분증을 제시하지 않았다고 하여 그 불심검문이 위법한 공무집행이라고 할 수 없다(대판 2014도7976).
④ (X) 화물차 운전자인 피고인이 경찰의 음주단속에 불응하고 도주하였다가 다른 차량에 막혀 더 이상 진행하지 못하게 되자 운전석에서 내려 다시 도주하려다 경찰관에게 검거되어 지구대로 보호조치된 후 음주측정요구를 거부하였다고 하여 도로교통법 위반(음주측정거부)으로 기소된 사안에서, 제반 사정을 종합할 때 피고인을 지구대로 데려간 행위를 적법한 보호조치라고 할 수 없고, 그와 같이 위법한 체포 상태에서 이루어진 음주측정요구에 불응하였다고 하여 음주측정거부에 관한 도로교통법 위반죄로 처벌할 수는 없는데도, 이와 달리 보아 유죄를 선고한 원심판결에 법리오해 등 위법이 있다(대판 2012도11162).

33

㉠ (X) 경찰관은 불법집회·시위 또는 소요사태로 인하여 발생할 수 있는 타인 또는 경찰관의 생명·신체의 위해와 재산·공공시설의 위험을 억제하기 위하여 부득이한 경우에는 **현장책임자(시·도경찰청장 X)**의 판단에 의하여 필요한 최소한의 범위에서 가스차를 사용할 수 있다(위해성 경찰장비의 사용기준 등에 관한 규정 제13조 제1항).

㉡ (X) 경찰관은 소요사태로 인해 타인의 법익이나 공공의 안녕질서에 대한 **직접적인(간접적인 X)** 위험이 명백하게 초래되어 살수차 외에 경찰장비로는 그 위험을 제거·완화시키는 것이 현저히 곤란한 경우에는 시·도경찰청장의 명령에 따라 살수차를 배치·사용할 수 있다(동규정 제13조의2).

㉢ (X) 안전성 검사에 참여한 **외부 전문가**는 안전성 검사가 끝난 후 **30일(3개월 X)** 이내에 신규 도입 장비의 안전성 여부에 대한 의견을 **경찰청장에게 제출**하여야 한다(동규정 제18조의2 제3항). **경찰청장**은 신규 도입 장비에 대한 안전성 검사를 실시한 후 **3개월(30일 X)** 이내에 안전성 검사 결과보고서를 **국회 소관 상임위원회(국무회의 X)**에 제출하여야 한다(동규정 제18조의2 제4항).

㉣ (O) 동규정 제19조(위해성 경찰장비의 개조 등)

㉤ (X) 「위해성 경찰장비의 사용기준 등에 관한 규정」 제2조 제2호부터 제4호까지의 위해성 경찰장비(제4호의 경우에는 **살수차(가스차 X)**만 해당한다)를 사용하는 경우 그 현장책임자 또는 사용자는 별지 서식의 사용보고서를 작성하여 직근상급 감독자에게 보고하고, 직근상급 감독자는 이를 3년간 보관하여야 한다(동규정 제20조 제1항).

34

① (X) 국가는 손실발생의 원인에 대하여 책임이 있는 자가 자신의 책임에 상응하는 정도를 초과하는 생명·신체 또는 재산상의 손실을 입은 경우 정당한 **보상을 하여야 한다(보상을 하지 않을 수 있다 X)**(경찰관 직무집행법 제11조의2 제1항 제2호).

② (X) 경찰청장, 해양경찰청장, 시·도경찰청장 또는 지방해양경찰청장은 **손실보상심의위원회**의 심의·의결에 따라 보상금을 지급하고, 거짓 또는 부정한 방법으로 보상금을 받은 사람에 대하여는 해당 보상금을 환수하여야 한다(동법 제11조의2 제4항).

③ (O) 동법 제11조의2 제6항

④ (X) 위원회의 위원은 소속 경찰공무원과 판사·검사 또는 변호사로 5년 이상 근무한 사람, 고등교육법 제2조에 따른 학교에서 법학 또는 행정학을 가르치는 **부교수 이상(정교수 이상 X)**으로 5년 이상 재직한 사람, 경찰업무와 손실보상에 관하여 학식과 경험이 풍부한 사람 중에서 경찰청장 등이 위촉하거나 임명한다(동법 시행령 제11조 제3항).

35

① (X) 경찰청장등은 112신고의 처리를 위하여 112신고자 정보를 활용하는 경우를 제외하고 112신고에 사용된 전화번호, 112신고자의 이름·주소·성별·나이·음성과 그 밖에 112신고자를 특정하거나 유추하는 데 사용될 수 있는 일체의 정보(이하 "112신고자 정보"라 한다)를 수집·이용 또는 제공하여서는 아니 된다(112신고의 운영 및 처리에 관한 법률 제10조 제2항 제1호).

② (X) 112신고 접수 및 처리와 관련된 녹음·녹화자료는 3개월간 보존한다(동법 시행령 제6조 제1항).

③ (X) 경찰청장은 강력범죄 현행범인 등 신고 대응을 위해 실시간 전파가 필요한 경우에는 112신고 대응 코드(code) 중 **코드 0** 신고로 분류한다(동규칙 제7조 제1항 제1호).

④ (O) 동규칙 제8조 제2항

36

① (O) 아동학대범죄의 처벌 등에 관한 특례법 제2조 제1호

② (O) 동법 제3조

③ (X) 아동학대범죄 신고를 접수한 사법경찰관리나 아동학대전담공무원은 **지체 없이(24시간 이내 X)** 아동학대범죄의 현장에 출동하여야 한다. 이 경우 수사기관의 장이나 시·도지사 또는 시장·군수·구청장은 **서로 동행하여 줄 것을 요청할 수 있으며,** 그 요청을 받은 수사기관의 장이나 시·도지사 또는 시장·군수·구청장은 정당한 사유가 없으면 사법경찰관리나 아동학대전담공무원이 아동학대범죄 현장에 동행하도록 **조치하여야 한다**(동법 제11조 제1항).

④ (O) 동법 제12조 제3항

37

㉠ (X) 대통령 후보자는 **을호경호** 대상자이다.

㉡ (X) 선거일부터 개표 종료시까지 갑호비상이 원칙이다.

㉢ (X) 「공직선거법」 제33조 선거기간은 **대통령선거는** 후보자등록마감일의 다음날부터 선거일까지이며, **국회의원 선거와 지방자치단체의 의회의원 및 장의 선거**는 후보자 등록 마감일 후 6일부터 선거일까지이다(공직선거법 제33조).

㉣ (X) 「공직선거법」상 투표관리관 또는 투표사무원은 투표소의 질서가 심히 문란하여 공정한 투표가 실시될 수 없다고 인정하는 때에는 투표소의 질서를 유지하기 위하여 **정복(사복 X)**을 한 경찰공무원 또는 경찰관서장에게 원조를 요구할 수 있다(동법 제164조 제1항).

㉤ (X) 원조요구를 받은 경찰관은 예외적으로 무기 등을 **휴대할 수 있다**(동법 제183조 제3항, 제6항).

38

㉠ 10 ㉡ 5 ㉢ 10 ㉣ 5 이므로 정답은 30이다.

39

① (O) 대판 2010도11381

② (X) 차도의 통행방법으로 신고하지 아니한 '삼보일배 행진'을 하여 차량의 통행을 방해한 사안에서, 그 시위 방법이 장소, 태양, 내용, 방법과 결과 등에 비추어 사회통념상 용인될 수 있는 다소의 피해를 발생시킨 경우, 신고제도의 목적 달성을 심히 곤란하게 하는 정도에 이른다고 볼 수 없어 **사회상규에 위배되지 않는 정당행위에 해당한다**(대판 2009도840).

③ (O) 헌재 2009헌마406

④ (O) 대판 2011도6294

40

① (O) 「범죄인 인도법」 제6조는 대한민국과 청구국의 법률에 따라(쌍방가벌성) 인도범죄가 사형, 무기징역, 무기금고, 장기 1년 이상의 징역 또는 금고에 해당하는 경우에만(최소한의 중요성 원칙) 범죄인 인도가 가능하다고 규정하여 '쌍방가벌성의 원칙'과 '최소한의 중요성 원칙'을 모두 담고 있다.

② (O) 동법 제4조

③ (X) 범죄인 인도에 관하여 인도조약에 이 법과 다른 규정이 있는 경우에는 그 규정에 따른다(범죄인 인도법 제3조의2).

④ (O) 동법 제8조

PART 03 모의고사 3회 해설

총알 총정리 | 킹재규 경찰학

1	2	3	4	5	6	7	8	9	10
③	④	③	③	④	①	③	③	④	④
11	12	13	14	15	16	17	18	19	20
④	③	②	②	③	④	③	④	④	④
21	22	23	24	25	26	27	28	29	30
②	①	②	②	②	②	②	②	②	④
31	32	33	34	35	36	37	38	39	40
③	④	①	②	④	④	①	②	④	②

01

③ (X) 16세기 아니라 17세기 경찰국가시대를 말한다.

02

④ (X) 지방세력과 연결되면 경찰부패가 초래할 수 있고, 정실주의에 대한 우려가 있는 것은 **자치경찰제도의 단점**이다.

03

③ (X) 의장은 국회의 경호를 위하여 필요할 때에는 **국회운영위원회(국회소관상임위원회 X)**의 동의를 받아 일정한 기간을 정하여 정부에 경찰공무원의 파견을 요구할 수 있다(국회법 제144조 제2항).

④ (O) 회의장의 질서를 어지럽혔을 때에는 **의장이나 위원장**은 경고나 제지를 할 수 있다(국회법 제145조 제1항).

04

ⓛⓒⓑ **사회과정원인**에 대한 학설이다.

ㄱㄹㅁ은 **사회구조원인**에 대한 학설에 해당한다.

05

① (X) 최초 일탈의 발생 원인과 **피해자**에 대한 관심이 적다는 비판이 있다.

② (X) **탄넨바움(Tannenbaum)**에 대한 설명이다.

③ (X) **레머트(Lemert)**에 대한 설명이다.

06

① (X) 환경설계를 통한 범죄예방(CPTED)이라는 용어를 처음으로 사용한 사람은 **제퍼리(C. R. Jeffery)**이다.

07

① (X) 지역중심적 경찰활동은 **트로야노비치&버케로**가 대표적인 학자이다. 윌리엄스는 이웃지향적 경찰활동과 관련이 있다.

② (X) 정책결정과정에서의 주민참여를 포함한 권한의 **분산화(집중화 X)**이다.

③ (O)

④ (X) 증거기반 경찰활동 경찰활동은 **셔먼**이 주장했다.

08

설문은 **플린트 도보순찰실험**에 대한 설명이다.

09

④ 설문 사례의 경우, 경찰관이 자신의 지인에게 도움을 주기 위해 공직의 권한을 사적으로 이용한 상황이므로 이는 경찰 윤리 규정에서 금지하는 "**사적 이익을 위한 이용**"에 해당한다.

10

① (X) 공공기관에는 국회, 법원, 헌법재판소, 선거관리위원회, 감사원, 국가인권위원회, 고위공직자범죄수사처, 중앙행정기관(대통령 소속 기관과 국무총리 소속 기관을 **포함한다**)과 그 소속 기관 및 지방자치단체를 포함한다(부정청탁 및 금품등 수수의 금지에 관한 법률 제2조 제1호 가목).

② (X) 변호사법 제4조에 따른 변호사 자격이 있는 자는 공직자등에 **포함되지 아니한다**(동법 제2조 제2호).

③ (X) 「초·중등교육법」, 「고등교육법」, 「유아교육법」 및 그 밖의 다른 법령에 따라 설치된 각급 학교는 물론 「사립학교법」에 따른 학교법인도 공공기관에 **포함된다**(동법 제2조 제1호 라목).

④ (O) 동법 제2조 제3호 나목

11

① (X) 공무원은 정치인이나 정당 등으로부터 부당한 직무수행을 강요받거나 청탁을 받은 경우에는 소속 기관의 장에게 보고하거나 행동강령책임관과 **상담하여야 한다**(상담할 수 있다 X)(경찰청 공무원 행동강령 제8조 제1항).

② (X) 공무원은 범죄수사규칙 제30조에 따른 경찰관서 내수사 지휘에 대한 이의제기와 관련하여 행동강령책임관에게 **상담을 요청할 수 있다**(하여야 한다 X)(동강령 제4조의2 제1항).

③ (X) 다만, 현재 근무하고 있거나 과거에 근무하였던 기관의 소속 직원에게도 경조사를 알릴 수 있다(동강령 제17조).

④ (O) 동강령 제15조 제2항

12

① (X) 「공직자의 이해충돌 방지법」은 사립학교 교직원과 언론인에게 적용되지 않는다.

② (X) 고위공직자란 **치안감 이상**(경무관 X) 및 시·도경찰청장을 말한다(동법 제2조 제3호).

③ (O) 동법 제8조 제1항

④ (X) 동법 제17조

> [최신기출] 2024년 1월 13일 승진(행정학) 출제포인트
> 제17조(공직자의 이해충돌 방지에 관한 업무의 총괄) 국민권익위원회(감사원 X)는 이 법에 따른 다음 각 호의 사항에 관한 업무를 관장한다.
> 1. 공직자의 이해충돌 방지에 관한 제도개선 및 교육·홍보 계획의 수립 및 시행
> 2. 이 법에 따른 신고 등의 안내·상담·접수·처리 등
> 3. 제18조 제1항에 따른 신고를 한 자(이하 "신고자"라 한다) 등에 대한 보호 및 보상
> 4. 제1호부터 제3호까지의 업무 수행에 필요한 실태조사 및 자료의 수집·관리·분석 등

13

② (X) 김홍집 내각은 경찰을 **법무아문 아래에 창설**하였으나, 곧 내무아문 소속으로 변경하였다.

14

㉠ (O)

㉢ (X) 범죄발생 사항은 반드시 전파되어야 한다.

㉣ (X) 경찰의 효율성은 범죄와 무질서의 감소나 부재로 판단되는 것(예방)이지 범죄나 무질서를 진압하는 가시적인 모습으로 인정받는 것은 아니다.

㉤ (O)

㉥ (X) 경찰의 물리력 사용은 국민의 지지를 받기 위하여 **최소한**으로 사용되어야 한다.

15

보기에서 설명하고 있는 조직편성의 원리는 조정과 통합의 원리(각 부서 간 소통을 조율하여 불필요한 혼란과 중복을 방지)이다.
①은 분업의 원리, ②는 명령통일의 원리, ③은 조정과 통합의 원리, ④는 계층제의 원리에 대한 것이다.

16

④ (X) 계급제는 공무원의 신분안정과 직업공무원제 확립에 기여한다.

17

① (X) 각 중앙관서의 장은 제29조의 규정에 따른 예산안편성지침에 따라 그 소관에 속하는 다음 연도의 세입세출예산·계속비·명시이월비 및 국고채무부담행위 요구서를 작성하여 매년 5월 31일까지 **기획재정부장관**(행정안전부장관 X)에게 제출하여야 한다(국가재정법 제31조).

② (X) 기획재정부장관은 예산요구서에 따라 예산안을 편성하여 **국무회의의 심의**(국회의 심의 X)를 거친 후 대통령의 승인을 얻어야 한다(국가재정법 제32조). 정부는 대통령의 승인을 얻은 예산안을 회계연도 개시 120일 전까지 국회에 제출하여야 한다(동법 제33조).

③ (O) 동법 제42조

④ (X) 각 중앙관서의 장은 세출예산이 정한 목적 외에 경비를 사용할 수 **없다**(있다 X)(동법 제45조).

18

㉠ (O) 보안업무규정 제4조

㉡ (X) 비밀취급 인가권자는 업무상 조정·감독을 받는 기업체나 단체에 소속된 사람에 대하여 소관 비밀을 계속적으로 취급하게 하여야 할 필요가 있을 때에는 미리 **국가정보원장(경찰청장 X)**과의 협의를 거쳐 해당하는 사람에게 **II급 이하의 비밀취급**을 인가할 수 있다(동규정 시행규칙 제13조 제1항).

㉢ (X) 보관용기에 넣을 수 없는 비밀은 **제한구역(제한지역 X)** 또는 통제구역에 보관하는 등 그 내용이 노출되지 아니하도록 특별한 보호대책을 마련하여야 한다(동규정 시행규칙 제33조 제4항).

㉣ (X) 암호자재를 사용하는 기관의 장은 사용기간이 끝난 암호자재를 지체 없이 그 제작기관의 장(국가정보원장 X)에게 반납하여야 한다(동규정 제7조 제2항).

19

① (X) 국가배상제도는 행정소송과 함께 **사법적 통제**에 해당한다.

② (X) **사법부의 사법심사는 사후 통제**에 해당한다.

③ (X) **훈령권은 내부적 통제**에 해당한다.

④ (O)

20

① (X) 경찰기관의 장은 의무위반행위가 자주 발생하거나 그 발생 가능성이 높다고 인정되는 시기, 업무분야 및 경찰관서 등에 대하여는 **일정기간 동안(사전 승인 X)** 전반적인 조직관리 및 업무추진 실태 등을 집중 점검할 수 있다(경찰 감찰 규칙 제13조).

② (X) ~~설치·운영할 수 있다. 감찰정보심의회는 위원장을 포함한 **3명 이상 5명 이하(5명 이상 7명 이하 X)**의 위원으로 구성하며, 위원장은 감찰부서장이 되고 위원은 감찰부서장이 소속 공무원 중에서 지명한다(동규칙 제22조 제1항, 제2항).

③ (X) 감찰관은 조사대상자가 영상녹화를 요청하는 경우에는 그 조사과정을 **영상녹화하여야 한다(재량적 판단 X)**(동규칙 제30조).

④ (O) 동규칙 제31조 제5항

21

① (X) 교통안전에 대한 교육 및 홍보는 자치경찰사무 중 **지역 내 교통활동에 관한 사무**에 해당한다(동법 제4조 제1항 제2호 가목, 나목).

③ (X) 학교폭력 등 소년범죄, 가정폭력, 아동학대 범죄, 「형법」 제245조에 따른 공연음란 및 「성폭력범죄의 처벌 등에 관한 특례법」 제12조에 따른 성적 목적을 위한 다중이용장소 침입행위에 관한 범죄(제11조 공중밀집 장소에서의 추행 X, 제13조 통신매체를 이용한 음란행위 X)는 자치경찰사무에 포함된다(동법 제4조 제1항 제2호 라목).

④ (X) ③의 자치경찰사무에 관한 구체적인 사항 및 범위 등은 **대통령령(시·도조례 X)**으로 정한다.

22

㉠ (O) 국가경찰과 자치경찰의 조직 및 운영에 관한 법률 제19조 제1항

㉡ (X) 위원은 특정 성(性)이 10분의 6을 **초과하지 아니하도록 노력하여야 한다**(동법 제19조 제2항).

㉢ (X) 시·도자치경찰위원회 위원장은 위원 중에서 시·**도지사가 임명**하고, 상임위원은 시·도자치경찰위원회의 의결을 거쳐 위원 중에서 위원장의 제청으로 시·도지사가 임명한다(동법 제20조 제3항).

㉣ (X) 시·도자치경찰위원회 위원장과 위원의 임기는 3년으로 하며, 연임할 수 없다(동법 제23조 제1항). **위원 중 1명은 인권문제**에 관하여 전문적인 지식과 경험이 있는 사람이 임명될 수 있도록 노력하여야 한다(동법 제19조 제3항).

㉤ (X) **시·도지사 소속(시·도경찰청장 소속 X)**으로 시·도자치경찰위원회를 둔다(동법 제18조 제1항).

23

① (X) 경찰청장은 시·도지사에게 시·도의 자치경찰사무를 담당하는 경찰공무원 중 경정의 전보·파견·휴직·직위해제 및 복직에 관한 권한과 경감 이하의 임용권(신규채용 및 면직에 관한 권한은 제외(포함 X)한다)을 위임한다(위임할 수 있다 X)(경찰공무원 임용령 제4조 제1항).

② (O) 자치경찰사무를 담당하는 동작경찰서 소속 경사 乙의 경위으로의 승진임용은 시·도지사가 하고, 경감 乙에 대한 휴직은 시·도자치경찰위원회가 한다(경찰공무원 임용령 제4조 제4항: 임용권을 위임받은 시·도지사는 법 제7조 제3항 후단에 따라 경감 또는 경위로의 승진임용에 관한 권한을 제외한 임용권을 시·도자치경찰위원회에 다시 위임한다).

③ (X) 국가경찰사무를 담당하는 동작경찰서 소속 경사 丙의 감봉처분(경징계)은 동작경찰서장이 행하고, 징계처분에 대한 행정소송 피고는 시·도경찰청장이다. (경찰공무원 임용령 제4조 제4항: 경찰대학·경찰인재개발원·중앙경찰학교·경찰수사연수원·경찰병원 및 시·도경찰청(이하 "소속기관등"이라 한다)의 장에게 그 소속 경찰공무원 중 경정의 전보·파견·휴직·직위해제 및 복직에 관한 권한과 경감 이하의 임용권을 위임한다.)

④ (X) 임용권을 위임받은 시·도경찰청장은 소속 경감 이하 경찰공무원에 대한 해당 경찰서 안에서의 전보권(임용권 X)을 경찰서장에게 다시 위임할 수 있다(동 임용령 제4조 제6항).

24

② (X) 의결정족수인 재적위원 과반수 출석과 출석위원 과반수 찬성이므로 4명의 과반수에 해당하는 3명인 감봉 3월로 의결(위원장을 포함한 재적위원 과반수의 출석과 출석위원 과반수의 찬성)을 한다.

③ (O) 경찰공무원법 제27조

25

㉠ (O) 경찰비례의 원칙은 과잉금지의 원칙이라고도 하고, 경찰권발동의 조건과 정도를 명시한 원칙이다.

㉡ (O) 경찰비례원칙의 내용으로서 적합성의 원칙, 필요성의 원칙(최소침해의 원칙) 그리고 상당성의 원칙(협의의 비례원칙)이 인정된다.

㉢ (X) "경찰은 대포로 참새를 쏘아서는 안 된다."는 법언은 상당성의 원칙을 잘 표현한 것이다.

㉣ (X) 경찰권은 사회공공의 안녕·질서에 대한 위해가 오직 발생할 가능성이 있는 정도에 그치는 것이 아니라, 그 위해가 현존하거나 적어도 보통의 상태 아래서 위해발생을 확실히 예견할 수 있는 경우에 한하여 인정된다.

26

② (X) 토지거래구역내 토지거래허가는 인가에 해당한다.

27

① (X) 행정청은 이 법에서 정한 예외사항을 제외하고는 법령등의 위반행위가 종료된 날부터 5년이 지나면 해당 위반행위에 대하여 제재처분을 할 수 없다(행정기본법 제23조 제1항).

② (O) 동법 제6조 제1항

③ (X) 기간의 말일이 토요일 또는 공휴일인 경우에도 기간은 그 날(익일 X)로 만료한다(동법 제6조 제2항 제2호).

④ (X) 법령등을 공포한 날부터 일정 기간이 경과한 날부터 시행하는 경우 법령등을 공포한 날을 첫날에 산입하지 아니한다(산입한다 X)(동법 제7조 제2호).

28

① (X) 행정기관은 유사하거나 동일한 사안에 대하여는 **공동조사 등을 실시함으로써 행정조사가 중복되지 아니하도록 하여야 한다**(행정조사기본법 제4조 제3항).

② (O) 대판 2014두46850

③ (X) 조사대상자의 자발적인 협조를 얻어 실시하는 행정조사의 경우 행정조사의 개시와 동시에 출석요구서등을 조사대상자에게 제시하거나 행정조사의 목적 등을 조사대상자에게 **구두로 통지할 수 있다**(행정조사기본법 제17조 제1항 제3호).

④ (X) 행정기관의 장은 법령 등에 특별한 규정이 있는 경우를 제외하고는 행정조사의 결과를 확정한 날부터 **7일 이내**에 그 결과를 조사대상자에게 통지하여야 한다(동법 제24조).

29

① (X) 이 법은 대한민국 영역 밖에서 질서위반행위를 한 대한민국의 국민에게 적용하고, 대한민국 영역 밖에 있는 대한민국의 선박 또는 항공기 안에서 질서위반행위를 한 외국인에게도 **적용한다**(적용하지 아니한다 X)(질서위반행위규제법 제4조 제1항, 제3항).

② (O) 동법 제10조 제2항, 제3항

③ (X) 신분에 의하여 성립하는 질서위반행위에 신분이 없는 자가 가담한 때에는 신분이 없는 자에 대하여도 질서위반행위가 **성립한다**(동법 제12조 제2항).

④ (X) 행정청의 과태료 부과에 불복하는 당사자는 과태료 부과 통지를 받은 날부터 60일 이내에 **해당 행정청**(상급행정청 X)에 서면으로 이의제기를 할 수 있다(동법 제20조 제1항).

30

㉠ 행정예고기간은 예고 내용의 성격 등을 고려하여 정하되, 20일 이상으로 한다(동법 제46조).

㉡ ㉢ 입법예고기간은 예고할 때 정하되, 특별한 사정이 없으면 40일(자치법규는 20일) 이상으로 한다(동법 제43조).

㉣ 행정청은 공청회를 개최하려는 경우에는 공청회 개최 14일 전까지 제목, 일시 및 장소 등을 당사자 등에게 통지하고 관보, 공보, 인터넷 홈페이지 또는 일간신문 등에 공고하는 등의 방법으로 널리 알려야 한다(동법 제38조).

31

① (O) 행정소송법 제9조 제1항

② (O) 동법 제9조 제2항

③ (X) 처분등을 취소하는 확정판결은 **제3자**(당사자 X)에 대하여도 효력이 있다(동법 제29조 제1항).

④ (O) 대판 94두36

32

① (O) 대판 1986.1.28. 85도2448

② (O) 경찰관 직무집행법은 주민등록법과 달리 제복을 착용한 경찰관의 신분증명을 면제하는 규정이 없다. 따라서 정복이나 사복을 불문하고 불심검문 시 신분증명을 하여야 할 필요가 있다(동법 제3조 제4항).

③ (O) 대판 2014도7976

④ (X) 경찰관의 보호조치의 발동에 관하여는 재량이 인정되므로 술에 취하여 응급구호가 필요한 자를 가족에게 인계할 수 있음에도 특별한 사정없이 경찰관서에 보호조치하는 것은 **위법하다**(대판 2012도11162).

33

㉠ (X) 경찰관은 직무수행 중 경찰장비를 사용할 수 있다. 다만, 사람의 생명이나 신체(재산의 침해 X)에 위해를 끼칠 수 있는 경찰장비를 사용할 때에는 **필요한 안전교육과 안전검사를 받은 후 사용하여야 한다**(할 수 있다 X)(경찰관 직무집행법 제10조 제1항).

㉡ (X) **경찰장비**(경찰장구 X)란 무기, 경찰장구, 경찰착용기록장치, 최루제와 그 발사장치, 살수차, 감식기구, 해안감시기구, 통신기기, 차량·선박·항공기 등 경찰이 직무를 수행할 때 필요한 장치와 기구를 말한다(동법 제10조 제2항).

㉢ (O) 대판 2015다23619

㉣ (X) **위해성 경찰장비**(모든 장비 X)는 필요한 최소한도에서 사용하여야 한다(제10조 제4항).

㉤ (X) 경찰청장은 위해성 경찰장비를 새로 도입하려는 경우에는 대통령령으로 정하는 바에 따라 **안전성 검사**(안전교육 X)를 실시하여 그 **안전성 검사**(안전교육 X)의 결과보고서를 국회 소관 상임위원회에 제출하여야 한다. 이 경우 **안전성 검사**(안전교육 X)에는 외부 전문가를 참여시켜야 한다(동법 제10조 제5항).

34

① (X) 경찰청장은 경찰관이 제2조 각 호에 따른 직무의 수행으로 인하여 민·형사상 책임과 관련된 소송을 수행할 경우 변호인 선임 등 소송 수행에 필요한 지원을 할 수 있다(경찰관 직무집행법 제11조의4).

② (O) 동법 제11조의5

③ (X) 「경찰관 직무집행법」 제11조의5에서는 경찰관이 그 위해를 예방하거나 진압하기 위한 행위 또는 범인의 검거 과정에서 경찰관을 향한 직접적인 유형력 행사에 대응하는 행위를 하여 그로 인하여 타인(경찰관 자신 X)에게 피해가 발생한 경우이어야 하며 그 경찰관의 직무수행이 불가피한 것이고 필요한 최소한의 범위에서 이루어졌으며 해당 경찰관에게 고의 또는 중대한 과실이 없는 때에는 그 정상을 참작하여 형을 감경하거나 면제할 수 있다.

④ (X) 이 법에 규정된 경찰관의 의무를 위반하거나 직권을 남용하여 다른 사람에게 해를 끼친 사람은 1년 이하의 징역이나 금고 또는 300만원 이하의 벌금에 처한다(동법 제12조).

35

① (X) 고용관계로 인하여 보호 또는 감독하는 사람에 의하여 마약등에 중독되어 성매매를 한 사람도 성매매피해자에 포함된다(성매매알선 등 행위의 처벌에 관한 법률 제2조 제1항 제4호).

② (X) 성매매피해자의 성매매는 처벌하지 아니한다(동법 제6조 제1항).

③ (X) '불특정인을 상대로'라는 것은 행위 당시에 상대방이 특정되지 않았다는 의미가 아니라, 그 행위의 대가인 금품 기타 재산상의 이익에 주목적을 두고 상대방의 특정성을 중시하지 않는다는 의미라고 보아야 한다(대법원 2016. 2.18. 2015도1185).

④ (O) 동법 제19조 제2항 제1호

36

① (X) 사법경찰관은 응급조치에도 불구하고 가정폭력범죄가 재발될 우려가 있고, 긴급을 요하여 법원의 임시조치 결정을 받을 수 없을 때에는 직권 또는 피해자나 그 법정대리인의 신청에 의하여 긴급임시조치를 할 수 있다(가정폭력범죄의 처벌 등에 관한 특례법 제8조의2 제1항).

② (X) 이 경우 수강명령은 형의 집행을 유예할 경우에는 그 집행유예기간 내(그 집행유예기간이 종료된 다음날부터 6개월 이내 X)에 집행한다(동법 제3조의2 제1항, 제4항).

③ (X) 피해자에게 고소할 법정대리인이나 친족이 없는 경우에 이해관계인이 신청하면 검사(수사기관 X)는 10일 이내에 고소할 수 있는 사람을 지정하여야 한다(동법 제6조 제3항).

④ (O) 동법 제8조의3

37

㉠ (X) "지휘선상 위치 근무"란 비상연락체계를 유지하며 유사시 1시간 이내(2시간 이내 X)에 현장지휘 및 현장근무가 가능한 장소에 위치하는 것을 말한다(경찰비상업무 규칙 제2조 제2호).

㉡ (X) "일반요원"이란 필수요원을 제외한 경찰관 등으로 비상소집시 2시간 이내(3시간 이내 X)에 응소하여야 할 자를 말한다(동규칙 제2조 제6호).

㉢ (X) 비상근무는 비상상황의 유형에 따라 1. 경비 소관의 경비, 작전, 재난비상(치안상황 소관의 교통, 재난비상 X), 2. 안보 소관의 안보비상, 3. 수사 소관의 수사비상, 4. 교통 소관의 교통비상으로 구분하여 발령한다(경찰 비상업무 규칙 제4조 제1항).

㉣ (X) 부서별 상황의 긴급성 및 중요도에 따라 비상등급은 갑호 비상, 을호 비상, 병호 비상, 경계 강화, 작전준비태세 순으로 구분하여 실시한다(동규칙 제4조 제2항).

㉤ (O) 동규칙 제7조 제1항 제2호

38

② (X) 긴급자동차(제2조 제22호 가목부터 다목까지의 자동차와 대통령령으로 정하는 경찰용 자동차만 해당한다)의 운전자가 그 차를 본래의 긴급한 용도로 운행하는 중에 교통사고를 일으킨 경우에는 그 긴급활동의 시급성과 불가피성 등 정상을 참작하여 제151조 또는 「교통사고처리 특례법」 제3조 제1항에 따른 형을 감경하거나 면제할 수 있다(동법 제158조의2).

39

④ ㉠은 적실성(=적합성 또는 관련성), ㉡은 정확성, ㉢은 완전성, ㉣은 적시성에 대한 설명이다.

40

②의 연결이 옳다(출입국관리법 시행령 [별표1의2]).

총알 총정리 | 킹재규 경찰학

모의고사 4회 해설

1	2	3	4	5	6	7	8	9	10
①	②	④	②	③	③	②	③	①	③
11	12	13	14	15	16	17	18	19	20
①	④	①	①	①	①	③	②	③	②
21	22	23	24	25	26	27	28	29	30
③	④	④	①	③	④	②	②	④	④
31	32	33	34	35	36	37	38	39	40
②	④	④	④	①	③	②	④	④	②

01

① (X) 실질적 의미의 경찰은 국민에게 명령·강제하는 권력작용이므로 비권력작용은 실질적 의미의 경찰은 아니다.
② (O) 실질적 의미의 경찰은 지방자치단체의 권력작용도 포함한다.
③ (O) 실질적 의미의 경찰은 장래의 위험 예방과 질서유지라는 소극적 목적을 중심으로 한다.
④ (O) 특정 행정영역에서의 권력적 작용은 실질적 의미의 경찰에 해당한다.

02

가. (O)
나. (X) 양자 모두 권력의 기초는 모두 일반통치권에 근거한다.
다. (X) 국가경찰은 자치경찰과 비교하여 비권력적 수단보다는 권력적 수단을 통해 국민의 생명과 신체·재산을 보호하고자 한다.
라. (O)
마. (O)

03

① (X) 경찰개입의 전제조건이나 위험이 보호를 받게 되는 법익에 구체적으로 존재해야 하는 것은 아니다.

② (X) '손해'란 보호법익에 대한 현저한 침해행위를 의미하고 정상적 상태의 객관적 감소이어야 하므로, 단순한 성가심이나 불편함은 경찰개입의 대상이 아니다.

③ (X) '외관적 위험'은 경찰이 의무에 합당한 사려 깊은 상황판단을 했음에도 불구하고 위험을 잘못 인정한 경우로 적법한 경찰개입이므로 경찰관에게 민·형사상 책임을 물을 수 없지만, 국가의 손실보상책임이 발생할 수 있다.

04

㉠㉢㉣은 고전주의 범죄학파의 견해이고, ㉡㉤㉥은 실증주의 범죄학파의 견해이다.

05

①②은 브랜팅햄(Brantingham)과 파우스트(Faust)가 제시한 범죄예방 모델 중 1차적 범죄예방에 해당한다.

③ 지역사회 교정프로그램은 3차적 범죄예방에 해당한다.

④ 상황적 범죄예방은 2차적 범죄예방에 해당한다. 즉, 2차적 범죄예방은 잠재적인 범죄자(우범자나 우범집단)의 범죄기회를 차단(상황적 범죄예방)하여 범죄를 예방한다.

06

③의 연결이 옳다.

[유지관리(가)-㉢, 자연적 감시(나)-㉠, 자연적 접근통제(다)-㉣, 활동의 활성화(라)-㉡]

07

① (X) 조사단계(scanning)는 순찰구역 내 문제들을 확인하고 문제의 유형이나 **지속적(일회적 X)**으로 발생하는 사건들을 찾아내는 과정이다. 즉, 문제의 범주를 넓히는 단계이다.

② (O)

③ (X) 분석(analysis)에서는 발견된 문제의 원인과 범위 그리고 효과들을 파악하는 단계로서 **각종 통계자료 등(경찰 내부 조직을 통해 X)** 수집된 자료를 활용하여 심층적인 분석을 실시한다.

④ (X) 평가단계(assessment)는 **과정(결과 X)평가**와 효과평가의 두 단계로 구성되며, 이전 문제해결과정에의 환류를 통해 각 단계가 지속적인 순환과정으로 작동할 수 있도록 한다는 점에서 중요한 의미를 가진다.

08

①, ④ (X) 공공의 신뢰위반 사례

② (X) 협동과 팀워크 위반 사례

09

① (O) 내부고발(whistle blowing=Deep Throat)은 동료나 상사의 부정에 대하여 감찰이나 외부의 언론매체를 통하여 공표하는 것을 말한다.

② (X) 내부고발자는 특별한 경우를 제외하고 **공표를 하기 전에** 자신의 이견(異見)을 표시하기 위한 모든 내부적 채널을 다 사용해야 한다.

③ (X) 경찰시험을 준비하는 甲은 언론에서 경찰공무원의 부정부패 기사를 보고 '나는 경찰이 되면 저런 행위를 하지 않겠다'는 생각을 가졌다. 이런 현상을 **예기적 사회화** 과정이라 한다.

④ (X) 내부고발자는 **어느 정도** 성공가능성이 있어야 하며, 적절한 도덕적 동기에 의해 이루어져야 한다.

10

가. (O)

나. (O) 니더호퍼(Niederhoffer)는 기존의 신념체제가 붕괴된 후 대체신념의 부재(새로운 신념체제 X)로 아노미 현상이 발생하고 냉소주의가 나타날 수 있다고 하였다.

다. (X) 인간관 중 Y이론은 인간이 책임감 있고 정직하여 민주적인 관리를 해야 한다는 이론이고, X이론은 인간을 게으르고 부정직한 것으로 보아 권위적으로 관리해야 한다는 이론이다.

라. (O)

11

① (X) 정책의 수립·시행을 위한 의견교환 또는 업무협의 등 공적(사적 X)인 목적을 위하여 필요한 경우(경찰청 공무원 행동강령 제16조의3 제1항 제4호)

12

① (X) 부동산을 직접적(간접적 X)으로 취급하는 대통령령으로 정하는 공공기관의 공직자는 공직자 자신, 배우자, 공직자와 생계를 같이하는 직계존속·비속이 소속 공공기관의 업무와 관련된 부동산을 보유하고 있거나 매수하는 경우 소속기관장에게 그 사실을 서면으로 신고하여야 한다(공직자의 이해충돌방지법 제6조 제1항)

② (X) 사건의 수사·재판·심판·결정·조정·중재·화해 또는 이에 준하는 직무를 수행하는 공직자는 직무관련자(직무관련자의 대리인을 포함한다)가 사적이해관계자임을 안 경우 안 날부터 14일 이내에 소속기관장에게 그 사실을 서면(구두 또는 말 X)(전자문서를 포함한다)으로 신고하고 회피를 신청하여야 한다(동법 제5조 제1항 제8호).

③ (X) 「부정청탁 및 금품등 수수의 금지에 관한 법률」상 '공직자등'이 부정청탁을 받았을 때에는 부정청탁을 한 자에게 부정청탁임을 알리고 이를 거절하는 의사를 명확히 표시하여야 하며, 이러한 조치를 하였음에도 불구하고 동일한 부정청탁을 다시 받은 경우에는 이를 소속기관장에게 서면(구두 X)(전자서면을 포함)으로 신고하여야 한다(부정청탁 및 금품등 수수의 금지에 관한 법률 제7조 제1항, 제2항).

④ (O) 동법 제10조 제5항

13

ⓒ 경찰공무원법 제정 1969. 01. 07

ⓐ 경찰법 제정 1991. 05. 31

ⓗ 사이버테러대응센터 신설 2000. 09. 29

ⓑ 경찰병원을 추가로 책임운영기관화 함 2005. 12. 30.

ⓓ 경찰청 수사국 내에 "인권보호센터" 신설(현 경찰청 감사관 내에 인권보호담당관) 2006. 10. 31.

ⓔ 국가수사본부 신설 2021. 01. 01.

14

② (X) 동경도 경시청의 경시총감은 국가공안위원회가 동경도공안위원회의 동의를 얻어 내각총리대신의 승인을 받아 임면(임명 X)한다.

③ (X) 1954년 신경찰법은 경찰의 능률화(민주화 X)의 요청으로 경찰운영의 단위를 도도부현으로 하고, 경찰조직을 도도부현경찰로 일원화하였다.

④ (X) 국가경찰기관에 소속된 경찰관은 국가공무원이고, 도도부현에 소속된 경찰관은 지방공무원이다. 다만, 경시정(총경) 이상으로서 도도부현에 근무하는 경찰관은 국가공무원이다.

15

② (X) 관료제의 역기능 중 무사안일주의에 대한 설명이다. 목표의 전환(동조과잉)이란 행정의 본래 목표가 도외시 되고 수단(규칙·절차)에 집착하는 현상을 말한다.

③ (X) 관료제의 역기능 중 할거주의에 대한 설명이다. 변화에 대한 저항이란 신분유지를 위해 신기술·신지식을 거부하고 보수주의화하는 현상을 말한다.

④ (X) 몰인정성이란 구성원 간 또는 직무 수행상 감정의 배제가 필요하다.

16

① (O)

② (X) 계급제는 인간중심(직무중심 X)의 분류방법으로 관료제의 전통이 강한 나라에서 채택하고 있다.

③ (X) 직위분류제는 1909년 미국의 시카고시에서 처음 시작되었다.

④ (X) 계급제는 장기간에 걸쳐 능력을 키울 수 있어 공무원이 보다 종합적 능력을 가지게 되므로 기관간의 횡적(종적 X)협조가 용이하다.

17

① (X) 국회에 제출된 경찰예산안은 **예산결산특별위원회** 종합심사를 통해 구체적이고 실질적인 금액조정이 이루어지며, 종합심사가 끝난 예산안은 본회의에 상정되어 회계연도 개시 30일 전까지 본회의의 의결을 거쳐 확정된다(헌법 제54조).

② (X) 경찰청장은 예산이 확정된 후 **예산배정요구서(명시이월비 X)** 를 기획재정부장관에게 제출하고 기획재정부장관은 예산배정요구서에 따라 분기별 예산배정계획을 작성하여 국무회의 심의와 대통령 승인을 얻은 후 분기별 예산배정계획에 따라 경찰청장에게 예산을 배정한다(국가재정법 제42조, 제43조).

③ (O) 동법 제46조 제1항

④ (X) 「국가재정법」은 경찰예산편성시 **인권에 미친 영향**을 평가하는 보고서 제출을 규정하고 있지 않다.

18

① (X) 각 경찰기관의 업무용차량은 운전요원의 부족 등 불가피한 사유가 없는 한 **집중관리**를 원칙으로 한다(경찰장비관리규칙 제95조 제1항).

② (O) 동규칙 제94조 제1항

③ (X) 부속기관 및 시·도경찰청은 소속기관 차량 중 다음 년도 교체대상 차량을 매년 **11월** 말까지 경찰청장에게 보고하여야 한다(동규칙 제93조 제1항).

④ (X) 차량운행시 책임자는 **1차** 운전자, **2차 선임탑승자(사용자)**, **3차** 경찰기관의 장으로 한다(동규칙 제98조 제3항).

19

③ (O) ㉠ 기업식 경찰홍보 ㉡ 언론관계 ㉢ 협의의 홍보 ㉣ 대중매체관계이다.

20

① (O) 경찰 감찰 규칙 제2조 제2호

② (X) 경찰기관의 장은 감찰관이 제5조에 따른 결격사유에 해당되는 것으로 밝혀졌을 경우와 제7조 제1항 각 호의 어느 하나에 해당하는 경우를 제외하고는 2년 이내에 본인의 의사에 반하여 전보하여서는 아니 된다. 다만, 승진 등 인사관리상 필요한 경우에는 그러하지 아니하다(동규칙 제7조 제1항).

③ (O) 동규칙 제36조 제1항

④ (O) 동규칙 제36조 제2항

21

① (O) 헌법 제6조 제1항

② (O)

③ (X) 최후의 보충적 법원으로서 **조리(조례 X)** 는 일반적·보편적 정의를 의미하는 바, 경찰관청의 행위가 형식상 적법하더라도 **조리(조례 X)** 에 위반할 경우 위법이 될 수 있다.

④ (O) 운전면허 취소사유에 해당하는 음주운전을 적발한 경찰관의 소속경찰서장이 사무착오로 위반자에게 운전면허 정지처분을 한 상태에서 위반자의 주소지 관할 시·도경찰청장이 위반자에게 운전면허 취소처분을 한 것은 **신뢰보호원칙**에 위배된다(대판 99두10520).

22

① (X) 경찰청장은 국가경찰위원회의 동의를 받아 행정안전부장관의 제청으로 국무총리를 거쳐 대통령이 임명한다. 이 경우 국회의 인사청문을 **거쳐야 한다(거칠 수 있다 X)** (국가경찰과 자치경찰의 조직 및 운영에 관한 법률 제14조 제2항).

② (X) 경찰청장의 임기는 2년이 보장되나(중임할 수 없음), 직무 수행 중 헌법이나 법률을 위배하였을 때에는 **국회(법원 X)** 는 탄핵 소추를 의결할 수 있다(동법 제14조 제4항, 제5항).

③ (X) ~~ 때에는 제16조에 따른 **국가수사본부장을 통하여(직접 X)** 개별 사건의 수사에 대하여 구체적으로 지휘·감독할 수 있다(동법 제14조 제6항).

④ (O) 동법 제32조 제1항 제1호

23

가. (X) 경정의 전보·파견·휴직·직위해제 및 복직(면직 X)

나. (X) 신규채용 및 면직에 관한 권한은 **제외(포함 X)** 한다.

다. (X) 경정 이하에 대한 전보권을 **위임한다(위임할 수 있다 X)**.

라. (X) ~~위임한다(위임할 수 있다 X)

마. (X) ~~경감 또는 경위로의 승진임용에 관한 권한을 **제외한(포함한 X)** ~~

바. (X) ~~위임할 수 있다(위임한다 X).

24

① (X) 경찰공무원 중앙징계위원회는 **총경 및 경정에 대한** 징계등 사건을 심의·의결하고(경찰공무원 징계령 제4조 제1항), 중앙징계위원회는 경찰청에 둔다(동징계령 제3조 제2항). 그러므로 甲 경정은 **경찰청 소속 중앙징계위원회**에서 심의·의결한다.

② (O) 동징계령 제11조 제1항, 제12조 제1항

③ (O) 경무관 이상의 강등 및 정직과 경정 이상의 파면 및 해임은 경찰청장 또는 해양경찰청장의 제청으로 행정안전부장관 또는 해양수산부장관과 국무총리를 거쳐 대통령이 하고, 총경 및 경정의 강등 및 정직은 경찰청장 또는 해양경찰청장이 한다(경찰공무원법 제33조).

④ (O) 음주운전(6개월)+강등(18개월)(국가공무원법 제80조 제1항, 경찰공무원 승진임용규정 제6조 제1항 제2호 가목)

25

① (X) 운전면허에 대한 정지처분권한은 경찰청장으로부터 경찰서장에게 권한위임된 것이므로 음주운전자를 적발한 단속 경찰관으로서는 관할 경찰서장의 명의로 운전면허정지처분을 대행처리할 수 있을지는 몰라도 자신의 명의로 이를 할 수는 없다 할 것이므로, 단속 경찰관이 자신의 명의로 운전면허행정처분통지서를 작성·교부하여 행한 운전면허정지처분은 비록 그 처분의 내용·사유·근거"등이 기재된 서면을 교부하는 방식으로 행하여졌다고 하더라도 **권한 없는 자(주체)에 의하여 행하여진 점에서 무효의 처분에 해당**한다(대법원 1997. 5. 16. 선고 97누2313).

② (X) 무효인 행정행위는 **불가쟁력이 인정되지 않는다.**

③ (O) 행정행위의 일부가 무효이면 **나머지 부분은 유효한 행위이다.** 다만, 그 무효부분이 중요한 것이어서 행정청이 그것 없이는 행정행위를 발하지 않았으리라 판단되는 경우에 한하여 그 행정행위는 전체가 무효가 된다.

④ (X) 무효인 행정행위도 취소소송의 제소요건을 갖추는 경우 취소소송의 형식으로 **소제기가 가능하다.**

26

② (O) 부담이란 행정행위의 주된 내용에 부가하여 그 행정행위의 상대방에게 작위·부작위·급부 등의 의무를 부과하는 부관을 말하며, 주로 허가·특허 등과 같은 수익적 행정행위에 붙여진다. 부담은 다른 부관과 달리 그 자체가 하나의 독립된 행정행위의 성질을 가진다. 따라서 **부담만이 독립하여 행정소송의 대상이 될 수 있고,** 의무불이행이 있는 경우에는 독립하여 강제집행의 대상이 된다.

③ (O) 어떠한 부관이 부담인지 조건(정지·해제)인지 불분명한 경우에는 **최소침해의 원칙상** 상대방에게 유리한 **부담**으로 해석하여야 한다.

④ (X) 행정청이 수익적 행정처분을 하면서 부가한 부담의 위법 여부는 **처분 당시 법령을 기준으로 판단하여야** 하고, 부담이 처분 당시 법령을 기준으로 적법하다면 처분 후 부담의 전제가 된 **주된 행정처분의 근거 법령이 개정됨으로써** 행정청이 더 이상 부관을 붙일 수 없게 되었다 하더라도 곧바로 위법하게 되거나 그 **효력이 소멸하게 되는 것은 아니다**(대법원 2009. 2. 12. 2005다65500).

27

① (X) 행정청은 위법 또는 부당한 처분의 전부나 일부를 소급하여 **취소할 수 있다.** 다만, 당사자의 신뢰를 보호할 가치가 있는 등 정당한 사유가 있는 경우에는 장래를 향하여 **취소할 수 있다**(행정기본법 제18조 제1항).

② (O) 동법 제19조 제1항 제1호

③ (X) 처분은 권한이 있는 기관이 취소 또는 철회하거나 기간의 경과 등으로 소멸되기 전까지는 유효한 것으로 통용된다. 다만, **무효(취소 X)인** 처분은 처음부터 그 효력이 발생하지 아니한다(동법 제15조).

④ (X) 도로교통법 제10조 제1항, 제24조 제1항 규정 취지에 비추어 볼 때, 시·도경찰청장이 횡단보도를 설치하여 보행자의 통행방법 등을 규제하는 것은 행정청이 특정 사항에 대하여 의무의 부담을 명하는 행위이고, 이는 국민의 권리·의무에 직접 관계가 있는 행위로서 **행정처분이라고 보아야 한다**(대판 98두8964).

28

㉠ (O) 경찰상 강제집행은 경찰하명에 따른 경찰의무의 불이행이 있는 경우에 상대방의 신체 또는 재산이나 주거 등에 실력을 행사하여 경찰상 필요한 상태를 실현하는 작용으로 **직접적 또는 간접적(이행강제금 부과, 이행강제금) 의무이행확보** 수단이다.

㉡ (X) 강제징수란 국민이 국가 또는 공공단체에 대해 부담하고 있는 공법상의 금전급부의무를 이행하지 않는 경우에 행정청이 강제적으로 의무가 이행된 것과 동일한 상태를 실현하는 작용으로 **전통적 의무이행확보** 수단이다.

㉢ (O)

㉣ (X) 해산명령 불이행에 따른 해산조치, 불법영업소의 **폐쇄조치는 직접강제**이고, 감염병 환자의 즉각적인 **강제격리는 즉시강제**에 해당한다.

29

① (X) "행정지도"란 행정기관이 그 소관 사무의 범위에서 일정한 행정목적을 실현하기 위하여 특정인에게 일정한 행위를 하거나 하지 아니하도록 **지도, 조언, 권고** 등을 하는 행정작용을 말한다(행정절차법 제2조 제3호).

② (X) 행정기관은 행정지도의 상대방이 행정지도에 따르지 아니하였다는 것을 이유로 불이익한 **조치를 하여서는 아니 된다**(동법 제48조 제2항).

③ (X) 행정지도의 상대방은 해당 행정지도의 방식·내용 등에 관하여 행정기관에 **의견제출을 할 수 있다**(없다 X)(동법 제50조).

④ (O) 동법 제51조

30

① (X) 서면으로 하지 않은 행정심판의 재결은 **당연무효이다.**

② (X) 위원회는 심판청구가 이유가 있다고 인정하는 경우에도 이를 인용(認容)하는 것이 공공복리에 크게 위배된다고 인정하면 그 심판청구를 기각하는 재결을 **할 수 있다**(하여야 한다 X)(동법 제44조 제1항).

③ (X) 위원회는 **지체 없이** 당사자에게 재결서의 **정본**(등본 X)을 송달하여야 하며, 재결은 청구인에게 **송달**(발송 X)되었을 때에 그 효력이 생긴다(동법 제48조 제1항, 제2항).

④ (O) 동법 제43조 제1항

31

① (X) 경찰관은 질문을 하거나 동행을 요구할 경우 자신의 신분을 표시하는 증표를 제시하면서 소속과 성명을 밝히고 질문이나 동행의 목적과 이유를 설명하여야 하며, 동행을 요구하는 경우에는 동행 장소를 밝혀야 한다(동법 제3조 제4항). **신분을 표시하는 증표는 경찰공무원의 공무원증**(흉장 X)으로 한다(동법 시행령 제5조).

② (O) 주민등록법 제26조 제2항

③ (X) 경찰관이 불심검문 대상자 해당 여부를 판단할 때에는 불심검문 당시의 구체적 상황은 물론 사전에 얻은 정보나 전문적 지식 등에 기초하여 불심검문 대상자인지를 객관적·합리적인 기준에 따라 판단하여야 하나, 반드시 불심검문 대상자에게 **형사소송법상 체포나 구속에 이를 정도의 혐의가 있을 것을 요한다고 할 수는 없다**(대법원 2011도13999).

④ (X) 경찰관은 동행한 사람의 가족이나 친지 등에게 동행한 경찰관의 신분, 동행 장소, 동행 목적과 이유를 알리거나 **본인으로**(다른 사람으로 X) 하여금 즉시 연락할 수 있는 기회를 주어야 하며, 변호인의 도움을 받을 권리가 있음을 알려야 한다(동법 제3조 제5항).

32

㉠ (X) 구호대상자(정신착란자·술에 취한자·자살을 시도하는 사람·미아·병자·부상자)를 경찰관서에서 보호하는 기간은 24시간(6시간 X)을 초과할 수 없다(경찰관 직무집행법 제4조 제4항, 제7항).

㉡ (X) 경찰관은 수상한 행동이나 그 밖의 주위 사정을 합리적으로 판단해 볼 때 미아, 병자, 부상자 등으로서 적당한 보호자가 없으며 응급구호가 필요하다고 인정되는 사람(다만, 본인이 구호를 거절하는 경우는 제외)에 해당하는 것이 명백하고 응급구호가 필요하다고 믿을 만한 상당한 이유가 있는 사람을 발견하였을 때에는 보건의료기관이나 공공구호기관에 긴급구호를 요청하거나 경찰관서에 보호하는 등 적절한 조치를 할 수 있다(동법 제4조 제1항).

㉢ (O) 동법 제4조 제3항, 제7항

㉣ (X) 긴급구호요청을 받은 응급의료종사자가 정당한 이유 없이 긴급구호요청을 거절할 경우, 「응급의료에 관한 법률」(「경찰관 직무집행법」 X) 제60조 제3항에 따라 3년 이하의 징역 또는 3천만원 이하의 벌금에 처한다.

㉤ (X) 보호조치는 원칙적으로 경찰관의 재량행위이나 '재량권이 0으로 수축되는 경우' 기속행위의 성격을 가지게 되며, 경찰관이 이를 소홀히 할 경우 국가배상책임이 인정될 수 있다(인정되는 경우는 없다 X).

33

① (X) 경찰관이 경찰착용기록장치를 사용하여 기록하는 경우로서 이동형 영상정보처리기기로 사람 또는 그 사람과 관련된 사물의 영상을 촬영하는 때에는 불빛, 소리, 안내판 등 대통령령으로 정하는 바에 따라 촬영 사실을 표시하고 알려야 한다(경찰관 직무집행법 제10조의6 제1항).

② (X) 경찰착용기록장치로 기록을 마친 영상음성기록은 지체 없이 영상음성기록정보 관리체계를 이용하여 영상음성기록정보 데이터베이스에 전송·저장하도록 하여야 하며, 영상음성기록을 임의로 편집·복사하거나 삭제하여서는 아니 된다(동법 제10조의6 제3항).

③ (X) 경찰착용기록장치로 기록한 영상음성기록의 보관기간은 해당 기록을 ②에 따라 영상음성기록정보 데이터베이스에 전송·저장한 날부터 30일(해당 영상음성기록이 수사 중인 범죄와 관련된 경우 등 경찰청장 또는 해양경찰청장이 정하는 사항에 해당하는 경우에는 90일)로 한다(경찰착용기록장치 운영 등에 관한 규정 제5조 제1항).

④ (O) 동법 시행령 제5조 제2항

34

보기는 대상자의 폭력적 공격에 해당하는 행위이며 경찰관은 중위험 물리력 단계로 대응한다.

① (X) 경찰 물리력 행사의 기준과 방법에 관한 규칙 2.2.2. 접촉통제

② (X) 동규칙 2.2.5. 고위험 물리력

③ (O) 동규칙 2.2.4. 중위험 물리력

④ (X) 동규칙 2.2.3. 저위험 물리력

35

① (O) 경비업법 제2조 제1호 바목

② (X) 호송경비업무에 대한 설명이다(동법 제2조 제1호 나목).

③ (X) '신변보호업무'란 사람의 **생명·신체**(재산 X)에 대한 위해의 발생을 방지하고 그 신변을 보호하는 업무를 말한다(동법 제2조 제1호 다목).

④ (X) '기계경비업무'란 경비대상시설에 설치한 기기에 의하여 감지·송신된 정보를 그 **경비대상시설 외의** (내의 X) 장소에 설치한 관제시설의 기기로 수신하여 도난·화재 등 위험발생을 방지하는 업무를 말한다 (동법 제2조 제1호 라목).

36

㉠㉢㉣은 가정폭력범죄에 해당하지 않는다.
㉡㉣㉤㉥은 가정폭력범죄에 해당한다.

37

① (X) 다중범죄란 일정지방을 해할 수 있는 어느 정도 조직된 집단을 말하는 것으로 반드시 지도자가 있어야 하는 것은 아니다.

③ (X) 경이적인 사건을 폭로하거나 규모가 큰 행사를 개최하여 원래의 이슈가 상대적으로 약화되도록 하는 방법은 전이법에 관한 내용이다.

④ (X) 진압의 기본원칙은 봉쇄·방어, 차단·배제, 주동자 격리, 세력분산이다.

38

④ (X) 처벌특례 예외사항에 해당하지 않는다(교통사고처리 특례법 제3조 제2항 단서).

39

④의 연결이 옳다.

40

① (O)

② (X) 대통령령으로 정하는 금액 이상의 국세·관세 또는 지방세를 정당한 사유 없이 그 납부기한까지 내지 아니한 사람은 내국인의 출국금지 또는 외국인의 출국정지(강제퇴거 대상자 X)에 해당한다.

③ (O)

④ (O)

05 모의고사 5회 해설

1	2	3	4	5	6	7	8	9	10
①	②	④	④	④	③	④	②	④	③
11	12	13	14	15	16	17	18	19	20
①	④	③	①	②	④	③	②	③	③
21	22	23	24	25	26	27	28	29	30
④	③	④	③	①	③	①	②	②	④
31	32	33	34	35	36	37	38	39	40
③	①	②	①	②	②	②	④	④	④

01

가. (X) 실질적 의미의 경찰은 사회공공의 안녕과 질서유지와 같은 소극적 목적(적극적 목적 X)을 위한 작용이다.

나. (X) **실질적 의미**의 경찰은 사회목적적 작용을 의미하며 **작용을 중심**으로 파악된 개념이고, **형식적 의미**의 경찰은 조직을 기준으로 파악된 개념이다.

다. (X) 형식적 의미의 경찰 일부가 실질적 의미의 경찰이고, 실질적 의미의 경찰 일부가 형식적 의미의 경찰에 해당할 뿐이지 양자는 어느 하나가 다른 하나를 포함(포괄)하는 관계가 아니다.

라. (O) 실질적 의미의 경찰에는 건축경찰, **위생경찰**, 영업경찰, 도로경찰, 예방경찰, 공물경찰, 행정경찰 등이 있다.

마. (X) 정보경찰은 형식적 의미의 경찰에 해당한다.

02

② (X) 총포·화약류의 취급 제한, 광견의 사살은 사전에 위해의 발생을 방지하기 위한 경찰작용으로 **예방경찰**에 해당한다.

03

① (X) 경찰관이 상황을 합리적으로 사려 깊게 판단하여 위험이 존재한다고 인식하여 개입하였으나 실제로는 위험이 없던 경우는 외관적 위험으로 경찰관 개개인에게 민·형사상 책임을 부담하지 아니 하나, 국가의 **손실보상책임**은 발생할 수 있다.

② (X) 경찰관이 의무에 합당한 사려 깊은 판단을 할 때 실제로 위험의 발생 가능성은 예측되나 위험의 실제 발생 여부가 불확실한 경우는 위험혐의로 경찰개입은 **적법**하다.

③ (X) 객관적으로 판단할 때 위험의 외관 또는 혐의가 정당화되지 않음에도 경찰이 위험의 존재를 잘못 추정한 경우를 오상위험 또는 **추정적 위험(추상적 위험 X)**, 상상위험이라 하며, 이 경우 경찰개입은 위법한 경찰개입이다.

04

① (O) 중화기술이론에 대한 설명이다.

② (O) 동조성전념이론에 대한 설명이다.

③ (O) 사회유대이론에 대한 설명이다.

④ (X) 하위문화이론은 **사회구조원인론**에 해당하며, 사회과정원인론에 포함되지 않는다.

05

① (X) 핵심 요소는 처벌의 확실성, 엄격성, **신속성**이다.

② (X) 방어공간이론은 주거에 대한 영역성 **강화**를 통해 주민들이 살고있는 지역이나 장소를 자신들의 영역이라 생각하고 감시를 게을리 하지 않으면 어떤 지역이든 범죄로부터 안전할 수 있다고 주장한다.

③ (X) 지역사회 구성원들이 범죄문제를 해결하기 위해 적극적으로 참여하는 것이 중요한 범죄예방의 열쇠라고 한 것은 **집합효율성이론**이다.

06

① (X) **자연적 접근 통제**에 대한 설명이다. 울타리 및 표지판의 설치는 영역성의 강화에 대한 예시이다.

② (X) **활동의 활성화**에 대한 설명이다.

③ (O)

④ (X) **자연적 감시**에 대한 설명이다.

07

④ (X) 미국의 빈곤계층 아동들이 적절한 사회화 과정을 거치게 함으로써 장차 범죄를 저지를 수 있는 잠재성을 감소시키려는 교육프로그램은 Head start program에 대한 설명이다.

08

② (X) 범죄와의 싸움도 치안서비스의 한 부분에 불과한 것은 **치안서비스 제공자로서의 경찰 모델**에 해당한다.

09

④ (X) 공익보다는 사적인 이익을 위해서만 이용하기도 하는 전문직업화의 윤리적 문제점이 있다.

10

③ (X) **회색부패**에 대한 설명이다.

11

㉠ (X) 기관장이 소속직원에게 업무추진비로 화환을 보내는 것은 '공공기관이 소속 공직자에게 지급하는 금품'으로써 가능하고, 별도로 사비로 경조사비를 하는 것은 '상급공직자등이 위로·격려·포상 등의 목적으로 하급 공직자 등에게 제공하는 금품 등'에 해당되므로, 청탁금지법 위반이 아니다(동법 제8조 제3항 제1호).

㉡ (X) **물품상품권**(가액범위 내에서 물품을 구입할 수 있는 온라인 상품권과 기프티콘 같은 모바일 상품권)과 **용역상품권**(연극, 영화, 공연, 스포츠 등 문화관람권)은 **선물이 가능**하지만, 백화점상품권·온누리상품권·지역사랑상품권·문화상품권 등 일정한 금액이 기재되어 소지자가 해당 금액에 상응하는 물품 또는 용역을 제공받을 수 있는 증표인 **금액상품권은 가액에 상관 없이 선물할 수 없다.**

㉢ (O) 동법 제8조 제1항

㉣ (X) 선물은 5만원까지 허용되지만 예외적으로 선물 중 농수산물 및 농수산가공품(농수산물을 원료 또는 재료의 50퍼센트를 넘게 사용하여 가공한 제품만 해당)과 농수산물·농수산가공품 상품권은 15만원까지 가능하다. (대통령령으로 정하는 설날·추석을 포함한 기간에 한정하여 그 가액 범위를 두배로 한다.)

㉤ (X) ㉣의 "대통령령으로 정하는 설날·추석을 포함한 기간"이란 설날·추석 전 24일부터 설날·추석 후 5일까지(그 기간 중에 우편 등을 통해 발송하여 그 기간 후에 수수한 경우에는 그 수수한 날까지)를 말한다.

12

① (O) 「공직자의 이해충돌 방지법」은 2021.5.18.에 제정되어 2022.5.19.에 시행되었다.

② (O) '어느 누구도 자신이 연루된 사건의 재판관이 되어서는 안 된다'라는 것은 이해충돌 회피의 기본적인 원칙이다.

③ (O) 동법 제13조

④ (X) 「공직자의 이해충돌 방지법」의 위반행위가 발생한 공공기관 또는 그 감독기관에도 신고할 수 있다(동법 제18조 제1항).

13

③ (X) 1881년 일본 육군은 프랑스군의 헌병군 제도를 모방하여 '헌병조례'를 제정하면서, 헌병경찰에게는 군사경찰 이외에도 행정경찰, **사법경찰권**을 인정하였다.

14

① 사법경찰직원에 대한 일반적 지시권은 수사를 적정하게 하고 그 외에 공소수행을 완성하기 위하여 필요한 사항에 관하여 일반적인 준칙을 제정하는 것을 말한다.

② 사법경찰직원에 대한 일반적 지휘권은 사법경찰직원 일반에 대해서 구체적 사건의 수사에 대한 개괄적 지휘로써 수사의 협력을 구하는데 필요한 일반적 지휘를 말한다.

④ 사법경찰직원에 대한 구체적 지휘권은 일본검사가 수사하고 있던 사항에 대해 경찰서 사법경찰직원에게 수사의 보조를 구하는 것을 말한다.

15

㉢㉣이 명령통일의 원리에 관한 내용이다.

㉠ (X) 계층제의 원리의 역기능(단점)에 대한 내용이다.

㉡ (X) 통솔의범위의 원리에 대한 내용이다.

㉤ (X) 계층제의 원리에 대한 내용이다.

㉥ (X) 조정과 통합의 원리에 대한 내용이다.

16

④ (X) 직업공무원제도는 행정의 안정성과 독립성 확보에 용이하지만, 외부환경 변화에 신속하게 대응하지 못한다는 단점이 있다.

17

보기내용은 추가경정예산에 대한 기사이다.

① (X) 본예산에 대한 내용이다.

② (X) 준예산에 대한 내용이다.

③ (O) 추가경정예산에 대한 내용이다.

④ (X) 수정예산에 대한 내용이다.

18

① (X) 공무원 또는 공무원이었던 사람은 **법률에서 정하는 경우를 제외(어떠한 경우에도 X)**하고는 소속 기관의 장이나 소속되었던 기관의 장의 승인 없이 비밀을 공개해서는 아니 된다(보안업무규정 제25조 제2항).

② (O) 동규정 제9조 제2항

③ (X) **국가정보원장(경찰청장 X)**은 암호자재를 제작하여 필요한 기관에 공급한다. 다만, 국가정보원장이 필요하다고 인정하는 암호자재의 경우 그 암호자재를 사용하는 기관은 국가정보원장이 인가하는 암호체계의 범위에서 암호자재를 제작할 수 있다(동규정 제7조 제1항).

④ (X) 각급기관의 장은 비밀 분류를 통일성 있고 적절하게 하기 위하여 세부 분류지침을 작성하여 시행하여야 한다. 이 경우 세부 분류지침은 공개하지 않는다(동규정 제13조).

19

① (X) 중재위원회는 40명 이상 90명 이내의 중재위원으로 구성하며, 중재위원은 **문화체육관광부장관이** 위촉한다(언론중재 및 피해구제 등에 관한 법률 제7조 제3항).

② (X) 중재위원회의 회의는 **재적위원 과반수의 출석(재적위원 1/4의 출석 X)**과 출석위원 과반수의 찬성으로 의결한다(동법 제7조 제9항).

③ (O) 동법 제7조 제4항

④ (X) 위원장·부위원장·감사 및 중재위원의 임기는 각각 3년으로 하며, 한 차례만 연임할 수 있다(동법 제7조 제5항).

20

① (O) 경찰 인권보호 규칙 제32조 제1항

② (O) 동법 제32조 제3항

③ (X) 진정인이 진정을 취소한 사건에서 진정인이 제출한 물건이 있는 경우에는 **제출자가 요구하지 않더라도 반환할 수 있다(진정인이 요구하는 경우에 한하여 반환할 수 있다 X)**(동법 제32조 제4항 제1호).

④ (O) 동법 제35조 제1항

21

ⓐ (O) 국회에서 의결된 법률안은 정부에 이송되어 15일 이내에 대통령이 공포한다(헌법 제53조 제1항).

ⓑ (O) 법률은 특별한 규정이 없는 한 공포한 날로부터 20일을 경과함으로써 효력을 발생한다(헌법 제53조 제7항).

ⓒ (O) 대통령령, 총리령 및 부령은 특별한 규정이 없으면 공포한 날부터 20일이 경과함으로써 효력을 발생한다(법령 등 공포에 관한 법률 제13조).

ⓓ (X) 국민의 권리 제한 또는 의무 부과와 직접 관련되는 법률, 대통령령, 총리령 및 부령은 긴급히 시행하여야 할 특별한 사유가 있는 경우를 제외하고는 공포일로부터 적어도 30일이 경과한 날부터 시행되도록 하여야 한다(법령 등 공포에 관한 법률 제13조의2).

22

① (X) 경찰청에 국가수사본부를 두며, 국가수사본부장은 **치안정감(치안감 X)**으로 보하며, 임기가 끝나면 당연히 퇴직한다(국가경찰과 자치경찰의 조직 및 운영에 관한 법률 제16조 제1항, 제4항).

② (X) 국가수사본부장의 임기는 2년으로 하며, 중임할 수 없다(있다 X)(동법 제16조 제3항).

③ (O) 동법 제16조 제2항

④ (X) 경찰청장 또는 국가수사본부장이 직무를 집행하면서 헌법이나 법률을 위배하였을 때에는 국회는 탄핵 소추를 의결할 수 있다(없다 X)(동법 제14조 제5항, 제16조 제5항).

23

① (O) 경찰공무원법 제13조 제1항 제2항

② (O) 경찰공무원 임용령 제21조 제1항

③ (O) 경찰공무원 임용령 제20조 제1항, 제20조의2 제1항 제2호

④ (X) 임용권자 또는 임용제청권자는 시보임용경찰공무원이 교육훈련성적이 만점의 60퍼센트 미만이거나 생활기록이 극히 불량한 경우, 제2 평정 요소의 평정점이 만점의 50퍼센트 미만에 해당하여 정규 경찰공무원으로 임용하는 것이 부적당하다고 인정되는 경우에는 임용심사위원회의 의결을 거쳐 해당 시보임용경찰공무원을 면직시키거나 면직을 **제청할 수 있다(하여야 한다 X)**(동임용령 제20조 제4항).

24

㉠ (X) 휴직은 **제제적 성격을 갖지 않는다**(국가공무원법 제73조 제1항·제2항).

㉡ (X) 경찰공무원이 「공무원 재해보상법」 제5조 제1호 각 목에 해당하는 직무를 수행하다가 「국가공무원법」 제72조 제1호 각 목의 어느 하나에 해당하는 공무상 질병 또는 부상을 입어 휴직하는 경우 그 휴직기간은 같은 조 제1호 단서에도 불구하고 **5년 이내로** 하되, 의학적 소견 등을 고려하여 대통령령으로 정하는 바에 따라 **3년의** 범위에서 연장할 수 있다(**경찰공무원법 제29조 제1항**).

㉢ (X) 휴직(자기개발휴직) 후 복직한 공무원은 복직 후 **6년 이상** 근무하여야 다시 자기개발휴직을 할 수 있다(공무원 임용령 제57조의10 제2항).

㉣ (O) 국가공무원법 제71조 제1항 제4호

㉤ (O) 국가공무원법 제71조 제2항 제4호, 제72조 제7호

25

① (X) 법률에 근거하여 행정처분이 발하여진 후에 헌법재판소가 그 행정처분의 근거가 된 법률을 위헌으로 결정하였다면 결과적으로 행정처분은 법률의 근거가 없이 행하여진 것과 마찬가지가 되어 하자가 있는 것이 되나, 하자 있는 행정처분이 당연무효가 되기 위하여는 그 하자가 중대할 뿐만 아니라 명백한 것이어야 하는데, 일반적으로 법률이 헌법에 위반된다는 사정이 헌법재판소의 위헌결정이 있기 전에는 객관적으로 명백한 것이라고 할 수는 없으므로 헌법재판소의 위헌결정 전에 행정처분의 근거되는 당해 법률이 헌법에 위반된다는 사유는 특별한 사정이 없는 한 그 행정처분의 취소소송의 전제가 될 수 있을 뿐 당연무효 사유는 아니라고 봄이 상당하다(대법원 92누9463).

② (O) 대법원 86누459

③ (O) 대법원 2017두38874

④ (O) 대법원 97누2313

26

③ (X) 행정청은 **사정이 변경되어** 종전의 부관을 변경하지 아니하면 해당 처분의 목적을 달성할 수 없다고 인정되는 경우에는 그 처분을 한 후에도 부관을 새로 붙이거나 종전의 부관을 변경할 수 있다(행정기본법 제17조 제3호).

27

① (O) 공공기관의 정보공개에 관한 법률 제10조 제1항

② (X) 공공기관이 보유·관리하는 정보는 국민의 알권리 보장 등을 위하여 이 법에서 정하는 바에 따라 **적극적(소극적 X)으로 공개하여야 한다(공개할 수 있다 X)**(동법 제3조).

③ (X) 청구인은 이의신청 절차를 거치지 아니하고 행정심판을 청구할 수 있다(**없다 X**)(동법 제19조 제2항).

④ (X) 공공기관은 정보공개 청구를 받으면 그 청구를 받은 날부터(받은 날의 다음 날부터 X) **10일 이내에** 공개 여부를 결정하여야 한다(동법 제11조 제1항).

28

㉠ (O)

㉡ (X) 경찰강제에는 경찰상 강제집행(대집행·강제징수·집행벌·**직접강제(즉시강제 X)**)과 경찰상 **즉시강제(직접강제 X)**가 있는데, 경찰상 강제집행은 의무의 존재 및 그 불이행을 전제로 한다는 점에서 이를 전제로 하지 아니하고 급박한 경우에 행하여지는 경찰상 **즉시강제(직접강제 X)**와 구별된다.

㉢ (X) **가산세(과징금 X)**는 개별 세법이 과세의 적정을 기하기 위하여 정한 의무의 이행을 확보할 목적으로 그 의무 위반에 대하여 세금의 형태로 가하는 행정상 제재이고, **과징금(가산세 X)**는 원칙적으로 행정법상의 의무를 위반한 자에 대하여 당해 위반행위로 얻게 된 경제적 이익을 박탈하기 위한 목적으로 부과하는 금전적인 제재이다.

㉣ (X) 행정청은 의무자가 행정상 의무를 이행할 때까지 이행강제금을 반복하여 부과할 수 있다(**없다 X**). 다만, 의무자가 의무를 이행하면 새로운 이행강제금의 부과를 즉시 중지하되, 이미 부과한 이행강제금은 **징수하여야 한다(하여서는 안 된다 X)**(행정기본법 제31조 제5항).

㉤ (X) 대집행의 절차는 **계고 → 통지 → 실행 → 비용의 징수** 순이다.

29

① (X) 질서위반행위의 성립과 과태료 처분은 **행위 시**(처분 시 X)의 법률에 따른다(질서위반행위규제법 제3조 제1항, 제2항).

② (O) 동법 제6조

③ (X) 고의 또는 과실이 없는 질서위반행위는 과태료를 **부과하지 아니한다**(감면한다 X)(동법 제7조).

④ (X) 과태료는 행정청의 과태료 부과처분이나 법원의 과태료 재판이 확정된 후 **5년간** 징수하지 아니하거나 집행하지 아니하면 시효로 인하여 소멸한다(제15조 제1항).

30

① (X) 행정절차에 관하여 다른 법률에 특별한 규정이 있는 **경우를 제외하고는**(경우에도 X) 「행정절차법」에서 정하는 바에 따른다(행정절차법 제3조).

② (X) 행정청은 필요한 처분기준을 해당 처분의 성질에 비추어 되도록 구체적으로 정하여 공표하여야 한다. 처분기준을 변경하는 경우에도 **또한 같다**(적용되지 않는다 X)(동법 제20조 제1항).

③ (X) 행정청은 위반사실등의 공표를 하기 전에 당사자가 공표와 관련된 의무의 이행, 원상회복, 손해배상 등의 조치를 마친 경우에는 위반사실등의 **공표를 하지 아니할 수 있다**(동법 제40조의3 제7항).

④ (O) 행정청은 공표된 내용이 사실과 다른 것으로 밝혀지거나 공표에 포함된 처분이 취소된 경우에는 그 내용을 정정하여, 정정한 내용을 지체 없이 해당 공표와 같은 방법으로 공표된 기간 이상 공표하여야 한다. 다만, 당사자가 원하지 아니하면 공표하지 아니할 수 있다(동법 제40조의3 제8항).

31

① (O) 행정심판법 제47조 제1항

② (O) 동법 제31조 제3항

③ (X) 행정심판법상 심판청구는 처분의 효력이나 그 집행 또는 절차의 속행(續行)에 영향을 주지 않는 **집행부정지**를 원칙으로 하고, 예외적으로 **집행정지**를 결정할 수 있다(동법 제30조 제1항, 제2항).

④ (O) 동법 제43조 제2항

32

① (O) 경찰관 직무집행법 제5조 제1항

② (X) 경찰관 직무집행법상 위험발생의 방지를 위한 조치 중 '매우 긴급한 경우'에 위해를 입을 우려가 있는 사람을 필요한 한도에서 **억류하거나 피난조치의 대상자**로 규정되어 있다(동법 제5조 제1항 제2호).

③ (X) 경찰관서의 장은 대간첩 작전의 수행이나 소요 사태의 진압을 위하여 필요하다고 인정되는 상당한 이유가 있을 때에는 대간첩 작전지역이나 경찰관서·무기고 등 **국가중요시설**(다중이용시설 X)에 대한 접근 또는 통행을 제한하거나 금지할 수 있다(동법 제5조 제2항).

④ (X) 행정청이 행정대집행의 방법으로 건물철거의무의 이행을 실현할 수 있는 경우에는 건물철거 대집행 과정에서 부수적으로 건물의 점유자들에 대한 퇴거 조치를 할 수 있고, 점유자들이 **적법한 행정대집행을** 위력을 행사하여 방해하는 경우 형법상 공무집행방해죄가 성립하므로, **필요한 경우에는 '경찰관 직무집행법'에 근거한 위험발생 방지조치 또는 형법상 공무집행방해죄의 범행방지 내지 현행범체포의 차원에서 경찰의 도움을 받을 수도 있다**(대판 2016다213916).

33

① (X) 경찰관은 범죄·재난·공공갈등 등 **공공안녕**(공공질서 X)에 대한 위험의 예방과 대응을 위한 정보의 수집·작성·배포와 이에 수반되는 사실의 확인을 할 수 있다(경찰관 직무집행법 제8조의2 제1항).

② (O) 동법 제8조의2 제2항

③ (X) 직무와 무관한 **비공식적**(공식적 X) 직함을 사용하는 행위를 해서는 안 된다(경찰관의 정보수집 및 처리 등에 관한 규정 제2조 제2항 제6호).

④ (X) **지방자치단체**는 정보 수집 등을 위한 출입의 한계 장소에 **포함되지 않는다**(동규정 제5조).

34

① (O) 생명·신체(재산 X)에 대한 위해 발생의 우려가 명백하고 긴급한 상황이어야 한다.

② (X) 경찰관의 직무수행으로 인한 효과로서 그 정상을 참작하여 형을 감경하거나 면제할 수 있다.

③ (X) 경찰관이 그 위해를 예방하거나 진압하기 위한 행위 또는 범인의 검거 과정에서 경찰관을 향한 직접적인 유형력 행사에 대응하는 행위를 하여 그로 인하여 **타인에게 피해가 발생한 경우**(발생할 우려가 있는 경우 X)이다.

④ (X) 경찰관의 직무수행이 불가피한 것이고 필요한 최소한의 범위에서 이루어졌으며 해당 경찰관에게 고의 또는 **중대한 과실**(과실 X)이 없어야 한다.

35

㉠ (O) **자치경찰제도** 관련 예산의 편성·조정 및 결산에 관한 사항속(경찰청과 그 소속기관 직제 제11조 제3항 제3호).

㉡ (O) 스토킹·성매매 **예방** 및 피해자 보호에 관한 업무(동직제 제11조 제3항 제13호)

㉢ (X) **미래치안정책국장**의 업무분장이다(동직제 제10조의2 제3항 제2호).

㉣ (O) 경찰 수사 과정에서의 **범죄피해자 보호** 및 지원에 관한 업무(동직제 제11조 제3항 제14호)

㉤ (O) 도로교통사고의 예방을 위한 홍보·지도 및 단속(동직제 제11조 제3항 제20호)

㉥ (X) **형사국장**의 업무분장이다(동직제 제20조 제3항 제2호).

※ 경찰청과 그 소속기관 직제(생활안전교통국(국장은 치안감 또는 경무관))

1. 자치경찰제도 관련 기획 및 조정
2. 자치경찰제도 관련 법령 사무 총괄
3. 자치경찰제도 관련 예산의 편성·조정 및 결산에 관한 사항
4. 자치경찰제도 관련 특별시·광역시·특별자치시·도·특별자치도(이하 "시·도"라 한다) 및 시·도자치경찰위원회와의 협력에 관한 사항
5. 소년비행 방지에 관한 업무
6. 소년 대상 범죄의 예방에 관한 업무

7. 아동학대의 예방(수사 X) 및 피해자 보호에 관한 업무
8. 가출인 및 「실종아동등의 보호 및 지원에 관한 법률」 제2조 제2호에 따른 실종아동등(이하 "실종아동등"이라 한다)과 관련된 업무
9. 실종아동등 찾기를 위한 신고체계 운영
10. 여성 대상 범죄와 관련된 주요 정책의 총괄 수립·조정
11. 여성 대상 범죄 유관기관과의 협력 업무
12. 성폭력 및 가정폭력 예방 및 피해자 보호에 관한 업무
13. 스토킹·성매매 예방 및 피해자 보호에 관한 업무
14. 경찰 수사 과정에서의 범죄피해자 보호 및 지원에 관한 업무
15. 도로교통에 관련되는 종합기획 및 심사분석
16. 도로교통에 관련되는 법령의 정비 및 행정제도의 연구
17. 교통경찰공무원에 대한 교육 및 지도
18. 교통안전시설의 관리
19. 자동차운전면허의 관리
20. 도로교통사고의 예방을 위한 홍보·지도 및 단속
21. 고속도로순찰대의 운영 및 지도

36

① (X) 경찰청장은 각 경찰서장으로 하여금 성폭력범죄 전담 사법경찰관을 지정하도록 하여 특별한 사정이 없으면 이들로 하여금 **피해자를 조사하게 하여야 한다**(성폭력범죄의 처벌 등에 관한 특례법 제26조 제2항).

② (O) 동법 제29조 제2항

③ (X) 검사 또는 사법경찰관은 19세미만피해자등의 진술 내용과 조사 과정을 영상녹화장치로 녹화(녹음이 포함된 것을 말하며, 이하 "영상녹화"라 한다)하고, 그 영상녹화물을 **보존하여야 한다**(동법 제30조 제1항).

④ (X) ~~피의자, 피고인 또는 변호인이 피해자를 신문할 수 있었던 경우(증거보전기일에서의 신문의 경우 법원이 피의자나 피고인의 방어권이 보장된 상태에서 피해자에 대한 반대신문이 충분히 이루어졌다고 인정하는 경우로 한정)에 증거로 할 수 있다(하여야 한다 X)(동법 제30조의2 제1항).

37

① (X) 러미라는 강한 중추신경 억제성 진해작용이 있
으나 의존성과 독성은 없어 코데인 대용으로 널리 시
판된다.

② (X) 사일로시빈은 남아메리카, 멕시코, 미국의 열대와
아열대 지역에서 나는 버섯으로부터 얻어지는 향정신
성의약품이다. 미국의 텍사스나 멕시코 북부지역에서
자생하는 선인장인 페이요트(peyote)에서 추출·합성
한 향정신성의약품은 메스칼린이다.

③ (X) LSD는 곡물의 곰팡이, 보리 맥각에서 발견되어
이를 분리·가공·합성한 것으로 무색·무취·무미(짠
맛 X)하다.

38

④ (X) 이륜자동차(운반차 포함)를 운행하려면 제1종 소
형면허가 아닌 제2종 소형면허가 필요하다.

39

① (X) "주최자(주관자 X)"란 자기 이름으로 자기 책임 아
래 집회나 시위를 여는 사람이나 단체를 말한다. 주
최자는 주관자를 따로 두어 집회 또는 시위의 실행을
맡아 관리하도록 위임할 수 있다(집회 및 시위에 관
한 법률 제2조 제3호).

② (X) 옥외집회나 시위를 주최하려는 자는 그에 관한 다
음 각 호의 사항 모두를 적은 신고서를 옥외집회나 시
위를 시작하기 720시간(72시간도 가능) 전부터 48시
간 전에 관할 경찰서장에게 제출하여야 한다. 다만,
옥외집회 또는 시위 장소가 두 곳 이상의 경찰서의 관
할에 속하는 경우에는 관할 시·도경찰청장에게 제출
하여야 하고, 두 곳 이상의 시·도경찰청 관할에 속하
는 경우에는 주최지를 관할하는 시·도경찰청장에게
제출하여야 한다(동법 제6조 제1항).

③ (X) 관할경찰관서장은 신고서의 기재 사항에 미비한
점을 발견하면 접수증을 교부한 때부터 12시간 이내
에 주최자에게 24시간을 기한으로 그 기재 사항을 보
완할 것을 통고할 수 있다. 보완 통고는 보완할 사항
을 분명히 밝혀 서면으로 주최자 또는 연락책임자에
게 송달하여야 한다(동법 제7조 제1항, 제2항).

④ (O) 동법 제13조 제1항

40

① (O) 출입국관리법 제16조의2 제1항. 난민임시상륙

② (O) 동법 제15조 제1항. 긴급상륙

③ (O) 동법 제16조 제1항. 재난상륙

④ (X) ~~ 15일의 범위에서 승무원의 상륙을 허가할 수
있다(동법 제14조 제1항. 승무원상륙).

06 모의고사 6회 해설

총알 총정리 | 킹재규 경찰학

1	2	3	4	5	6	7	8	9	10
④	③	②	②	③	④	③	③	①	④
11	12	13	14	15	16	17	18	19	20
①	②	②	③	④	④	③	②	③	④
21	22	23	24	25	26	27	28	29	30
①	②	②	③	③	④	④	④	④	④
31	32	33	34	35	36	37	38	39	40
④	④	②	④	③	①	③	③	③	②

01

① (X) 고대에서의 경찰개념은 '도시국가에 관한 일체의 정치', 특히 헌법을 지칭한다.

② (X) 프랑스에서 경찰권이론은 14세기에 등장하였는데, 이 이론에 따르면 군주는 개인 간의 결투와 같은 자구행위를 억제하기 위하여 공동체의 원만한 질서를 보호할 권리와 의무를 갖고 있으며, 이를 위한 필수불가결한 조치를 경찰권에 근거하여 갖고 있다고 보았다.

③ (X) 15세기 말 프랑스의 경찰개념이 독일에 계수되어 양호한 질서를 포함한 국가행정 전반을 포괄하는 의미로 사용되었다. 경찰개념이 외교·군사·재정·사법을 제외한 내무행정 전반을 의미한 것은 17세기 경찰국가시대이다.

④ (O)

02

③ (X) 행정경찰은 주로 현재 또는 장래의 상황에 대하여 발동되는 반면, 사법경찰은 주로 과거의 상황에 대하여 발동하게 된다.

03

가. (X) 국회의장의 국회경호권(의원경찰), 법원의 법정경찰권과 같이 일반통치권을 전제로 하지 않고 부분사회의 내부질서를 목적으로 하는 경우에는 협의의 경찰작용에 해당하지 않는다.

나. (X) 화재나 전(감)염병의 발생 등과 같이 경찰상의 상태책임과 관련하여 긴급을 요하는 경우 외교사절의 동의 없이도 외교공관에 들어갈 수 있다는 것이 국제법상 규정은 없으나 국제관례상 인정된다.

다. (X) 재판장은 법정에서의 질서유지를 위하여 필요하다고 인정할 때에는 개정 전후에 상관없이(개정 전에 한하여 X) 관할 경찰서장에게 경찰공무원의 파견을 요구할 수 있으며, 파견된 경찰공무원은 법정 내외의 질서유지에 관하여 재판장의 지휘를 받는다(법원조직법 제60조).

라. (O) 옳은 설명이다.

마. (X) 영사신서사(영사관원 X)는 신체의 불가침을 향유하며 또한 어떠한 형태로도 체포 또는 구속되지 아니한다. 영사관원은 중대한 범죄의 경우에 권한있는 사법당국에 의한 결정에 따르는 것을 제외(체포구속가능)하고, 재판에 회부되기 전에 체포되거나 또는 구속되지 아니한다(영사관계에 관한 비엔나협약 제35조, 제41조).

04

② (X) 경찰이념 중 수사경찰이 피의자 등을 대면하는 과정에서 가장 요구된다고 볼 수 있는 것은 인권존중주의이다.

05

③ (X) 상황적 범죄예방이론은 범죄행위에 대한 위험과 어려움을 높여 범죄기회를 줄이고 범죄이익을 감소시킴으로써 범죄를 예방하는 이론이다. 개인의 범죄성에 초점을 맞춘 이론으로서 범죄성향이 높은 개인들에게 범죄 예방 역량을 집중할 것을 주장은 실증주의적 관점(생물학적·심리학적·사회적)과 관련이 있다.

06

㉠ 집합효율성 이론, ㉡ 차별적 동일시 이론, ㉢ 상황적 범죄예방 이론, ㉣ 무관용 경찰활동

07

③ (X) 문제지향적 경찰활동은(Problem-Oriented-Policing) 지역사회 문제해결을 위해 SARA모형이 강조되는데, 이 모형은 조사(Scanning) - 분석(Analysis) - 대응(Response) - 평가(Assessment)로 진행된다.

08

① (X) 공동체의 구성원 전체가 개별적인 의지를 초월하는 일반의지에 따를 것을 약속함으로써 **국가(정부 X)**가 탄생하였으며 일반의지의 표현이 법이고 일반의지의 행사가 주권이 된다.

② (X) **로크**의 사회계약론에 대한 내용이다.

④ (X) 시민들이 자연상태의 인간은 각종 위협에 대응할 수 없어 기본권(권리)을 보호받기 위해 계약을 통해 **국가(정부 X)**를 구성했으므로 **국가**는 사회계약을 통해 구성되었고 **정부**는 일반의지에 따라서 제정된 법을 집행하기 위한 기관에 불과하기 때문에 **정부(국가 X)**가 시민의 기본권을 침해하는 경우 시민은 저항하고 나아가 그 정부를 해산할 수 있는 권리가 있다.

09

㉠ 전체사회가설 - ⓒ
㉡ 썩은 사과가설 - ⓓ
㉢ 구조원인가설 - ⓑ
㉣ 윤리적냉소주의 가설 - ⓐ

10

가. (X) 경찰윤리헌장(1966년) → 새경찰신조(1980년) → 경찰헌장(1991년) → 경찰서비스헌장(1998년)순으로 제정되었다.

나. (X) 경찰윤리강령은 법적 강제력이 없기 때문에 위반했을 경우 제재할 방법이 미흡하다는 단점이 있다.

다. (X) 경찰헌장에서는 '우리는 국민의 신뢰를 바탕으로 오직 양심에 따라 법을 집행하는 **공정한 경찰**'이라고 제시하고 있다.

라. (X) 조직구성원의 자질통제 기준은 대내적 기능에 해당한다.

11

㉠ (X) 누구든지 부정청탁 및 금품등 수수의 금지에 관한 법률의 위반행위가 발생하였거나 발생하고 있다는 사실을 알게 된 경우에는 이 법의 위반행위가 발생한 공공기관 또는 그 감독기관, 감사원 또는 수사기관, 국민권익위원회에 신고할 수 있다(부정청탁 및 금품등 수수의 금지에 관한 법률 제13조 제1항).

㉡ (X) 공직자등이 제3자를 위하여 다른 공직자등(제11조에 따라 준용되는 공무수행사인을 포함한다)에게 수사·재판·심판·결정·조정·중재·화해 또는 이에 준하는 업무를 법령을 위반하여 처리하도록 부정청탁한 경우 **3천만원 이하의 과태료**를 부과한다(동법 제23조 제1항).

㉢ (X) 축의금과 화환을 같이 보낼 경우, 10만원의 범위 내에서 가능하지만 이 경우에도 **축의금은 5만원을 초과해서는 안된다.** 따라서 축의금 7만원을 보낸 것은 청탁금지법 위반이다.

※ 축의금 3만원과 화환 7만원을 같이 보낸 경우는 경조사비 5만원을 초과하지 않았고, 10만원 범위 내이므로 청탁금지법 위반에 해당하지 않는다.

㉣ (X) 사교·의례 등 목적으로 제공되는 5만원 이하의 '음식물'은 제공자와 공직자가 함께 하는 식사 등을 의미하므로 법에서 허용하는 '음식물'에 해당하지 않아 청탁금지법 위반이다.

12

② (X) 여기에서 부작위는 공무원이 **상당한 기간 내(짧은 기간 X)**에 이행해야 할 직무상 의무가 있는데도 이를 이행하지 아니하는 것을 의미한다.

13

② 연결이 옳다.

14

① (O) 프랑스 혁명이전에는 국왕친위순찰대격인 프레보에서 법원(재판)과 경찰업무를 담당하였고, 왕이 임명을 하였다.
② (O) 2009년부터 소속이 내무부로 이관되었다는 것 주의하세요.
③ (X) 14세기 말의 프랑스의 라 폴리스(La Police)라는 개념은 초기에는 "국가목적 또는 국가작용"를 의미했다가 나중에는 "공동체의 질서 있는 상태(사회목적적 작용)"을 의미하였다.
④ (O)

15

보기는 분업의 원리에 대한 설명이다.

16

④ (X) 브룸(V.H. Vroom)의 V.I.E.(Valence, Instrumentality, Expectancy) 기대이론은 노력이 일정한 성과를 가져오는 기대감, 성과가 보상을 가져오는 수단성, 보상에 대한 자신의 선호도에 달려있다는 유의성으로 설명된다. 그러나 보상의 공정성에 대한 개인의 만족감을 주요변수로 삼아 기대이론을 보완한 것은 포터&롤러(Porter & Lawler)의 업적만족이론에 대한 설명이다.

17

③ ⓜ-ⓖ-ⓔ-ⓛ-ⓒ 옳은 순서이다.
「국가재정법」상 예산은 '편성 → 심의 → 집행 → 결산' 과정으로 이루어진다.
ⓖ 예산안의 편성 과정 중 예산요구서 제출에 관한 설명이다(매년 5월 31일까지, 국가재정법 제31조).
ⓛ 예산의 결산과정 중 국가결산보고서의 작성 및 제출에 관한 설명이다(다음 연도 4월 10일까지, 동법 제59조).
ⓒ 예산의 결산과정 중 국가결산 국회보고서의 국회제출에 관한 설명이다(다음 연도 5월 31일까지, 동법 제61조).
ⓔ 예산의 집행과정 중 예산배정 요구서의 제출에 관한 설명이다(예산이 확정된 후, 동법 제42조).
ⓜ 예산안의 편성 과정 중 예산안편성지침의 통보에 관한 설명이다(매년 3월 31일까지, 동법 제29조).

18

ⓜⓗ은 보관해야할 사유에 해당한다(경찰장비관리규칙 제12조 제4항).
ⓖⓒ은 무기 소지 적격 심의위원회의 심의를 거쳐 회수할 수 있는 자에 해당한다(동규칙 제120조 제2항).
ⓛⓔ은 무기 소지 적격 심의위원회의 심의를 거치지 않고 즉시 회수해야 하는 자에 해당한다. 다만, 대상자가 이의신청을 하거나 소속 부서장이 무기 소지 적격 여부에 대해 심의를 요청하는 경우에는 무기 소지 적격 심의위원회(이하 '심의위원회'라 한다.)의 심의를 거쳐 대여한 무기·탄약의 회수여부를 결정한다(동규칙 제120조 제1항).

19

① (X) 사실적 주장에 관한 언론보도등이 진실하지 아니함으로 인하여 피해를 입은 자(이하 "피해자"라 한다)는 해당 언론보도등이 있음을 안 날부터 3개월 이내에 언론사, 인터넷뉴스서비스사업자 및 인터넷 멀티미디어 방송사업자(이하 "언론사등"이라 한다)에게 그 언론보도등의 내용에 관한 정정보도를 청구할 수 있다. 다만, 해당 언론보도등이 있은 후 6개월이 지났을 때에는 그러하지 아니하다(언론중재 및 피해구제 등에 관한 법률 제14조 제1항).
② (X) 정정보도 청구에는 언론사등의 고의·과실이나 위법성을 필요로 하지 아니한다(동법 제14조 제2항).
③ (O) 동법 제14조 제4항
④ (X) 사실적 주장에 관한 언론보도 등의 내용에 관한 정정보도를 청구하는 피해자(언론사 X)는 그 언론보도 등이 진실하지 아니하다는데 대한 증명책임을 부담한다(대법원 2011. 9. 2. 2009다52649).

20

④ (X) 합리모델(Rational model)에 대한 설명이다. 최적모델(Optimal model)은 합리 모델의 비현실성과 점증모델의 보수성을 극복하기 위하여 이상주의와 현실주의의 통합을 시도한 것이다. 이 모델은 기존의 정책을 바탕으로 이루어지는 점증주의 성향을 비판하면서, 새로운 결정을 내릴 때마다 정책방향도 다시 검토할 것을 주장한다.

21

② (X) 행정입법은 행정조직 내부의 사무처리기준에 관한 행정규칙과, 국민을 구속하는 효력이 있는 법규명령으로 구분된다.

③ (X) 법규명령의 제정에는 헌법·법률 또는 상위명령의 근거가 필요하다.

④ (X) 법률의 위임에 따라 효력을 갖는 법규명령의 경우에 위임의 근거가 없어 무효였더라도 나중에 법 개정으로 위임의 근거가 부여되면 **그때부터**(소급하여 X)는 유효한 법규명령으로 볼 수 있다. 그러나 법규명령이 개정된 법률에 규정된 내용을 함부로 유추·확장하는 내용의 해석규정이어서 위임의 한계를 벗어난 것으로 인정될 경우에는 법규명령은 여전히 무효이다 (2015두45700).

22

② (X) 국가경찰사무 **외에**(관련하여 X) 다른 국가기관으로부터의 업무협조 요청에 관한 사항(국가경찰과 자치경찰의 조직 및 운영에 관한 법률 제10조 제1항 제4호).

> 제10조(국가경찰위원회의 심의·의결 사항 등) ① 다음 각 호의 사항은 국가경찰위원회의 심의·의결을 거쳐야 한다(거칠 수 있다 X).
> 1. 국가경찰사무에 관한 인사, 예산, 장비, 통신 등에 관한 주요정책 및 경찰 업무 발전에 관한 사항
> 2. 국가경찰사무에 관한 인권보호와 관련되는 경찰의 운영·개선에 관한 사항
> 3. 국가경찰사무 담당 공무원의 부패 방지와 청렴도 향상에 관한 주요 정책사항
> 4. 국가경찰사무 **외에**(관련하여 X) 다른 국가기관으로부터의 업무협조 요청에 관한 사항
> 5. 제주특별자치도의 자치경찰에 대한 경찰의 지원·협조 및 협약체결의 조정 등에 관한 주요 정책사항
> 6. 제18조에 따른 시·도자치경찰위원회 위원 추천, 자치경찰사무에 대한 주요 법령·정책 등에 관한 사항, 제25조 제4항에 따른 시·도자치경찰위원회 의결에 대한 재의 요구에 관한 사항
> 7. 제2조에 따른 시책 수립에 관한 사항
> 8. 제32조에 따른 비상사태 등 전국적 치안유지를 위한 경찰청장의 지휘·명령(감독 X)에 관한 사항
> 9. 그 밖에 행정안전부장관 및 경찰청장이 중요하다고 인정하여 국가경찰위원회의 회의에 부친 사항

23

① (O) 경찰청과 그 소속기관 직제 제2조 참고

② (X) 시·도경찰청장은 경찰서장의 소관사무를 분장하기 위하여 **행정안전부령**(대통령령 X)으로 정하는 바에 따라 경찰청장의 승인을 받아 지구대 또는 파출소를 둘 수 있으며, 임시로 필요한 경우에는 출장소를 둘 수 있다(동직제 제43조 제1항, 제2항).

③ (O) 동직제 제43조 제3항

④ (O) 경찰청과 그 소속기관 조직 및 정원관리 규칙 제10조 제2항 제4항

24

① (O) 동법 제3조 제1항, 동법 시행령 제3조 제5항 제6호

② (O)

③ (X) ~~다만, 혼인한 직계비속인 여성과 외증조부모, 외조부모, 외손자녀 및 외증손자녀는 **제외**(포함 X)한다(동법 제4조 제1항 제3호).

④ (O) 동법 제4조 제2항 가목, 나목, 사목

25

③ (X) 상당성의 원칙은 협의의 비례의 원칙이라고도 한다. 최소침해의 원칙은 필요성의 원칙이라 한다.

26

- ㉠ (X) 강제력이 아니라 **구속력**이라 한다.
- ㉡ (O) 과세처분이 당연무효가 아닌 경우 그 처분에 취소할 수 있는 위법사유가 있더라도 **행정행위의 공정력 또는** 집행력에 의해 그 처분이 적법하게 취소되기 전까지는 유효하고, **민사소송절차에서는** 해당 과세처분의 효력을 부정할 수 없다(대판 99다20179).
- ㉢ (O) 연령미달의 결격자인 피고인이 소외인의 이름으로 운전면허시험에 응시, 합격하여 교부받은 운전면허는 당연무효가 아니고 도로교통법 제65조 제3호의 사유에 해당함에 불과하여 취소되지 않는 한 유효하므로 피고인의 운전행위는 **무면허운전에 해당하지 아니한다**(대판 80도2646).
- ㉣ (O) 대법원 2007. 4.26. 2005두11104

27

- 당사자의 (신청)에 따른 처분은 법령등에 특별한 규정이 있거나 (처분) 당시의 법령등을 적용하기 곤란한 특별한 사정이 있는 경우를 제외하고는 (처분) 당시의 법령등에 따른다(행정기본법 제14조 제2항).
- 법령등을 위반한 행위의 성립과 이에 대한 제재처분은 법령등에 특별한 규정이 있는 경우를 제외하고는 (법령등을 위반한 행위) 당시의 법령등에 따른다. 다만, 법령등을 위반한 행위 후 법령등의 변경에 의하여 그 행위가 법령등을 위반한 행위에 해당하지 아니하거나 제재처분 기준이 가벼워진 경우로서 해당 법령등에 특별한 규정이 없는 경우에는 (변경된) 법령등을 적용한다(동법 제14조 제3항).

28

- ㉠ (O) 모든 국민은 정보의 공개를 청구할 권리를 가진다. 외국인의 정보공개 청구에 관하여는 **대통령령으로** 정한다(공공기관의 정보공개에 관한 법률 제5조).
- ㉡ (O) 공공기관은 제11조에 따라 정보의 공개를 결정한 경우에는 공개의 일시 및 장소 등을 분명히 밝혀 청구인에게 통지하여야 하며, 공공기관은 청구인이 사본 또는 복제물의 교부를 원하는 경우에는 이를 교부하여야 한다(동법 제13조 제1항, 제2항).
- ㉢ (O) 공공기관은 부득이한 사유로「공공기관의 정보공개에 관한 법률」제11조 제1항에 따른 기간 이내에 공개 여부를 결정할 수 없을 때에는 그 기간이 끝나는 날의 다음 날부터 기산하여 **10일**의 범위에서 공개 여부 결정기간을 연장할 수 있다. 이 경우 공공기관은 연장된 사실과 연장 사유를 청구인에게 **지체 없이 문서(구두 X)**로 통지하여야 한다(동법 제11조 제2항).
- ㉣ (X) 정보의 공개 및 우송 등에 드는 비용은 실비의 범위에서 **청구인(행정청 X, 공공기관 X)이** 부담한다(동법 제17조 제1항)
- ㉤ (X) 공공기관이 보유·관리하는 정보는 정보공개청구 대상이 되며, 비공개 정보대상인 **경찰의 보안관찰 관련 통계자료나 폭력단체 현황자료** 정보는 공개하지 아니할 수 있다(동법 제9조 제2호).

29

- ① (O) 행정절차법 제8조 제1항 제5호
- ② (O) 동법 제8조 제2항 제2호
- ③ (O) 동법 제8조 제5항
- ④ (X) 행정응원에 드는 비용은 응원을 요청한(하는 X) 행정청이 부담하며, 그 부담금액 및 부담방법은 응원을 요청한 행정청과 응원을 하는 행정청이 협의하여 결정한다(동법 제8조 제6항).

30

① (X) 제1항 단서에도 불구하고 전사하거나 순직한 군인·군무원·경찰공무원 또는 예비군대원의 유족은 **자신의 정신적 고통에 대한 위자료를 청구할 수 있다** (국가배상법 제2조 제1항, 제3항).

② (X) 국가배상법 제2조 소정의 '공무원'이라 함은 국가공무원법이나 지방공무원법에 의하여 공무원으로서의 신분을 가진 자에 국한하지 않고, 널리 공무를 위탁받아 실질적으로 공무에 종사하고 있는 **일체의 자를 가리키는 것으로서**, 공무의 위탁이 일시적이고 한정적인 사항에 관한 활동을 위한 것이어도 달리 볼 것은 아니다 (대판 98다39060).

③ (X) 국민의 생명·신체·재산 등에 관하여 절박하고 중대한 위험상태가 발생하였거나 발생할 우려가 있어서 국민의 생명·신체·재산 등을 보호하는 것을 본래적 사명으로 하는 국가가 초법규적, 일차적으로 그 위험 배제에 나서지 않으면 국민의 생명·신체·재산 등을 보호할 수 없는 경우에는 형식적 의미의 법령에 근거가 없더라도 국가나 관련 공무원에 대하여 그러한 위험을 배제할 작위의무를 인정할 수 있다 (대판 2017다290538).

④ (O) 대판 2008다77795

31

① (O) 행정소송법 제3조
② (O) 동법 제26조
③ (O) 행정심판법 제5조
④ (X) 위원회는 필요하면 당사자가 주장하지 아니한 사실에 대하여도 **심리(판단 X)**할 수 있다 (동법 제39조).

32

① (O) 대판 2004도4029
② (O) 동법 제8조의2 제1항
③ (O) 동법 제4조 제1항 제1호
④ (X) 경찰관서의 장(경찰관 X)은 소요사태의 진압(예방 X)을 위하여 필요하다고 인정되는 상당한 이유가 있을 때에는 대간첩 작전지역이나 경찰관서·무기고 등 국가중요시설에 대한 접근 또는 통행을 제한하거나 금지할 수 있으며 이 사실을 즉시 소속 경찰관서의 장에게 보고하여야 한다 (동법 제5조 제2항, 제3항).

33

① (X) 경찰관은 불법집회·시위로 인하여 발생할 수 있는 타인 또는 경찰관의 생명·신체의 위해와 재산·공공시설의 위험을 방지하기 위하여 필요한 때에는 최소한의 범위 안에서 경찰봉 또는 호신용경봉을 **사용할 수 있다** (위해성 경찰장비의 사용기준 등에 관한 규정 제6조).

② (O) 동규정 제4조

③ (X) 경찰관은 범인·술에 취한 사람 또는 정신착란자의 자살 또는 자해기도를 방지하기 위하여 필요한 때에는 수갑·포승 또는 호송용포승을 사용할 수 있다. 이 경우 경찰관은 소속 **국가경찰관서의 장에게** 그 사실을 보고해야 한다 (동규정 제5조).

④ (X) 경찰관은 14세미만의 자 또는 임산부에 대하여 전자충격기 또는 전자방패를 사용하여서는 아니된다 (동법 제8조 제1항). 총기 또는 폭발물을 가지고 대항하는 경우등의 예외조항이 없다.

34

① (X) 손실보상심의위원회는 위원장 1명을 포함한 5명 이상 7명 이하의 위원으로 구성하며, 위원장이 부득이한 사유로 직무를 수행할 수 없는 때에는 **위원장이 미리 지명한 위원이 그 직무를 대행**한다 (동법 시행령 제11조 제2항, 제12조 제3항).

② (X) 보상금을 지급하기로 결정한 경우 경찰청장, 해양경찰청장, 시·도경찰청장 또는 지방해양경찰청장은 **결정일부터** 10일 이내에 보상금 지급 청구 승인 통지서에 결정 내용을 적어서 청구인에게 통지해야 한다 (동법 시행령 제10조 제4항 제1호).

③ (X) 소속 경찰관의 직무집행으로 인하여 발생한 손실보상청구 사건을 심의하기 위하여 **경찰청, 해양경찰청, 시·도경찰청 및 지방해양경찰청(경찰서 X)**에 손실보상심의위원회를 설치한다 (동법 시행령 제11조 제1항).

④ (O) 동법 시행령 제13조 제2항

35

③ (X) 비디오물감상실업·제한관람가비디오물소극장업 및 복합영상물제공업 모두 청소년출입·고용금지업소 이다 (청소년 보호법 제2조 제5호 가목).

36

① (X) 검찰총장 및 경찰청장(법무부장관 X)은 신상정보 공개 여부에 관한 사항을 심의하기 위하여 신상정보 공개심의위원회를 둘 수 있다(특정중대범죄 피의자 등 신상정보 공개에 관한 법률 제8조 제1항).

② (O) 동법 제4조 제1항

③ (O) 동법 제8조 제2항

④ (O) 동법 제3조

37

① (X) "범죄피해자"란 타인의 범죄행위로 피해를 당한 사람과 그 배우자(사실상의 혼인관계를 포함), 직계친족 및 형제자매를 말한다(범죄피해자 보호법 제3조 제1항 제1호).

② (X) 제1항 제1호(범죄피해자)에 해당하는 사람 외에 범죄피해 방지 및 범죄피해자 구조 활동으로 피해를 당한 사람도 범죄피해자로 본다(동법 제3조 제2항).

③ (O) 동법 제6조

④ (X) 구조금을 받을 권리는 그 구조결정이 해당 신청인에게 송달된 날부터(발송된 날부터 X) 2년(1년 X)간 행사하지 아니하면 시효로 인하여 소멸된다(동법 제31조).

38

① (X) 국가중요시설의 관리자(소유자 포함)는 경비·보안 및 방호책임을 지며, 통합방위사태에 대비하여 자체방호계획을 수립하여야 한다. 이 경우 국가중요시설의 관리자는 자체방호계획을 수립하기 위하여 시·도경찰청장 또는 지역군사령관에게 협조를 요청할 수 있다(하여야 한다 X)(통합방위법 제21조 제1항).

② (X) 시·도경찰청장(통합방위본부장 X) 또는 지역군사령관은 통합방위사태에 대비하여 국가중요시설에 대한 방호지원계획을 수립·시행하여야 한다(동법 제21조 제2항).

③ (O) 동법 제21조 제3항

④ (X) 국가중요시설은 국방부장관이 관계 행정기관의 장 및 국가정보원장과 협의하여 지정한다(동법 제21조 제4항).

39

① (X) 여러 차례에 걸쳐 호흡측정기의 빨대를 입에 물고 형식적으로 숨을 부는 시늉만 하였을 뿐 숨을 제대로 불지 아니하여 호흡측정기에 음주측정수치가 나타나지 아니하도록 한 피고인의 행위는 음주측정불응의 죄에 해당한다(대법원 99도5210).

② (X) 음주로 인한 특가법위반(위험운전치사상)죄와 도로교통법 위반(음주운전)죄는 입법 취지와 보호법익 및 적용 영역을 달리하는 별개의 범죄로서 양 죄가 모두 성립하는 경우 두 죄는 실체적 경합관계에 있다(대법원 2008.11.13. 2008도7143).

③ (O) 대법원 2005도8822

④ (X) 보행신호등의 녹색등화의 점멸신호 전에 횡단을 시작하였는지 여부를 가리지 아니하고 보행신호등의 녹색등화가 점멸하고 있는 동안에 횡단보도를 통행하는 모든 보행자는 횡단보도에서의 보행자 보호의무의 대상이 된다(대법원 2007도9598).

40

① (X) '북한이탈주민'이란 군사분계선 이북지역에 주소, 직계가족, 배우자, 직장 등을 두고 있는 사람으로서 북한을 벗어난 후 외국 국적을 취득하지 아니한 사람(취득한 사람 X)을 말한다(북한이탈주민의 보호 및 정착지원에 관한 법률 제2조 제1호).

② (O) 동법 제9조 제1항

③ (X) 통일부장관은 보호대상자가 거주지로 전입한 후 그의 신변안전을 위하여 국방부장관이나 경찰청장에게 협조를 요청할 수 있으며, 협조요청을 받은 국방부장관이나 경찰청장은 이에 협조한다(동법 제22조의2 제1항).

④ (X) 국가정보원장은 보호신청자에 대하여 보호결정 등을 위하여 필요한 조사 및 일시적인 신변안전조치 등 임시보호조치를 한 후 지체 없이 그 결과를 통일부장관에게 통보하여야 한다(동법 제7조 제3항).

모의고사 7회 해설

1	2	3	4	5	6	7	8	9	10
④	③	④	③	④	②	③	①	③	④
11	12	13	14	15	16	17	18	19	20
③	③	②	③	③	①	④	④	④	③
21	22	23	24	25	26	27	28	29	30
③	①	①	①	④	②	③	④	①	③
31	32	33	34	35	36	37	38	39	40
②	③	①	①	③	①	④	①	②	③

01

① (X) 15세기 말 **프랑스의 경찰개념**이 독일에 계수되어 양호한 질서를 포함한 국가행정 전반을 포괄하는 의미로 사용되었다.

② (X) 16세기 독일 경찰개념은 **경찰과 행정의 미분화된 상태(분화현상 X)**이다.

③ (X) 17세기에 **국가목적적 행정(사회목적적 행정 X)**인 외교, 군사, 재정(재무)과 사법 등 국가의 특별작용으로 인식된 전문분야가 분리(제외)되어 경찰은 사회공공의 안녕과 복지를 직접 다루는 내무행정(사회목적적 행정)을 의미했다.

④ (O)

02

㉠은 **평시경찰**, ㉡은 **비상경찰**에 대한 설명이다.

03

④ (가) – ㉠ 인권존중주의, (나) – ㉢ 법치주의, (다) – ㉣ 정치적 중립주의, (라) – ㉡ 민주주의

04

③ (X) 문화적 전파이론은 범죄를 부추기는 가치관으로서 사회화나 범죄에 대한 구조적·문화적인 유인에 대한 자기 통제의 상실을 범죄의 원인으로 보는 이론이다. ③의 설문은 **차별적 접촉이론**에 대한 내용이다.

05

④ (X) 피해 발생의 부인(denial of injury)에 해당하는 사례이다. 피해 발생의 부인은 자신의 행위가 실제로 피해를 입히지 않았다고 주장하며 이를 정당화하는 중화기술의 한 유형이다. 반면, 보다 높은 충성심에의 호소(appeal to higher loyalities)는 집단에 대한 충성심이나 도리를 이유로 범죄행위를 불가피하게 정당화하는 경우로, 예를 들어 "친구와의 소중한 우정을 지키기 위해 오토바이 절도가 무슨 대수냐고 합리화하는 경우"가 이에 해당한다.

06

① (X) 정당방위의 상대자가 되는 공격적 피해자는 **가장 책임이 높은 피해자**에 해당한다.

③ (X) 자신의 부주의로 인한 피해자는 **가해자보다 더 책임이 있는 피해자**에 해당한다.

④ (X) 인공유산을 시도하다 사망한 임산부는 **책임이 조금 있는 피해자**에 해당한다.

07

③ (X) 위 사례는 청소년을 형사입건하지 않고 선도프로그램을 통해 문제를 해결하려는 방식으로, 낙인의 부작용을 방지하고 지역사회 통합을 목표로 하는 접근이다. 반면, 깨진 유리창 이론은 경미한 범죄나 무질서 행위조차 적극적으로 단속하고 처벌해야 한다는 무관용 원칙을 기반으로 하기 때문에 위 사례는 깨진 유리창 이론과 부합하지 않는다.

08

㉠ (O)

㉡ (X) 차별과 편들기는 공공의 신뢰가 아니라 **공정한 접근 보장**에 어긋난다.

㉢ (O)

㉣ (X) 경찰관 乙은 절도범을 추격하던 중 도주하는 범인의 등 뒤에서 권총을 쏘아 사망하게 한 경우 **공공의 신뢰 확보**에 위배되는 사례이다.

㉤ (X) 지나친 관여나 열정의 반대적인 행위인 **냉소주의** 역시 객관성의 저해요소이다.

PART 7

09

① (X) 1945년 국립경찰의 탄생 시 경찰의 이념적 좌표가 된 경찰정신은 **영미법계**의 영향을 받은 '봉사와 질서'이다.

② (X) 우리는 모든 사람의 인격을 존중하고 누구에게나 **따뜻하게 봉사하는 친절한 경찰**이다.

③ (O)

④ (X) '냉소주의의 문제'란 경찰윤리강령은 민주적 참여에 의한 제정보다는 위에서 제정되고 일방적으로 하달되어 냉소주의를 불러일으키는 단점이 있다는 것을 내용으로 한다. 경찰관의 도덕적 자각에 따른 자발적인 행동이 아니라 외부로부터 요구된 타율성으로 인해 진정한 봉사가 이루어지지 않을 수 있다는 것을 의미하는 것은 **비진정성의 조장**이다.

10

① (O) 월 정기 회비를 납부하는 같은 소속 직원들로 구성된 모임에서 회원의 경조사가 발생하여 회칙에 따라 **50만원을 지급하는 것은 가능하다**(부정청탁 및 금품등 수수의 금지에 관한 법률 제8조 제3항 제5호).

② (O) 사적 거래(**증여는 제외**)로 인한 채무의 이행 등 정당한 권원(權原)에 의하여 제공되는 금품등은 수수를 금지하는 금품등에 해당하지 아니한다(동법 제8조 제3항 제3호).

③ (O) 공직자등의 직무와 관련된 **공식적(비공식적 X)**인 행사에서 주최자가 참석자에게 통상적인 범위에서 일률적으로 제공하는 교통, 숙박, 음식물 등의 금품등은 수수를 금지하는 금품등에 **해당하지 아니한다**(동법 제8조 제3항 제6호).

④ (X) **불특정(특정 X)** 다수인에게 배포하기 위한 기념품 또는 홍보용품 등이나 경연·추첨을 통하여 받는 보상 또는 상품 등

11

㉠ (X) 공무원은 상급자가 자기 또는 타인의 부당한 이익을 위하여 공정한 직무수행을 현저하게 해치는 지시를 하였을 때에는 그 사유를 상급자에게 소명하고 지시에 따르지 아니하거나 **행동강령책임관과 상담할 수 있다**(경찰청 공무원 행동강령 제4조 제1항).

㉡ (O) ㉠에 따라 지시를 이행하지 아니하였는데도 같은 지시가 반복될 때에는 즉시 **행동강령책임관과 상담하여야 한다**(동강령 제4조 제2항).

㉢ (X) ㉠이나 ㉡에 따라 상담 요청을 받은 행동강령책임관은 지시 내용을 확인하여 지시를 취소하거나 변경할 필요가 있다고 인정되면 **소속 기관의 장에게 보고하여야 한다**. 다만, 지시 내용을 확인하는 과정에서 부당한 지시를 한 상급자가 **스스로 그 지시를 취소하거나 변경**하였을 때에는 소속 기관의 장에게 보고하지 아니할 수 있다(동강령 제4조 제3항).

㉣ (X) ㉢에 따른 보고를 받은 소속 기관의 장은 필요하다고 인정되면 지시를 취소·변경하는 등 적절한 조치를 **하여야 한다**. 이 경우 공정한 직무수행을 해치는 지시를 ㉠에 따라 이행하지 아니하였는데도 같은 지시를 반복한 상급자에게는 징계 등 필요한 조치를 할 수 있다(동강령 제4조 제4항).

12

① (X) 누구든지 신고자등에게 신고등을 이유로 불이익조치(「공익신고자 보호법」 제2조 제6호에 따른 불이익조치를 말한다)를 하여서는 아니 된다(공직자의 이해충돌 방지법 제20조 제2항).

② (X) 이 법의 위반행위를 한 자가 위반사실을 자진하여 신고하거나 신고자등이 신고등을 함으로 인하여 자신이 한 이 법의 위반행위가 발견된 경우에는 그 위반행위에 대한 형사처벌, 과태료 부과, 징계처분, 그 밖의 행정처분 등을 감경하거나 면제할 수 있다(동법 제20조 제3항).

③ (O) 동법 제20조 제5항

④ (X) 국민권익위원회는 제18조 제1항에 따른 신고로 인하여 공공기관에 직접적인 수입의 회복·증대 또는 비용의 절감을 가져온 경우에는 그 신고자의 신청에 의하여 보상금을 **지급하여야 한다(할 수 있다 X)**(동법 제20조 제6항).

13

② (X) 해양경찰업무, 전투경찰업무가 정식으로 경찰의 업무 범위에 추가되고, 1975년에는 **소방업무가 경찰의 업무에서 배제**되는 등 경찰활동 영역의 변화가 있었다.

14

가. (X) 영국의 지방경찰은 1964년 경찰법에 의해 3원체제(지방경찰청장, 지방경찰위원회, 내무부장관)로 운영되었으나, 2011년 「경찰개혁 및 사회책임법」에 따라 4원체제(지역치안위원장, 지역치안평의회, 지방경찰청장, 내무부장관)로 변경하면서 **자치경찰의 성격을 강화**하였다.

나. (X) 행정경찰과 사법경찰의 분화는 **프랑스**에서 확립되었다.

마. (X) 경찰청의 지방기관으로 동경도와 북해도를 제외한 전국에 6개(7개 X)의 관구경찰국이 설치되어 있다.

15

① (X) 조직의 경직화를 가져와 환경변화에 대한 조직의 신축적 대응이 어려운 것은 **계층제의 원리**이다.

② (X) 통솔범위는 신설부서보다는 **오래된 부서**, 지리적으로 분산된 부서보다는 근접한 부서, 복잡한 업무보다는 단순한 업무의 경우에 넓어진다.

④ (X) 청사의 규모는 통솔범위의 원리와 관련이 **적다.**

16

㉠ 앨더퍼(Alderfer)의 ERG 이론에 대한 설명이다.

㉡ 맥그리거(McGregor)의 X이론에 대한 설명이다.

㉢ 맥클랜드(McClelland)의 성취동기이론에 대한 설명이다.

㉣ 허즈버그(Herzberg)의 동기위생 이원론에 대한 설명이다.

17

① (X) 간이무기고에 대한 설명이다(경찰장비관리규칙 제112조 제4호). "**집중무기고란**" 경찰인력 및 경찰기관별 무기책정기준에 따라 배정된 개인화기와 공용화기를 집중보관·관리하기 위하여 각 경찰기관에 설치된 시설을 말한다(동규칙 제112조 제2호).

② (X) 무기·탄약고 비상벨은 상황실과 숙직실 등 초동조치 가능장소와 연결하고, 외곽에는 철조망 장치와 조명등 및 순찰함을 **설치하여야 한다**(설치할 수 있다 X)(동규칙 제115조 제5항).

③ (X) 탄약고는 무기고와 분리되어야 하며 가능한 **본청사와 격리된 독립 건물**로 하여야 한다(동규칙 제115조 제3항).

④ (O) 동규칙 제115조 제7항

18

① (X) 누설될 경우 대한민국과 외교관계가 단절되고 **전쟁을 일으키며**, 국가의 방위계획·정보활동 및 국가방위에 반드시 필요한 과학과 기술의 개발을 위태롭게 하는 등의 우려가 있는 비밀은 이를 **I급비밀**로 한다(보안업무규정 제4조 제1호).

② (X) 비밀은 보관하고 있는 시설 밖으로 반출해서는 아니 된다. 다만, 공무상 반출이 필요할 때에는 **소속 기관의 장**(중앙행정기관의 장 X)의 승인을 받아야 한다(동규정 제27조).

③ (X) 외국 정부나 국제기구로부터 접수한 비밀은 그 **생산기관**(접수기관 X)이 필요로 하는 정도로 보호할 수 있도록 분류하여야 한다(동규정 제12조 제3항).

④ (O) 동규정 제23조 제1항

19

① (O) 행정업무의 운영 및 혁신에 관한 규정 제4조 제2호

② (O) 동규정 제4조 제4호

③ (O) 동규정 제4조 제1호

④ (X) '**공고문서**'에 대한 설명이다. '일반문서'란 법규문서, 지시문서, 공고문서, 비치문서, 민원문서에 속하지 아니하는 모든 문서를 말한다(동규정 제4조 제3호, 제6호).

20

③ (X) 감사결과 문제점이 인정되는 사실이 있어 그 대안을 제시하고 감사대상기관의 장 등으로 하여금 개선방안을 마련하도록 할 필요가 있는 경우 "권고"처리하여야 한다.

21

① (X) 자치경찰제도는 제주특별자치도에서 2006.7.1.부터 시행한 것으로 일반적인 지방자치제도의 시행과는 그 시기가 다르다.
② (X) 국가와 **지방자치단체(공공단체 X)**는 국민의 생명·신체 및 재산을 보호하고 공공의 안녕과 질서유지에 필요한 시책을 수립·시행하여야 한다(국가경찰과 자치경찰의 조직 및 운영에 관한 법률 제2조).
③ (O) 동법 제5조
④ (X) 시·도지사는 자치경찰사무 담당 공무원에게 조례에서 정하는 예산의 범위에서 재정적 지원 등을 할 수 있다(하여야 한다 X)(동법 제35조 제2항, 제3항).

22

㉠ 시·도의회가 추천하는 2명
㉡ 국가경찰위원회가 추천하는 1명
㉢ 해당 시·도 교육감이 추천하는 1명
㉣ 시·도자치경찰위원회 위원추천위원회가 추천하는 2명
㉤ 시·도지사가 **지명**하는 1명

23

① (X) 경찰공무원의 승진임용은 심사승진임용·시험승진임용 및 특별승진임용(근속승진 X)으로 구분한다(경찰공무원 승진임용 규정 제3조). 근속승진은 경찰공무원법 제16조에 규정되어 있다.
② (O) 음주운전(음주측정에 응하지 않은 경우를 포함)으로 **강등(18개월)**에 해당하는 징계처분을 받은 경찰공무원은 징계 처분의 집행이 끝난 날부터 **24개월(18+6)**이 지나지 아니하면 심사승진 임용될 수 없다(동규정 제6조 제1항 제2호).
③ (O) 동규정 제5조 제2항 제1호 라목 〈2025년 1월 24일 시행〉
④ (O) 경찰공무원 승진임용 규정 제26조 제4항

24

㉠ (X) 징계에 관한 일반사면이 있었다고 할지라도 사면의 효과는 소급하지 아니하므로 파면처분으로 이미 상실된 원고의 공무원지위가 회복될 수 없는 것이니 원고로서는 동 파면처분의 위법을 주장하여 그 취소를 구할 **소송상 이익이 있다**고 할 것이다(대법원 80누536).
㉡ (X) 파면 징계처분을 받은 자의 **퇴직급여**는 5년 미만인 경우 4분의1 감액, 5년 이상인 경우 2분의 1감액, **퇴직수당**은 재직기간과 상관없이 2분의1을 감액 후 지급한다(공무원연금법 시행령 제61조 제1항 제1호 가목).
㉢ (O) 동징계령 세부시행규칙 제8조
㉣ (X) 정직 처분을 받은 자는 그 기간 중 공무원의 신분은 보유하나 직무에 종사하지 못하며 보수는 **전액을 감한다**(국가공무원법 제80조 제3항).
㉤ (X) 경찰공무원 보통징계위원회는 해당 징계위원회가 설치된 경찰기관 소속 **경감 이하(경정 이하 X)** 경찰공무원에 대한 징계 등 사건을 심의·의결한다(동징계령 제4조 제2항).

25

①②③ (O)
④ (X) 일반적 수권조항에 근거한 경찰권의 발동은 소극적인 위험방지 분야에 한정된다는 사상을 확립시킨 계기가 된 판결은 1882년 크로이츠베르크(Kreuzberg) 판결이다.

26

② (X) 기본권 제한에 관한 법률유보원칙(근거규범)은 "**법률에 의한 규율**"을 요청하는 것이 아니라 "**법률에 근거한 규율**"을 요청하는 것이므로 기본권 제한에는 법률의 근거가 필요할 뿐이고 기본권 제한의 형식이 반드시 법률의 형식일 필요는 없으므로 법규명령, 규칙, 조례 등 **실질적 의미의 법률**을 통해서도 기본권 제한이 가능하다(헌재 2012헌마167).
④ (O) 98헌바70, 2009헌바128

27

③ (X) 경찰금지(부작위하명)는 특정한 경우 해제할 수 있는지의 여부에 따라 절대적 금지와 상대적 금지로 구분되며 **경찰금지는 대부분 상대적 금지**이다.

28

① (O) 행정조사기본법 제3조 제1항
② (O) 동법 제20조 제1항
③ (O) 동법 제20조 제2항
④ (X) 행정기관은 행정조사를 통하여 알게 된 정보를 다른 법률에 따라 내부에서 이용하거나 다른 기관에 제공하는 경우를 제외하고는 원래의 조사목적 이외의 용도로 이용하거나 타인에게 제공하여서는 아니 된다 (동법 제4조 제6항).

29

㉠㉡㉣ (X) 즉시강제에 해당한다.
㉢ (O) 강제집행(대집행)에 해당한다.
㉤ (O) 강제집행(강제징수)에 해당한다.

30

① (X) 처분, 신고, 확약, 위반사실 등의 공표, 행정계획, 행정상 입법예고, 행정예고 및 **행정지도(행정조사 X)** 의 절차에 관하여 다른 법률에 특별한 규정이 있는 경우를 제외하고는 이 법에서 정하는 바에 따른다 (행정절차법 제3조 제1항).
② (X) 행정청은 처분을 할 때에는 당사자에게 그 근거와 이유를 제시하여야 한다. 단, 1. **신청 내용을 모두 그대로 인정하는 처분인 경우**, 2. 단순·반복적인 처분 또는 경미한 처분으로서 당사자가 그 이유를 명백히 알 수 있는 경우, 3. 긴급히 처분을 할 필요가 있는 경우는 **이유부기를 생략할 수 있다**(동법 제23조 제1항).
③ (O) 동법 제38조의2 제1항, 제2항
④ (X) 행정청은 청문을 하려면 청문이 시작되는 날부터 10일 전까지 당사자등에게 통지하여야 한다(동법 제21조 제2항).

31

① (X) 처분 또는 부작위에 대한 행정심판의 청구(이하 "심판청구"라 한다)에 대하여는 감사원에 두는 행정심판위원회(중앙행정심판위원회 X)에서 심리·재결한다 (행정심판법 제6조 제1항 제1호).
② (O) 동법 제5조 제3호
③ (X) 무효등확인심판에는 사정재결을 **적용하지 아니한다**(동법 제44조 제3항).
④ (X) 중앙행정심판위원회 상임위원의 임기는 3년으로 하며, 1차에 한하여 연임할 수 있다(연임할 수 없다 X) (동법 제9조 제2항).

32

① (X) 특정 지역에서의 불법집회에 참가하려는 것을 막기 위하여 시간적·장소적으로 근접하지 않은 다른 지역에서 집회예정장소로 이동하는 것을 제지하는 것은 제6조의 행정상 즉시강제인 경찰관의 **제지의 범위를 명백히 넘어** 허용될 수 없다(대판 2007도9794).
② (X) 경찰관의 제지에 관한 부분은 범죄 예방을 위한 경찰 행정상 즉시강제, 즉 눈앞의 급박한 경찰상 장해를 제거할 필요가 있고 의무를 명할 시간적 여유가 없거나 의무를 명하는 방법으로는 그 목적을 달성하기 어려운 상황에서 의무불이행을 전제로 하지 않고 경찰이 직접 실력을 행사하여 경찰상 필요한 상태를 실현하는 **권력적 사실행위**에 관한 근거조항이다(대판 2016도19417).
③ (O) 112신고를 받고 출동하여 눈앞에서 벌어지고 있는 범죄행위를 막고 주민들의 피해를 예방하기 위해 피고인을 만나려 하였으나 피고인은 문조차 열어주지 않고 소란행위를 멈추지 않았던 상황이라면 피고인의 행위를 제지하고 수사하는 것은 경찰관의 직무상 권한이자 의무라고 볼 수 있으므로, 위와 같은 상황에서 경찰관이 피고인의 집으로 통하는 전기를 일시적으로 차단한 것은 피고인을 집 밖으로 나오도록 유도한 것으로서, 피고인의 범죄행위를 진압·예방하고 수사하기 위해 필요하고도 적절한 조치로 보이고, 경찰관 직무집행법 제1조의 목적에 맞게 제2조의 직무 범위 내에서 제6조에서 정한 즉시강제의 요건을 충족한 적법한 직무집행으로 볼 여지가 있다(대판 2016도19417).
④ (X) 긴급한 사정이 있는 경우라면 경찰관직무집행법 제6조 제1항의 "제지"에 해당한다. 만약 긴급한 사정이 있는 경우가 아닌데도 방패를 든 전투경찰대원들이 위 조합원들을 둘러싸고 이동하지 못하게 가둔 행위(고착관리)는 구 경찰관 직무집행법 제6조 제1항에 근거한 제지 조치라고 볼 수 없고, 이는 형사소송법상 체포에 해당한다(대판 2013도2168).

33

㉠ (X) 경찰관은 다음 각 호의 직무를 수행하기 위하여 필요하다고 인정되는 상당한 이유가 있을 때에는 그 사태를 합리적으로 판단하여 필요한 한도에서 경찰장구를 사용할 수 있다(이하 동법 제10조의2).

㉡ (X) 현행범이나 사형·무기 또는 장기 3년 이상의 징역이나 금고에 해당하는 죄를 범한 범인의 체포 또는 도주 방지

㉢ (X) 자신이나 다른 사람의 생명·신체(재산 X)의 방어 및 보호

㉣ (X) 공무집행에 대한 항거 제지

34

① (O) ~~경찰관직무집행법 제10조의4에 정해진 총기사용의 허용 범위를 벗어난 위법행위이다(대판 98다61470).

② (X) 경찰관 직무집행법 제5조는 경찰관은 인명 또는 신체에 위해를 미치거나 재산에 중대한 손해를 끼칠 우려가 있는 위험한 사태가 있을 때에는 그 각 호의 조치를 취할 수 있다고 규정하여 형식상 경찰관에게 재량에 의한 직무수행권한을 부여한 것처럼 되어 있으나, 경찰관에게 그러한 권한을 부여한 취지와 목적에 비추어 볼 때 구체적인 사정에 따라 경찰관이 그 권한을 행사하여 필요한 조치를 취하지 아니하는 것이 현저하게 불합리하다고 인정되는 경우에는 그러한 권한의 불행사는 직무상의 의무를 위반한 것이 되어 위법하게 된다(대판 98다16890).

③ (X) 경찰관은 형사처벌의 대상이 되는 행위가 눈앞에서 막 이루어지려고 하는 것이 객관적(주관적 X)으로 인정될 수 있는 상황이고, 그 행위를 당장 제지하지 않으면 곧 생명·신체에 위해를 미치거나 재산에 중대한 손해를 끼칠 우려가 있는 상황이어서, 직접 제지하는 방법 외에는 위와 같은 결과를 막을 수 없는 절박한 사태가 있어야 한다(대판 2016도19417).

④ (X) 타인의 집대문 앞에 은신하고 있다가 경찰관의 명령에 따라 순순히 손을 들고 나오면서 그대로 도주하는 범인을 경찰관이 뒤따라 추격하면서 등부위에 권총을 발사하여 사망케한 경우, 위와 같은 총기사용은 현재의 부당한 침해를 방지하거나 현재의 위난을 피하기 위한 상당성있는 행위라고 볼 수 없는 것으로서 범인의 체포를 위하여 필요한 한도를 넘어 무기를 사용한 것이라고 하여 국가의 손해배상책임을 인정한 사례(대판 91다10084)

35

① (X) "지역경찰관서"란 「국가경찰과 자치경찰의 조직 및 운영에 관한 법률」 제30조 제3항 및 「경찰청과 그 소속기관 직제」 제43조에 규정된 지구대와 파출소(치안센터 X)를 말한다(지역경찰의 조직 및 운영에 관한 규칙 제2조 제1호).

② (X) 지역경찰 동원은 근무자 동원을 원칙으로 하되, 불가피한 경우에 한하여 비번자, 휴무자 순으로 동원할 수 있다(동규칙 제31조 제2항).

③ (O) 동규칙 제23조

④ (X) 지역경찰 정원 충원 현황을 연 2회 이상(반기별 2회 이상 X) 점검하고 현원이 정원에 미달할 경우, 지역경찰 정원충원 대책을 수립, 시행하여야 한다(동규칙 제37조 제3항).

36

㉠ (X) "아동등"이란 실종 당시(신고 당시 X) 18세 미만인 아동, 「장애인복지법」 제2조의 장애인 중 지적장애인, 자폐성장애인 또는 정신장애인 또는 「치매관리법」 제2조 제2호의 치매환자를 말한다(실종아동등의 보호 및 지원에 관한 법률 제2조 제1호).

㉡ (X) 경찰관서의 장은 실종아동등의 발생 신고를 접수하면 지체 없이(24시간 이내에 X) 수색 또는 수사의 실시 여부를 결정하여야 한다(동법 제9조 제1항).

㉢ (X) 보호시설의 종사자도 신고의무자에 해당한다(동법 제6조 제1항 제1호).

㉣ (O) 동규칙 제11조 제5항

㉤ (X) 발견된 18세 미만 아동 및 가출인의 경우 실종아동등 프로파일링시스템에 등록된 자료는 수배 해제 후로부터 5년간(10년간 X) 보관한다(동규칙 제7조 제3항 제1호).

37

① (X) 호송관서의 장은 호송관이 5인 이상이 되는 호송일 때에는 경위 이상(경감 이상 X) 계급의 1인을 지휘감독관으로 지정해야 한다(피의자 유치 및 호송규칙 제48조 제3항).

② (X) 진찰한 결과 24시간 이내에 치유될 수 있다고 진단되었을 때에는 치료후 호송관서의 호송관이 호송을 계속하게 하여야 한다(동규칙 제65조 제3호 다목).

③ (X) 호송관은 호송근무를 할 때에는 분사기를 휴대하여야 하며, 호송관서의 장은 특별한 사유가 있는 경우 호송관이 총기를 휴대하도록 할 수 있다(동규칙 제70조).

④ (O) 동규칙 제65조 제1호 다목

38

① (O) 도로교통법 제13조의2 제2항

② (X) 보행자의 통행에 방해될 때에는 서행하거나 일시정지 하여야 한다(동법 제13조의2 제3항).

③ (X) 휴대전화 사용의 경우 자동차 등 운전에 한정되어 자전거는 처벌할 수 없으나, 신호위반, 주차위반의 경우 모든 차를 대상으로 하고 있으므로 자전거도 처벌할 수 있다.

④ (X) 자전거의 운전자가 횡단보도를 이용하여 도로를 횡단할 때에는 자전거에서 내려서 자전거를 끌거나 들고 보행하여야 한다(동법 제13조의2 제6항).

39

① (X) 누구든지 대법원장 공관, 헌법재판소장 공관(대통령 관저(官邸) X, 국회의장 공관 X)에 해당하는 청사 또는 저택의 경계 지점으로부터 100미터 이내의 장소에서는 옥외집회 또는 시위를 하여서는 아니 된다(집회 및 시위에 관한 법률 제11조 제3호).

② (O) 동법 시행령 제14조 별표2

③ (X) 이 경우 배경소음도가 위 표의 등가소음도 기준보다 큰 경우에는 배경소음도의 소수점 첫째 자리에서 올림한 값을 등가소음도 기준으로 하고, 등가소음도 기준에서 20dB을 더한 값을 최고소음도 기준으로 한다(동법 시행령 제14조 [별표 2]).

④ (X) 소음 측정 장소는 피해자가 위치한 건물의 외벽에서 소음원 방향으로 1~3.5m 떨어진 지점으로 하되, 소음도가 높을 것으로 예상되는 지점의 지면 위 1.2~1.5m 높이에서 측정한다. 다만, 주된 건물의 경비 등을 위하여 사용되는 부속 건물, 광장·공원이나 도로상의 영업시설물, 공원의 관리사무소 등은 소음 측정 장소에서 제외한다(동법 시행령 제14조 [별표 2] 비고 2.).

40

㉠ (X) 이 법의 죄를 범하고 그 보수를 받은 때에는 이를 몰수한다(필요적)(국가보안법 제15조 제1항).

㉡ (O) 동법 제14조

㉢ (X) 국가보안법에는 과실범 처벌 규정이 없다. 고의범만을 처벌한다.

㉣ (O) 자진지원죄는 반국가단체나 그 구성원 또는 그 지령을 받은 자를 지원할 목적으로 자진하여 일정한 행위를 하는 것으로 주체는 반국가단체의 구성원 또는 그 지령을 받은 자를 제외한 모든 사람이다(동법 제5조 제1항).

㉤ (X) 「국가보안법」 제10조의 불고지죄를 범한 자는 5년 이하의 징역 또는 200만원 이하의 벌금에 처한다(동법 제10조). 즉, 불고지죄는 「국가보안법」에 규정된 범죄 중 유일하게 벌금형을 규정하고 있다.

총알 총정리 l 킹재규 경찰학

모의고사 8회 해설

1	2	3	4	5	6	7	8	9	10
②	③	②	②	②	③	②	④	①	③
11	12	13	14	15	16	17	18	19	20
④	④	②	③	③	②	④	③	①	③
21	22	23	24	25	26	27	28	29	30
②	③	②	②	②	③	②	②	②	④
31	32	33	34	35	36	37	38	39	40
①	③	④	①	②	④	①	②	④	①

01

㉠㉢㉣ (O)
㉡ (X) **영미법계**에 대한 설명이다.
㉤ (X) **대륙법계**에 대한 설명이다.
㉥ (X) **대륙법계**에 대한 설명이다.

02

① (X) 정보경찰·안보경찰·**사법경찰(행정경찰 X)**은 형식적 의미의 경찰에 속한다.
② (X) 실질적 의미의 경찰은 이론상, 학문상 확립된 개념으로 **장래를 향한 질서유지 작용**만 한다.
③ (O)
④ (X) 「경찰관 직무집행법」 제3조의 불심검문의 수단으로 행하여지는 '불심검문 대상자에 대한 정지'는 경찰상 즉시강제의 권력작용이라는 면에서 **실질적 의미의 경찰**에 해당하고, 실정법에서 경찰행정기관에 그 권한을 맡기고 있으므로 **형식적 의미의 경찰**이기도 하다.

03

① (X) 경찰의 직무에는 범죄의 예방·진압, 범죄피해자(피의자 X) 보호가 포함된다.
② (O) 경찰의 임무는 경찰조직법상 경찰기관을 전제로 한 개념으로 **실정법(국자법 제3조, 경직법 제2조)**상의 규정을 토대로 경찰의 임무를 살펴보면, 공공의 안녕과 질서에 대한 위험방지가 경찰의 궁극적 임무라고 할 수 있다.
③ (X) 공공의 안녕과 질서유지가 상위개념이다.
④ (X) 국가의 존립과 기능성을 위험으로부터 보호하기 위하여 가벌성의 범위 내에 이르지 아니하더라도 국민의 자유나 권리를 침해하지 않는 범위 내에서 수사·정보·안보경찰의 첩보수집활동을 할 수 있다.

04

② (X) 사회통제기관은 부패하여 나를 심판할 자격이 없다고 생각하는 "비난자에 대한 비난(Condemnation of Condemners)"에 대한 설명이다.

05

① (X) C. R. Jeffery가 제시한 범죄통제모델에는 형벌을 통한 범죄억제 모델, 범죄자의 **치료와 갱생**을 통한 사회복귀 모델, 사회환경개선을 통한 범죄통제 모델이 있다.
③ (X) P. B. Lab은 범죄예방은 실제의 범죄발생과 범죄에 대한 공중의 두려움(심리적 측면)을 줄이는 **사전활동(사후활동 X)**이라고 정의한다.
④ (X) 1차적 예방은 **일반대중**, 2차적 예방은 우범자나 우범집단, 3차적 예방은 **범죄자**이다.

06

(가) 철저히 감시되는 지역에 거주지를 건설하는 것이 범죄를 예방할 것이라는 것은 ㉣ **환경**에 대한 설명이다.
(나) 지역에 대한 소유의식은 일상적이지 않은 일이 있을 때 주민으로 하여금 행동을 취하도록 자극하는 것은 ㉠ **영역성**에 대한 설명이다.
(다) 특별한 장치의 도움 없이 실내와 실외의 활동을 관찰할 수 있는 능력은 ㉡ **자연적 감시**에 대한 설명이다.

07

ⓛⓓⓗ은 전통적 경찰활동에 대한 설명이고, ⓘⓜⓙ은 지역사회 경찰활동에 대한 설명이다.

08

① (X) 미끄러지기 쉬운 경사로 이론(Slippery slope theory)은 셔먼이 주장한 이론이다.
② (X) 썩은 사과 이론(Rotten apple theory)은 부패의 원인을 개인적 결함으로 보고 있으며, 모집단계에서 부패가능성 있는 자의 배제를 중시한다.
③ (X) 구조원인 가설(Structural hypothesis)은 니더호퍼(Niederhoffer), 로벅(Roebuck), 바커(Barker) 등이 주장한 이론이다.

09

① (X) 관리층이 일정 수준의 권한을 부여받아 책임감을 가질 수 있도록 지원하는 방식은 관리층이 적극적으로 개입하여 통제하고(상의하달), 업무량과 성과에 대한 보상을 강조하는 내용이다. 이는 냉소주의를 해결하기보다는 오히려 관리층의 일방적인 통제와 권한 강화로 받아들여질 수 있어 경찰관들의 냉소적인 태도를 완화하는 데 적절하지 않은 방법이다.
④ (O) 상급자의 지시 방식에 변화를 주어 명령만 내리는 방식을 줄이고, 하위 직원들의 의견을 반영할 수 있는 소통 방식(하의상달)을 구축한다.

10

① (X) 조사기관은 같은 신고를 받거나 국민권익위원회로부터 신고를 이첩받은 경우에는 그 내용에 관하여 필요한 조사·감사 또는 수사를 **하여야 한다**(부정청탁 및 금품등 수수의 금지에 관한 법률 제14조 제1항).
② (X) 국민권익위원회가 제13조 제1항(위반행위의 신고)에 따른 신고를 받은 경우에는 그 내용에 관하여 신고자를 상대로 사실관계를 확인한 후 대통령령으로 정하는 바에 따라 조사기관에 이첩하고, 그 사실을 신고자에게 **통보하여야 한다**(동법 제14조 제2항).
③ (O) 동법 제14조 제6항
④ (X) ③에 따른 재조사를 요구받은 조사기관은 재조사를 종료한 날부터 7일 이내에 그 결과를 국민권익위원회에 통보하여야 한다. 이 경우 국민권익위원회는 통보를 받은 **즉시** 신고자에게 재조사 결과의 요지를 알려야 한다(동법 제14조 제7항).

11

ⓘ (X) 공직자로부터 제공받거나 부정 취득한 비밀·미공개 정보를 이용하여 재물·재산상 이익 취득한 자는 5년 이하 징역 또는 5천만원 이하 벌금(병과 가능)(이해충돌 방지법 제27조 제2항)
ⓛ (X) 부동산 보유·매수를 신고하지 않은 공직자는 2천만원 이하의 과태료(동법 제28조 제2항 제2호)
ⓓ (X) 사적 이익을 위해 직무상 비밀 또는 미공개 정보를 이용하거나 제3자가 이용하도록 한 공직자 - 3년 이하 징역 또는 3천만원 이하 벌금(동법 제27조 제3항)
ⓔ (X) 공공기관(산하기관, 자회사)에 가족이 채용되도록 지시·유도 또는 묵인을 한 공직자 - 3천만원 이하의 과태료(동법 제28조 제1항 제1호)
ⓜ (O) 동법 제28조 제3항

12

④ (X) 행정은 공공의 이익을 위하여(반하지 않는 한 X) 적극적으로 추진되어야 한다(행정기본법 제4조 제1항).

13

② (X) 중경시기 '경무과'에 대한 설명이다.

14

③ (X) 윌슨(O. W. Wilson)은 경찰의 조직구조, 순찰운용(자동차 순찰(도보순찰 X), 1인 순찰제도), 통신의 효율성 제고를 통한 경찰업무의 혁신과 전문직화를 주장하였다.

15

③ (X) 공무원이 법령에 저촉되지 않는 한 일체의 신분상의 불이익을 받지 않는 인사행정은 실적주의이다.

16

① (X) 허즈버그(Herzberg)의 동기위생 이원론은 위생요인(불만 예방효과만 가져오는 요인)과 동기요인(만족요인, 동기요인이 충족되지 않아도 불만은 없음)으로 분류한다.

② (O) 아담스(Adams)의 형평성(공정성)이론에 의하면 인간은 자신의 투입에 대한 산출의 비율이 비교대상의 투입에 대한 산출의 비율보다 크거나 작다고 지각하면 불형평성(불공정)을 느끼게 되고 이에 따른 심리적 불균형을 해소하기 위하여 형평성(공정성) 추구의 행동을 작동시키는 동기가 유발된다고 본다.

③ (X) 매슬로우(Maslow)의 욕구단계이론에 의하면 가장 낮은 **생리적 욕구부터 시작**하여 다섯가지의 위계적 욕구 순으로 '생리적욕구 – 안전욕구 – 사회적욕구 – 존중욕구 – 자기실현의 욕구'를 제시하였다.

④ (X) 브룸(Vroom)의 기대이론에 의하면 동기의 정도는 노력을 통해 얻게 될 중요한 산출물인 목표달성(성과), 보상, 만족에 대한 주관적 믿음에 의하여 결정되는데, 성과와 보상 간의 관계에 대한 인식인 **수단성(기대감 X)**의 정도가 동기부여의 주요한 요인이다.

17

① (X) 경찰기관의 장은 무기를 휴대한 자 중에서 사의를 표명한 자에게 대여한 무기·탄약을 즉시 회수해야 한다. 다만, 대상자가 이의신청을 하거나 소속 부서장이 무기 소지 적격 여부에 대해 심의를 요청하는 경우에는 무기 소지 적격 심의위원회(이하 '심의위원회'라 한다.)의 심의를 거쳐 대여한 무기·탄약의 회수여부를 결정한다(경찰장비관리규칙 제120조 제1항 제2호).

② (X) 경찰기관의 장은 무기를 휴대한 자 중에서 정신건강상 문제가 우려되어 치료가 필요한 자에게 대여한 무기·탄약을 심의위원회의 심의를 거쳐 회수할 수 있다(해야 한다 X)(동규칙 제120조 제2항 제3호).

③ (X) 다만, 심의위원회를 개최할 시간적 여유가 없거나 사고 방지 등을 위해 신속한 회수가 필요하다고 인정되는 경우에는 대여한 무기·탄약을 즉시 **회수할 수 있으며(해야 하며 X)**, 회수한 날부터 7일 이내에 심의위원회를 개최하여 회수의 타당성을 심의하고 계속 회수 여부를 결정한다(동규칙 제120조 제2항 제2호).

④ (O) 동규칙 제120조 제3항

18

① (X) 보안업무의 법적 근거로는 국가정보원법(국가보안법 X), 정보 및 보안업무기획·조정규정, 보안업무규정이 있다.

② (X) 비밀은 그 중요성과 가치의 정도에 따라 Ⅰ급 비밀, Ⅱ급 비밀, Ⅲ급 비밀(대외비 X)로 구분한다(보안업무규정 제4조).

③ (O) 동규정 시행세부규칙 제11조 제2항

> 제11조(Ⅱ급 및 Ⅲ급 비밀취급인가) ② 시·도경찰청장은 경찰서장, 기동대장에게, Ⅱ급 및 Ⅲ급 비밀취급인가권을 위임한다. 이 경우 경정 이상의 경찰공무원을 장으로 하는 경찰기관의 장에게도 Ⅱ급 및 Ⅲ급 비밀취급인가권을 위임할 수 있다.
> ③ Ⅱ급 및 Ⅲ급 비밀취급인가권을 위임받은 기관의 장은 이를 다시 위임할 수 없다.

④ (X) 비밀접수증, 비밀열람기록전, 배부처는 비밀과 함께 철하여 보관·활용하고, 비밀의 보호기간이 만료되면 비밀에서 분리한 후 각각 편철하여 5년간 보관해야 한다(동규정 시행규칙 제70조 제1항 제2호). 비밀열람기록전(철)은 5년간 보존하여야 하며, 그 이전에 폐기하고자 할 때에는 국가정보원장(경찰청장 X)의 승인을 받아야 한다(동규정 시행세부규칙 제70조).

19

차례대로 ㉠ Ericson ㉡ Sir Robert Mark ㉢ Crandon 이 옳다.

20

① (O) 경찰 인권보호 규칙 제2조 제1호

② (O) 동규칙 제3조

③ (X) 경찰청(인권보호담당관), 시·도경찰청(인권업무담당 계장)의 간사는 반기(분기 X) 1회 이상 인권영향평가의 이행 여부를 점검하고, 이를 소속 위원회에 제출하여야 한다(동규칙 제24조).

④ (O) 동규칙 제18조의2

21

① (X) 성문법원은 헌법, 법률, 조약과 국제법규, 조례(조리 X), 규칙이 있고, 불문법원으로는 관습법, 판례법, 조리 등이 있다.

② (O) 헌법재판소의 위헌결정은 법원이나 기타 국가기관(국가경찰) 및 지방자치단체(자치경찰)를 기속(羈束)하므로 법원성이 인정된다.

③ (X) 지방자치단체(지방자치단체의 장 X)는 법령의 범위에서 그 사무에 관하여 조례를 제정할 수 있다(지방자치법 제28조 제1항).

④ (X) 지방자치단체의 장(지방자치단체 X)은 법령 또는 조례의 범위(조례가 위임한 범위 내에서 X)에서 그 권한에 속하는 사무에 관하여 규칙을 제정할 수 있다(지방자치법 제29조).

22

③ (X) 국가수사본부장은 「형사소송법」에 따른 경찰의 수사에 관하여 각 시·도경찰청장과 경찰서장 및 수사부서 소속 공무원을 지휘·감독한다(동법 제16조 제2항).

23

①④ (O) 위임에 대한 설명으로 옳다.

② (X) 위임 및 위탁기관은 수임 및 수탁기관의 수임 및 수탁사무 처리에 대하여 지휘·감독하고, 그 처리가 위법하거나 부당하다고 인정될 때에는 이를 취소하거나 정지시킬 수 있다(행정권한의 위임 및 위탁에 관한 규정 제6조).

③ (O) 재위임이 가능하다(경찰공무원법 제7조 제3항).

24

㉠ (O) 경찰공무원 임용령 제19조 제1항 제2호

㉡ (O) 동임용령 제19조 제1항 제3호

㉢ (X) 채용후보자로서 교육훈련 중 질병, 병역 복무 또는 그 밖에 교육훈련을 계속할 수 없는 불가피한 사정 외의 사유로 퇴교처분을 받은 경우(동 임용령 제19조 제1항 제4호).

㉣ (O) 동임용령 제19조 제1항 제5호

㉤ (X) 법 또는 법에 따른 명령을 위반하여 「경찰공무원 징계령」 제2조 제2호에 따른 경징계(중징계 X) 사유에 해당하는 비위를 2회 이상 저지른 경우(동임용령 제19조 제1항 제7호).

25

① (O)

② (X) 경찰관이 교통법규 등을 위반하고 도주하는 차량을 순찰차로 추적하는 직무를 집행하는 중에 그 도주차량의 주행에 의하여 제3자가 손해를 입었다고 하더라도 그 추적이 당해 직무목적을 수행하는 데에 불필요하다거나 또는 도주차량의 도주의 태양 및 도로교통상황 등으로부터 예측되는 피해발생의 구체적 위험성의 유무 및 내용에 비추어 추적의 개시·계속 혹은 추적의 방법이 상당하지 않다는 등의 특별한 사정이 없는 한 그 추적행위를 위법하다고 할 수는 없다(대법원 2000. 11. 10. 선고 2000다26807).

26

① (O) 민법 제45조와 제46조에서 말하는 재단법인의 정관변경 "허가"는 법률상의 표현이 허가로 되어 있기는 하나, 그 성질에 있어 법률행위의 효력을 보충해 주는 것이지 일반적 금지를 해제하는 것이 아니므로, 그 법적 성격은 인가(허가 X)라고 보아야 한다(95누4810).

② (O) 대법원 2018. 12. 27. 2014두11601

③ (X) 위법한 행정대집행이 완료되면 그 처분의 무효확인 또는 취소를 구할 소의 이익은 없다 하더라도, 미리 그 행정처분의 취소판결이 있어야만, 그 행정처분의 위법임을 이유로 한 손해배상 청구를 할 수 있는 것은 아니다(대법원 1972. 4. 28. 72다337).

④ (O) 행정행위의 취소는 일단 유효하게 성립한 행정행위를 그 행위에 위법 또는 부당한 하자가 있음을 이유로 소급하여 그 효력을 소멸시키는 별도의 행정처분이고, 행정행위의 철회는 적법요건을 구비하여 완전히 효력을 발하고 있는 행정행위를 사후적으로 그 행위의 효력의 전부 또는 일부를 장래에 향해 소멸시키는 행정처분이므로, 행정행위의 취소 사유는 행정행위의 성립 당시에 존재하였던 하자를 말하고, 철회 사유는 행정행위가 성립된 이후에 새로이 발생한 것으로서 행정행위의 효력을 존속시킬 수 없는 사유를 말한다(대법원 2003. 5. 30. 2003다6422).

27

① (O) 행정기본법 제36조 제4항
② (X) 공무원 인사관계 법령에 의한 징계 등 처분에 관한 사항에 관하여는 「행정기본법」상의 이의신청 규정이 적용하지 아니한다(동법 제36조 제7항 제1호).
③ (O) 동법 제37조 제1항 제1호
④ (O) 동법 제37조 제5항

28

① (X) 개인정보처리자는 법령상 의무를 준수하기 위하여 불가피한 경우에는 개인정보를 수집할 수 있으며 그 수집 목적의 범위에서 이용할 수 있다(개인정보 보호법 제15조 제1항 제2호).
② (O) 동법 제4조 제4호

> 제4조(정보주체의 권리) 정보주체는 자신의 개인정보 처리와 관련하여 다음 각 호의 권리를 가진다.
> 1. 개인정보의 처리에 관한 정보를 제공받을 권리
> 2. 개인정보의 처리에 관한 동의 여부, 동의 범위 등을 선택하고 결정할 권리
> 3. 개인정보의 처리 여부를 확인하고 개인정보에 대한 열람(사본의 발급을 포함한다. 이하 같다) 및 전송을 요구할 권리
> 4. 개인정보의 처리 정지, 정정·삭제 및 파기를 요구할 권리
> 5. 개인정보의 처리로 인하여 발생한 피해를 신속하고 공정한 절차에 따라 구제받을 권리
> 7. 완전히 자동화된 개인정보 처리에 따른 결정을 거부하거나 그에 대한 설명 등을 요구할 권리

③ (X) 영상정보처리기기운영자는 영상정보처리기기의 설치 목적과 다른 목적으로 영상정보처리기기를 임의로 조작하거나 다른 곳을 비춰서는 아니 되며, **녹음기능은 사용할 수 없다**(동법 제25조 제5항).
④ (X) 개인정보처리자는 통계작성, 과학적 연구, 공익적 기록보존 등을 위하여 **정보주체의 동의 없이 가명정보를 처리할 수 있다**(동법 제28조의2).

29

㉠㉡㉢항목이 **직접적** 의무이행 확보수단이고, ㉣㉤㉥㉦ 항목은 **간접적** 의무이행 확보수단이다.

30

①②③의 경우에는 당사자에게 그 근거와 이유를 제시하지 않을 수 있다(행정절차법 제23조 제1항).

31

국가배상법 제5조는 도로·하천, 그 밖의 공공의 영조물(營造物)의 설치나 관리에 하자(瑕疵)가 있기 때문에 타인에게 손해를 발생하게 하였을 때에는 국가나 지방자치단체는 그 손해를 배상하여야 한다고 규정하고 있고, 공무원의 위법한 직무행위로 인한 손해배상의 요건과는 달리 고의·과실을 요건으로 하지 아니한다. 그러므로 국가 또는 지방자치단체는 당해 공무원의 고의·과실을 불문하고 배상책임을 진다. 설문에서 기동대 버스는 공용물에 해당되므로, 국가는 운전사의 고의·과실 여부와 상관없이 배상책임을 지며, 운전사는 같은 법 제2조 제2항과의 균형을 고려하여 고의 또는 중과실이 있는 경우에만 구상책임을 지게 된다.

32

① (X) **경찰관서의 장**은 직무 수행에 필요하다고 인정되는 상당한 이유가 있을 때에는 국가기관이나 공사(公私) 단체 등에 직무 수행에 관련된 사실을 조회할 수 있다. 다만, 긴급한 경우에는 **소속 경찰관**으로 하여금 현장에 나가 해당 기관 또는 단체의 장의 협조를 받아 그 사실을 확인하게 할 수 있다(동법 제8조 제1항).
② (X) 경찰관은 미아를 인수할 보호자 확인, 유실물을 인수할 권리자 확인, 사고로 인한 사상자(死傷者) 확인, **행정처분을 위한 교통사고 조사(형사책임을 규명하기 위한 사실조사 X)**에 필요한 사실 확인을 위하여 필요하면 관계인에게 출석하여야 하는 사유·일시 및 장소를 명확히 적은 출석 요구서를 보내 경찰관서에 출석할 것을 요구할 수 있다(동법 제8조 제2항).
③ (O) 동법 제7조 제2항
④ (X) 경찰관이 위험방지를 위해 출입할 때에는 그 신분을 표시하는 **증표(경찰공무원증)**를 제시하여야 하며, 함부로 관계인이 하는 정당한 업무를 방해해서는 아니 된다(동법 제7조 제4항).

33

① (X) 범죄수사에 필요한 정보는 포함되지 아니한다(동규정 제3조 제1호 등).

② (X) 경찰관은 법 제8조의2 제1항에 따라 정보를 수집하거나 정보의 수집·작성·배포에 수반되는 사실을 확인하려는 경우에는 **상대방에게 자신의 신분을 밝히고 정보수집 또는 사실 확인의 목적을 설명해야 한다.** 이 경우 강제적인 방법을 사용해서는 안 된다(동규정 제4조 제1항).

③ (X) 누구든지 정보활동과 관련하여 경찰관에게 이 영과 그 밖의 법령에 반하여 지시해서는 안 되며, 경찰관은 지시가 명백히 위법한 지시라고 판단되는 경우에는 그 집행을 **거부할 수 있다(거부하여야 한다 X)**(동규정 제8조 제1항, 제2항).

④ (O) 동규정 제4조 제2항

34

㉠ 1 항목이 **저위험 물리력** 종류에 해당한다.

㉠ (O) 목을 압박하여 제압하거나 관절을 꺾는 방법은 **저위험 물리력**의 종류이다.

㉡ (X) 손바닥, 주먹, 발 등 신체부위를 이용한 가격은 **중위험 물리력**의 종류이다.

㉢ (X) 경찰봉으로 중요 신체 부위를 찌르거나 가격은 **고위험 물리력**의 종류이며, 중위험 물리력은 경찰봉으로 중요부위가 아닌 신체 부위를 찌르거나 가격을 말한다.

㉣ (X) 전자충격기 사용은 **중위험 물리력**의 종류이다.

㉤ (X) 권총 등 총기류 사용은 **고위험 물리력**의 종류이다.

35

㉠㉢㉤㉥은 미수범 처벌규정이 있다.

㉠ (O) 아동·청소년의 성보호에 관한 법률 제12조 제1항 **미수범은 처벌한다.**

㉡ (X) 미수범 처벌규정이 **없다.**

㉢ (O) 동법 제14조 제1항 제1호 미수범은 **처벌한다.**

㉣ (X) 미수범 처벌규정이 **없다.**

㉤ (O) 위계(僞計) 또는 위력으로써 아동·청소년을 간음하거나 아동·청소년을 추행한 자는 **미수범은 처벌한다**(동법 제7조 제5항, 제6항).

㉥ (O) 동법 제14조 제1항 제4호 **미수범은 처벌한다.**

36

① (X) '전기통신의 감청'은 전기통신이 이루어지고 있는 상황에서 실시간으로 그 전기통신의 내용을 지득·채록하는 경우와 통신의 송·수신을 직접적으로 방해하는 경우를 의미하는 것이지 이미 수신이 완료된 전기통신에 관하여 남아 있는 기록이나 내용을 열어보는 등의 행위는 포함하지 않는다(대법원 2016.10.13. 2016도8137).

② (X) 통신제한조치로 취득한 자료는 통신의 당사자가 제기하는 손해배상소송에서도 사용할 수 있다(동법 제12조 제3호).

③ (X) 사법경찰관이 긴급통신제한조치를 할 경우에는 미리 검사의 지휘를 받아야 한다. 다만, 특히 급속을 요하여 미리 지휘를 받을 수 없는 사유가 있는 경우에는 긴급통신제한조치의 집행착수 후 지체없이 검사의 승인을 얻어야 한다(동법 제8조 제3항).

④ (O) 동법 제8조 제5항

37

① 리마 증후군(Lima syndrome)에 대한 설명이다.

38

가. (X) 청원경찰은 청원주와 배치된 기관·시설 또는 사업장 등의 구역을 관할하는 경찰서장의 감독을 받아 그 경비구역만의 경비를 목적으로 필요한 범위에서 「경찰관 직무집행법」에 따른 경찰관의 직무를 수행한다(청원경찰법 제3조).

나. (X) **청원주(경찰서장 X)**는 청원경찰이 직무상의 의무를 위반하거나 직무를 태만히 한 때에는 대통령령으로 정하는 징계절차를 거쳐 징계처분을 하여야 한다(동법 제5조의2 제1항).

다. (O) 동법 제10조의4 제2항

라. (O) 동법 제10조 제1항

마. (X) 청원경찰에 대한 징계의 종류는 **파면, 해임, 정직, 감봉 및 견책(강등 X)**으로 구분한다(동법 제5조의2 제2항). 강등은 청원경찰에 대한 징계의 종류에 해당하지 않는다.

39

① (X) 특별한 이유 없이 호흡측정기에 의한 측정에 불응하는 운전자에게 경찰공무원이 혈액채취에 의한 측정방법이 있음을 고지하고 그 선택 여부를 물어야 할 **의무가 없다**(대판 2002도4220).

② (X) 피고인의 음주와 음주운전을 목격한 참고인이 있는 상황에서 경찰관이 음주 및 음주운전 종료로부터 약 5시간 후 집에서 자고 있는 피고인을 연행하여 음주측정을 요구한 데에 대하여 피고인이 불응한 경우, 「도로교통법」상 **음주측정불응죄가 성립한다**(대판 2000도6026).

③ (X) 술에 취해 자동차 안에서 잠을 자다가 추위를 느껴 히터를 가동시키기 위하여 시동을 걸었고, 실수로 자동차의 제동장치 등을 건드렸거나 처음 주차할 때 안전조치를 제대로 취하지 아니한 탓으로 원동기의 추진력에 의하여 자동차가 약간 경사진 길을 따라 앞으로 움직여 피해자의 차량 옆면을 충격하게 된 경우는 **자동차의 운전에 해당하지 않는다**(대판 2004도1109).

④ (O) 대판 2009도1856

40 .

①의 연결이 옳다.